医事法講座 第14巻

高齢社会と医事法

A Series of Medical Law VOL.14

医事法講座
第 **14** 巻

高齢社会と医事法

甲斐克則 編
Katsunori Kai (Ed.)

Aged Society and Medical Law

信山社
SHINZANSHA

『医事法講座』発刊にあたって

　　　　　　　　　　　　企画責任者　甲 斐 克 則

　人間が生きていくうえで，医療を抜きにしては語れない時代になっている。同時に，歴史的にみても，医療は，利用を誤ると人権侵害をもたらす可能性を内在している。そこには，一定限度で適正な法的・倫理的ルールが求められる。とりわけ21世紀になり，バイオテクノロジー社会ないしポスト・ゲノム社会を迎えて，医療と法をめぐる諸問題が多様な展開を見せているだけに，医事法学に課せられた任務は，今後ますます増大するものと思われる。医と法は，人間社会を支える両輪である。

　欧米では，それに対応すべく，医療と法に関する研究書が長年にわたりシリーズで刊行されている。しかし，日本では，学問的蓄積は相当に増えたものの，学会誌『年報医事法学』を除けば，まだそのような試みはない。そこで，この度，信山社より『医事法講座』を刊行することになった。医事法学自体，民法や刑法のように実定法として体系が完結しているわけではないので，「何巻で完結」というスタイルをとらないことにした。いわば開かれた学問として，ある程度の体系性を考慮しつつも，随時，医療と法に関する重要問題を取り上げて，医事法学の深化を図りつつ，その成果を社会に還元して適正な医療を確保する一助となることが，本講座の企画趣旨である。本講座が末長く続き，日本の医事法学がさらに発展することを切に祈念する次第である。

　　　　　　　　　　　　　　　　　　　　　　　2009年　秋

《巻頭言》

『医事法講座 第14巻 高齢社会と医事法』の企画趣旨

甲 斐 克 則

　『医事法講座第14巻　高齢社会と医事法』をお届けする。21世紀に入り，日本社会は，高齢化が著しく進み，とりわけ医療・介護の分野で様々な医事法上の諸問題が生起している。その問題領域は多岐に亘るが，本巻では，重要問題の抽出と解決に向けた方向性を探るべく，各専門家に執筆をお願いした。以下，本書の概略を簡潔に示しておきたい。

　第1章の甲斐論文は，本書全体の導入部として，それぞれの医事法上の問題の所在を簡潔に示している。第2章の箕岡論文は，長年の精神科医療の臨床経験と臨床倫理の知見を踏まえ，臨床現場が抱える課題を明快に抽出している。第3章の中部論文は，高齢者社会と医療経済について分析しており，医事法学においてこれまで十分に取り上げられてこなかった医療経済という視点が加味されたことにより，本書の特徴が滲み出ている。

　第4章の神野論文は，成年後見制度と医事法の関わりについて論じている。日本の成年後見制度は，医療への関わりに消極的であるが，諸外国の制度を参考にしつつ，この問題について医事法学上の議論を深め，多少とも医療行為と成年後見制度の結節点を見いだすべきであろう。第5章の石田論文は，高齢者医療における同意能力をめぐる医事法上の問題について洞察する。この問題もきわめて重要なものであり，今後の議論の深化に期待したい。第6章の和泉澤論文は，高齢社会における在宅医療・訪問看護・介護の法的・倫理的課題について興味深い検討を加えている。今や，在宅医療・訪問看護・介護をめぐる問題を抜きにしては医事法を語れないといえよう。本論文は，その契機となる必読文献となるであろう。

　第7章の小島論文は，高齢者医療・介護と医療事故について，医師であり弁護士でもある立場から鋭い分析・考察をしている。第8章の新谷論文は，高齢者の終末期医療と医事法について，これまでの入念な研究に基づいて難問に鋭く切り込んでいる。第9章の佐藤論文は，高齢社会における医療供給

体制について,「持続可能な社会保障制度の確立を図るための改革の推進に関する法律」(社会保障改革プログラム法)を取り上げつつ,医療制度については,自助努力,健康の維持増進・疾病の予防及び早期発見,外来受診の適正化の促進,地域包括ケアシステムや地域医療の確保などの規定(4条4項)等の検討を加えている。特に地域包括ケアシステムの構築は,喫緊の課題である。

　高齢者医療の問題を考えるうえで,諸外国の制度と運用も相当に参考になる。第10章の柳井論文は,イギリスの法制度について,第11章の小林論文は,フランスの法制度について,第12章の宮下論文は,アメリカ合衆国の法制度(終末期医療を含む。)について,第13章村山論文は,ドイツの法制度について,それぞれ,専門的知見に基づいて見事に論じており,本書に大きな幅を持たせてくれている。

　以上のように,本巻も,『医事法講座』にふさわしい内容になっており,法律関係者や医療関係者のみならず,この問題に関心を寄せる読者は,高齢社会と医事法に関わる重要問題の解決に向けて,本書から大いに示唆を得るであろう。そして,本巻も,多くの方々に読まれることを期待したい。最後に,ご多忙な中,貴重な論稿をお寄せいただいた執筆者の方々に心から謝意を表したい。

2024年8月

医事法講座 第 14 巻
高齢社会と医事法

【目　次】

◆◆◆ 『医事法講座』発刊にあたって ◆◆◆

〈巻頭言〉
『医事法講座 第 14 巻 高齢社会と医事法』の企画趣旨 (vii)

1　高齢社会と医事法の関わり……………………甲斐克則… *3*
2　臨床現場からみた高齢者医療をめぐる問題の現状と課題
　　……………………………………………箕岡真子… *11*
3　高齢社会と医療経済………………………………中部貴央… *49*
4　成年後見制度と医事法……………………………神野礼斉… *77*
5　高齢者医療における同意能力をめぐる医事法上の問題
　　……………………………………………石田　瞳… *105*
6　高齢社会における在宅医療・訪問看護・介護の
　　法的・倫理的課題………………………和泉澤千恵… *131*
7　高齢者医療・介護と医療事故・介護事故………小島崇宏… *149*
8　高齢者の終末期医療と医事法……………………新谷一朗… *165*
9　高齢社会における医療供給体制………………佐藤雄一郎… *189*
10　イギリスにおける高齢者医療の法的問題の現状と課題
　　── 高齢患者の最善の利益の保障への取り組み
　　……………………………………………柳井圭子… *211*
11　フランスにおける高齢者医療の現状と課題
　　── 意思決定のあり方に関する一考察………小林真紀… *239*

12　アメリカにおける高齢者医療の法的問題の現状と課題
　　……………………………………………宮下　　毅…*263*
13　ドイツにおける高齢者医療の法的問題の現状と課題
　　―― 世話制度を用いた医療上の自己決定支援
　　……………………………………………村山淳子…*289*

『医事法講座 第14巻 高齢社会と医事法』
〈執筆者紹介〉（掲載順）

甲斐克則（かい・かつのり）	早稲田大学大学院法務研究科教授
箕岡真子（みのおか・まさこ）	日本臨床倫理学会総務担当理事，兼箕岡医院院長
中部貴央（なかべ・たかよ）	東京大学医学部附属病院国立大学病院データベースセンター副センター長
神野礼斉（じんの・れいせい）	広島大学大学院人間社会科学研究科教授
石田　瞳（いしだ・ひとみ）	追手門学院大学経営学部准教授
和泉澤千恵（いずみさわ・ちえ）	北九州市立大学法学部准教授
小島崇宏（こじま・たかひろ）	弁護士
新谷一朗（しんたに・かずあき）	海上保安大学校海上警察学講座教授
佐藤雄一郎（さとう・ゆういちろう）	東京学芸大学教育学部教授
柳井圭子（やない・けいこ）	日本赤十字九州国際看護大学看護学部教授
小林真紀（こばやし・まき）	愛知大学法学部教授
宮下　毅（みやした・たけし）	文教大学人間科学部教授
村山淳子（むらやま・じゅんこ）	筑波大学ビジネスサイエンス系法曹専攻(法科大学院)教授

医事法講座 第14巻

高齢社会と医事法

1　高齢社会と医事法の関わり

甲斐克則

医事法講座 第14巻　高齢社会と医事法

Ⅰ　序
Ⅱ　高齢社会と法制度論
Ⅲ　各論的課題
Ⅳ　結　語

I　序

　21世紀に入り，日本社会は，高齢化が著しく進み，とりわけ医療・介護の分野で様々な医事法上の諸問題が生起している。総務省人口統計局の報告[1]によると，わが国の65歳以上の高齢者人口は，1950年以降，一貫して増加していたが，2023年9月15日現在の推計では3623万人と，前年（3624万人）に比べ1万人の減少となり，1950年以降初めての減少となった一方，総人口に占める割合は29.1％と，前年（29.0％）に比べ0.1ポイント上昇し，過去最高となった，という。また，高齢者人口を詳しくみると，70歳以上人口は2889万人で，前年に比べ20万人増，75歳以上人口は2005万人で，前年に比べ72万人増，80歳以上人口は1259万人で，前年に比べ27万人増となっており，65歳以上人口以外の区分では増加傾向となっていて，75歳以上人口は，前年に比べ72万人増加したことにより，初めて2000万人を超えた，という。

　このような状況は，当然ながら，医療制度全体の法整備と各論的な様々な医事法上の諸問題を生じさせている。本書第2章「臨床現場からみた高齢者医療をめぐる問題の現状と課題」（箕岡真子）では，臨床現場が抱える課題がリアルに抽出されている。筆者も，終末期医療と刑法の研究を長年行ってきた[2]ことから，高齢社会と医事法に関して20世紀末から関心を抱いてきたが[3]，その後，21世紀になり，高齢社会と医事法がより複雑な問題状況を呈しており，その重要性を改めて認識している。本書は，その課題を抽出すべく編集されているが，本章では，本書全体の導入部として，それぞれの医事法上の問題の所在を簡潔に示すことにしたい。

（1）　この報告書については，次のURL参照。https://www.stat.go.jp/data/topics/topi1380.html
（2）　甲斐克則『安楽死と刑法』（成文堂，2003年），同『尊厳死と刑法』（成文堂，2004年），同『終末期医療と刑法』（成文堂，2017年）参照。それらの著書では，国内外の高齢者をめぐる事例が多数取り上げられている。
（3）　広島大学公開講座の成果である渡辺満＝小谷明弘編著『高齢社会論』（成文堂，2000年）では，第7章「終末期医療と法」（213-235頁）を担当した。

II　高齢社会と法制度論

　高齢社会は，医療・介護の領域に大きな問題を生ぜしめる。すでに2017年に開催された第47回医事法学会総会研究大会シンポジウムでは，「高齢者医療を支える人と制度」という切り口で議論が行われた[4]。そこでは，「企画の趣旨・問題の所在」（佐藤雄一郎），「地域包括ケアシステム時代に向けた高齢者ケアとは」（秋山直美），「地域包括ケア，地域医療構想を考える」（籔本恭明），「急性期後の医療機能のあり方」（栗原正紀），「多職種連携により地域包括ケアシステムを実現するために必要なこと」（今野好江），「高齢者医療と薬剤師」（内海美保），「高齢者と救急搬送」（佐藤雄一郎），そして「総合討論」が収められており，興味深い。とりわけ地域包括ケアないし地域医療構想は，法制度論として医事法学が取り組まなければならない重要課題であろう。それを掘り下げるべく，本書でも，第9章「高齢社会における医療供給体制」（佐藤雄一郎）で，「持続可能な社会保障制度の確立を図るための改革の推進に関する法律」（社会保障改革プログラム法）が取り上げられており，医療制度については，自助努力，健康の維持増進・疾病の予防及び早期発見，外来受診の適正化の促進，地域包括ケアシステムや地域医療の確保などの規定（4条4項）等の検討が加えられている。特に地域包括ケアシステムの構築は，喫緊の課題である。その際，本書でも取り上げられている第10章イギリス（柳井圭子），第11章フランス（小林真紀），第12章アメリカ（宮下毅），第13章ドイツ（村山淳子）等，諸外国の制度と運用も参考になるであろう。

　また，それと連動して，本書第6章「高齢社会における在宅医療・訪問看護・介護の法的・倫理的課題」（和泉澤千恵）で検討されているように，高齢者医療を充実するためには，在宅医療・訪問看護・介護のさらなる法的整備が不可欠である。そのためには，本シリーズの前々巻で検討したように[5]，

（4）　第47回医事法学会総会研究大会シンポジウム「高齢者医療を支える人と制度」年報医事法学33号（2017年）参照。
（5）　甲斐克則編『医事法講座第13巻 医行為と医事法』（信山社，2022年）参照。

医行為のあり方についての医事法学的研究およびそれに基づく制度改革が不可欠である。マンパワーに限界がある以上，専門職者の連携を密にしてボーダーラインを柔軟にしていかないと，実践的課題を克服できないであろう。

　さらに，これらの問題には，財政的基盤の確保が不可欠である。本書第3章「高齢社会と医療経済」（中部貴央）では，医事法学においてこれまで十分に取り上げられてこなかった医療経済について，専門家が分析しており，今後の重要な視点が加味されている。

Ⅲ　各論的課題

　各論的課題として，第1に，成年後見制度をいかにして医事法とリンクさせるべきか，である。認知症の患者数は，2030年に推計523万人にのぼるという予測がある[6]。そしてそのような状況下で，何よりも，2023年6月14日に参議院本会議で「共生社会の実現を推進するための認知症基本法（以下「認知症基本法」という。）が可決・成立した[7]。全37条から成るこの基本法は，「認知症の人が尊厳を保持しつつ希望を持って暮らすことができるよう，認知症に関する施策（以下「認知症施策」という。）に関し，基本理念を定め，国，地方公共団体等の責務を明らかにし，及び認知症施策の推進に関する計画の策定について定めるとともに，認知症施策の基本となる事項を定めること等により，認知症施策を総合的かつ計画的に推進し，もって認知症の人を含めた国民一人一人がその個性と能力を十分に発揮し，相互に人格と個性を尊重しつつ支え合いながら共生する活力ある社会（以下「共生社会」という。）の実現を推進すること」を目的としている（同法1条）。同法について，加藤摩耶准教授は，「本法で正しい知識の普及推進と共に，認知症の人自身の声を聞くということが強調されたことは意義深い。特に我が国では，認知症が問題となる場面に限らず，個人の自己決定と言っても事実上，家族

（6）　日本経済新聞2024年5月8日付報道による。そこでは，厚生労働省研究班（代表者・二宮利治九州大教授）が示した調査に基づいたデータが公表されている。
（7）　認知症基本法の詳細については，加藤摩耶「『共生社会の実現を推進するための認知症基本法』について」甲斐克則責任編集『医事法研究』9号（信山社，2024年）23頁以下参照。

の決定が重視される傾向がある。共生の理念は，『人間が一人一人，代替不能な個性をもった存在者である』ことを認めることからスタートし，その上で同時に社会的な存在として他者と関わり合うことによってその人格を発展させていくことを確保しようとするものである。認知症の人，本人の意思を最大限尊重し，その人ができうる限り自立して生活できるように目指すことを法律で明示したことは，認知症の場合以外の，医療における意思決定においても重要な意味を持つ。」[8]と指摘されているが，正鵠を射たものである。

第2に，それと関連して，成年後見制度と医事法との関わりがさらに探究されるべきである[9]。本書第4章「成年後見制度と医事法」で神野礼斉教授が，この問題について詳細に検討しておられるが，そこでは，「現行法を前提とする以上，医療行為に関する決定・同意の問題は，社会通念と緊急法理に委ねられることになるが，実際の医療現場では，成年後見人に手術等の同意が求められることは少なくない。」という指摘がある[10]。ドイツやイギリスと比較して，日本の成年後見制度は，医療への関わりに消極的である。しかし，この問題について医事法学上の議論を深め，多少とも医療行為と成年後見制度の結節点を見いだすべきであろう。

第3に，本書第5章「高齢者医療における同意能力をめぐる医事法上の問題」（石田瞳）で詳細に論じられているように，同意能力（自らが受ける医療について説明を受けたうえで自らが判断を下すことができる能力）をめぐる医事法上の難問がある[11]。同意能力の問題は，その判定基準が必ずしも明確に確立されていないだけに，臨床現場でも法実務でも厄介である。イギリスで

---

(8) 加藤・前掲注(7)29頁。

(9) 筆者は，終末期医療との関連で，この問題に言及したことがある。甲斐克則「成年後見人と刑事責任」田山輝明編著『成年後見 —— 現状の課題と展望』（日本加除出版，2014年）239頁以下参照。

(10) なお，神野礼斉「成年後見制度と終末期医療」甲斐克則編『医事法講座第4巻 終末期医療と医事法』（信山社，2013年）135頁以下は，この問題を包括的に考察している。

(11) この点については，クヌート・アメルンク／甲斐克則（訳）「承諾能力について」広島法学18巻4号（1995年）209頁以下，ソーニヤ・ロートエルメル著（只木誠監訳）『承諾，拒否権，共同決定 —— 未成年の患者における承諾の有効性と権利の形成』（中央大学出版部，2014年）参照。なお，精神科医療に関しては，北村聡子＝北村俊則『精神科医療における患者の自己決定権と治療同意判断能力』（学芸社，2000年）参照。

は，2005年に意思決定能力法（Mental Capacity Act）[12]が成立し，2007年に施行されている。そして，それに基づいて小児医療や高齢者医療（終末期医療を含む。）の問題解決に役立てている。1999年に公表された英国医師会（BMA）の『延命治療の差控えと中止 ── 意思決定のためのガイダンス』は2007年に第3版となり[13]，臨床現場に影響力を持つ。このBMAガイダンスによれば，「治療の第一義的目標は，できるかぎり患者の健康を回復しもしくは維持し，ベネフィット（benefit）を最大にし，そして害（harm）を最小にすることである。もし，意思決定を有する患者が治療を拒否するか，または，もし，患者が意思決定能力を欠いていて，その治療が患者に対して最終的なベネフィットを提供することができなければ，その目標は達成できず，その治療は，倫理的および法的に，差し控えられるべきであるし，もしくは中止されるべきである。しかしながら，良き質をもったケアと症状の緩和は，継続されるべきである。」（para.2.1）。ここに，BMAガイダンスの基本的スタンスが出ている[14]。これは，日本の今後のこの種の議論において参考にすべきであろう。

第4に，本書第7章「高齢者医療・介護と医療事故・介護事故」（小島崇宏）で論じられているように，高齢者医療・介護に伴う事故の法的処理の問題がある。そこには，高齢者に伴う独自の事故形態がある[15]。単に法的責任を関係者に負わせれば済む問題ではない。いかにして安全性を確保すべきかを入念に検討し続ける必要がある。

第5に，本書第8章「高齢者の終末期医療と医事法」（新谷一朗）で論じられているように，高齢者の終末期医療をめぐる問題がある[16]。ここには，

---

(12) 同法については，新井誠監訳・紺野包子翻訳『イギリス2005年意思能力法・行動指針』（民事法研究会，2009年）参照。

(13) British Medical Association (BMA), Withholding and Withdrawing Life-prolonging Medical Treatment; Guidance for decision making, Third Edition, 2007.

(14) 詳細については，甲斐・前掲注(2)『終末期医療と刑法』207頁以下参照。

(15) 例えば，甲斐克則「特別養護老人ホームの入所者が間食として提供されたドーナツを摂取して窒息し，死亡したとされる事故について，提供した同施設の准看護師の過失責任を否定した事例」甲斐克則責任編集『医事法研究』6号（信山社，2022年）129頁以下参照。

(16) 甲斐・前掲注(2)の諸文献参照。

患者の自己決定権に依拠したアプローチだけでは解決にならない部分がある。ここでも，前述のイギリスの制度が参考になりうる。

Ⅳ　結　語

　以上，高齢社会と医事法の関わりについて概観してきた。詳細については，本書各章の論稿を参照し，議論を深めていただきたい。この問題は，今後医事法学が相当長期に亘り取り組まざるをえない重要課題であることはまちがいない。

2　臨床現場からみた高齢者医療をめぐる問題の現状と課題

箕 岡 真 子

医事法講座 第14巻　高齢社会と医事法

- Ⅰ　高齢者医療における倫理的論点
- Ⅱ　認知症ケアの倫理
- Ⅲ　摂食嚥下障害の倫理
- Ⅳ　終末期医療の倫理
- Ⅴ　DNARの倫理
- Ⅵ　臨床現場におけるさまざまな倫理的問題を解決するために
- Ⅶ　ACP アドバンスケアプラニング
- Ⅷ　高齢者の「自律」の概念を再考する

I 高齢者医療における倫理的論点

1 高齢者は2つの脆弱【frail/vulnerable】をもっている

高齢者の特徴として，2つの脆弱，frail で vulnerable をもっていることが挙げられる。

すなわち，加齢に伴う心血管や脳血管，呼吸器，腎臓などの臓器障害，また筋骨格系では，骨粗鬆症による病的骨折や筋肉の衰えによるロコモティブ・シンドロームなど，身体的にフレイル（frail）となる。また，アルツハイマー型認知症・レビー小体型認知症・脳血管性認知症など，自分のことを自分で決めることができなくなる病気による脆弱性（vulnerable）のために自律（Autonomy）が阻害され，それは「臨床倫理」の重要な関心事となっている。

したがって，「高齢者ケアの倫理」の目的は，身体機能が脆弱（frail）だけでなく，意思決定能力が脆弱（vulnerable）な人々の尊厳に，どのように配慮すれば倫理的に適切といえるのかを熟慮することである。

そして，「尊厳への配慮」とは，2つのジリツ「自立 Independence への配慮」＋「自律 Autonomy への配慮」を意味している。

2 さまざまな臨床分野における倫理的問題

高齢者医療をめぐる主な問題として，以下のように認知症ケア，摂食嚥下障害，終末期医療，DNAR 指示，高齢者介護，リハビリテーションなどに関するものがある。

2章以降では，これらの中の幾つかについてさらに詳説する。

① 認知症ケアの倫理

（i）『認知症ケアの倫理』の必要性

認知症の人の「医療ケアにおける意思決定支援」あるいは「自律」について考えさせられた最近の話題に，高齢者に対するコロナワクチン接種がある。国は「ワクチン接種などの医療行為は本人の同意が前提」と言っていたが，高齢者施設では，ワクチン接種に同意できない認知症や意思疎通が困難な高

齢者が多数おり，施設側は困惑している状況であった。

認知症の中核症状は記憶障害と認知機能障害である。その結果，自分のことを自分でできなくなる「自立（Independence）の障害」と，自分のことを自分で決めることができなくなる「自律（Autonomy）の障害」が起こる。

そして，中等度認知症になると，BPSD（behavioral and psychological symptoms of dementia）と言われる徘徊・暴言などの行動障害（周辺症状）が起こってくる。その際には，認知症の人の言動をどのように解釈すれば倫理的に適切なのかという「翻訳の倫理」，および拘束や抑制に関する「行動コントロールの倫理」が問題となってくる。

さらに，認知症の原因の最も多くを占めるアルツハイマー病の終末期になると，嚥下困難がおこってきて，胃ろうPEGなどの人工的水分栄養補給をどうしようかという生命維持治療の差し控え・中止という重大な倫理的問題に直面する。

(ⅱ)『新しい認知症ケアの倫理』が目指すもの

以前は，アルツハイマー病患者は，脳神経細胞の病理学的変性により人格は変化・崩壊し，"抜け殻"（non-person）になってしまうという偏見があった。

そこで，『新しい認知症ケアの倫理』は，①完全な権利主体者である人のための倫理から⇒周囲との関係性ゆえに倫理的存在である人のための倫理へ，②意思決定能力がある人のための倫理から⇒意思決定能力が不完全な人を支援する倫理へ，③道徳的・論理的思考ができる人のための倫理から⇒豊かな感情ゆえに倫理的存在である人のための倫理を目指すことにした。

(ⅲ)『新しい認知症ケアの倫理』の体系化

新しい認知症ケアの倫理を体系化するにあたって，以下を3本柱とした。まず①実践に基づき『認知症ケアの倫理』を創り，発展させること。それは，日常ケアの実践を通じて，認知症の本人やその介護者の声に耳を傾けることによって，真の経験が導かれ，我々は'何が問題なのか''何に対して声をあげるべきか'を学び，結果として意義のある学問が生まれると考えたからである。②認知症に伴う偏見・蔑視を取り除くこと。それは，人は認知機能ゆえに，その道徳的地位が与えられるのではない。かえって，人は認知機能の衰退ゆえに，支援の手が差し延べられなければならないと考えた。③『認

知症ケアの倫理』は，超学際的・多職種協働的アプローチをするということである。

② 摂食嚥下障害の倫理

私たちは「口から食べる」ことに日々，喜びを感じているし，また，口から食べることは，即，命に直結する重大な医学的問題でもある。

高齢になると，口から，うまく食べることができなくなる病気（摂食・嚥下障害）に罹患することが多くなる。例えば，アルツハイマー病・脳血管性認知症・レビー小体型認知症などの認知症の終末期。脳出血・脳梗塞・くも膜下出血などの脳血管障害による麻痺。がんの終末期。パーキンソン病などの神経変性疾患等がある。そして，これらの疾患は，同時期に自己決定（自律）の障害を伴うことが多く，医学的だけでなく倫理的にも大きな問題を提起することになる。

摂食・嚥下障害においては，その原因・障害の程度によりさまざまな医学的・倫理的問題が起こってくる。例えば，本人に意思決定能力があり，嚥下障害が治療により回復可能な脳血管障害のケースであれば，医学的に適切な検査や治療を実施すればよく，胃ろうなどの経管栄養も一時的で済むだろう。しかし，時に，死んでも口から食べたいとの意向を表明し，摂食条件を守らず誤嚥を繰り返すケースもあり，本人の最善の利益に関する倫理的問題を提起することになる。あるいは，本人が意思決定能力を喪失した場合には，家族の代理判断に関わる，さらに大きな倫理的問題に遭遇することになる。例えば，脳出血後の意識障害があり，本人の意向がわからないにもかかわらず，家族が本人への胃ろうを拒否するといったケースである。また，家族内で，人工的水分栄養補給の実施に関する意見が一致せず，もめてしまうケースなども解決が難しいことが多く，倫理コンサルテーションに諮らなければならなくなる。

③ 終末期医療の倫理

人間として生まれたからには，その命は有限であり，誰もが終末期（エンドオブライフ）を迎えることになる。特に，高齢者にとっては，終末期は目の前にぶらさがっており，終末期医療に関する問題は身近な関心事である。

終末期における延命治療をどうするのか，それは自身の意向に沿って実施されるのか。あるいは，その治療方針決定は家族の中の誰に委ねられるのか。

家族は自分のためによい決定をしてくれるのか。最期の看取り場所は病院か，在宅か，施設か。最期の日々は苦痛なくして過ごせるのか。食べられなくなったら自然に逝かせてくれるのか。などなど，高齢者がかかえる終末期に関する問題は枚挙にいとまがない。

　これらの終末期医療に関する問題は，医学的だけでなく，倫理的にも法的にもさまざまな熟慮を要することが多い。「終末期医療（エンドオブライフケア）の倫理」における問題は，後述する「自己決定（自律）と代理判断」「DNARの倫理」「ACP」「介護倫理」「看取りの意思確認」「終末期の緩和ケア」などと関わっている。

　④ DNAR の倫理

　DNAR（Do not attempt resuscitation）とは，疾病の末期に，救命の可能性がない患者に対して，本人または家族の要望によって，心肺蘇生術（CPR）を行わないことを言う。これに基づいて医師が指示する場合をDNAR（蘇生不要）指示という。

　しかし，2012年に書籍「蘇生不要指示 —— 医療者のためのDNARの倫理」が出版されるまでは，医療者各自が，自己解釈でDNAR指示を実践し，想定している（中止差し控えられる）蘇生の内容はそれぞれ異なっていた。すなわち，DNAR指示によって，CPR以外の他の生命維持治療までもが制限されている可能性があり，大きな倫理的問題が内在していた。

　当時，人工呼吸器の取り外し事件などが大きくマスコミに取り上げられていたにもかかわらず，実際，DNAR指示によって，同様な生命維持治療が中止・差し控えられていたとしても，それは問題としてとりあげられてこなかったという「医療界の中でのDNAR指示の独り歩き」という現状があった。DNAR指示という言葉をアメリカから輸入し，各自，自己流に解釈をし，その結果，さまざまな生命維持治療が制限されるといった，たいへん大きな倫理的問題が放置されていたのだった。

　⑤ 介 護 倫 理

　高齢になると，誰もが，身体的に脆弱になり，介護を必要とするようになってくる。前述したように，高齢者は身体機能が脆弱（frail）だけでなく，意思決定能力が脆弱（vulnerable）であり，そのような高齢者の人口比が増加していくのである。その結果，一人で生活が出来ないにもかかわらず独居

にならざるをえない高齢者や，老々介護の状況が増えている。

「介護倫理」には，本人の意向に反する施設入所の問題。これは，家族との関係性や利益相反の問題にも関わっている。また，さまざまな日常ケアにおける問題。これは，日常生活や社会生活における本人の自己決定と意思決定支援の問題に関わることが多い。実際，日常生活上の問題の重要性に鑑みて，厚生労働省は『認知症の人の日常生活・社会生活における意思決定支援ガイドライン』を出している。さらに，終末期の看取りの問題。これは施設での「看取りの意思確認」が倫理的に適切に行われているかどうかに関わっている。

実際，介護現場におけるさまざまな問題は，介護技術上の問題として意識されていることが多いが，それらに倫理的問題が内在しているという「倫理的気づき」をすることによって，さらに高齢者の尊厳に対して配慮するケアを行うことができるようになる。

⑥ **リハビリテーションにおける倫理**

加齢によるフレイルやロコモーティブシンドローム，骨折後などの整形外科疾患に対するリハビリ。高齢者の慢性疾患である心不全や呼吸不全のリハビリ。また，脳血管障害の後遺症によるものは，その機能不全は四肢の麻痺から，嚥下障害や失語症，認知機能障害，高次脳機能障害にまで及ぶ。これらの様々な病態に対するリハビリテーションは，高齢者のQOLの改善や向上のために，大変重要である。

こういった多岐にわたる疾患や病態に対して行われるリハビリテーションでは，治療目標の設定や，本人の望むQOLに関する話し合いにおいて，大いに倫理的配慮が必要となる。例えば，脳卒中後のリハビリにおいては，本人の望む治療のゴールと，医療者が考える治療のゴールに乖離がある場合などには，倫理的ジレンマが生じるであろう。また，「摂食嚥下障害の倫理」は，最近，特に注目を集めている領域であるが，それは「食べること」は命に直接かかわることでもあり，嚥下リハビリテーションにおいては，さらに大きな倫理的ジレンマに悩まされることになるからである。

また，リハビリテーションは，治癒や回復を目指す疾患だけでなく，エンドオブライフケアにおいては，原疾患の根治が目指せなくても，「緩和ケア的リハビリテーション」が，終末期のQOLを改善するために考慮される必

要がある。

II　認知症ケアの倫理

　まず，認知症の定義について確認しておこう。認知症とは，なんらかの原因で，脳の働きが低下し，そのために記憶力・理解する能力・判断する能力・行動する能力などにさまざまな障害が現れて，日常生活に支障をきたした状態をいう。認知症の原因疾患として，最も多いのがアルツハイマー病，次に脳血管性認知症が続く。アルツハイマー病は進行性・不可逆性である。認知症は誰にでもおとずれる可能性のある病気であり，長生きすればするほど（高齢化），認知症になる可能性が高くなる。

　2025年には700万人（65歳以上の5人に1人）が認知症になると言われている。その結果，我々は，慢性疾患（循環器・呼吸器疾患など）やがんを合併した，多くの認知症患者と接することになる。

　しばしば「近い将来，認知症の人が増えて，困ったことになる。何らかの対応をしなければ…」という話をよく耳にする。では，いったい誰が困るのか？社会が困るのか？家族が困るのか？認知症の人本人が困るのか？　誰に焦点を当てるのかによって，倫理的軸足は変わってくる。また，何らかの政策的・介護技術的対応が必要になって来るが，その内に倫理的概念の基礎や土台がなければ，核のない ad hoc 的，場当たり的対応になってしまう可能性がある。以下，認知症に関わる幾つかの倫理的論点について論じる。

1　抜け殻仮説からの脱却

　抜け殻仮説とは，医学的視点から，認知症患者は脳神経細胞の病理学的変性により人格は変化・崩壊し，"抜け殻"（Non-person）になってしまうというものである。

　しかし，人は認知機能ゆえに，その道徳的地位が与えられるのではないし，かえって，認知機能の衰退ゆえに，支援の手が差し延べられなければならないはずである。また，「抜け殻」と呼ぶ社会的作用が，さらに認知症の人の脱人格化を助長してしまうという悪循環があった。

　「合理的思考や記憶力ゆえに，人は道徳的地位が与えられ，保護される対

象になり得る」という考え方では，認知症の人々の尊厳に配慮することができない。したがって，『新しい認知症ケアの倫理』は，認知症に伴う偏見・蔑視を取り除き，"抜け殻"仮説から脱却する必要があることを主眼にしている。

2　パーソン論への挑戦

パーソン論とは，マイケル・トゥリー，ピーター・シンガーらが主張した西洋の哲学理論の一つであり，道徳的権利主体（パーソン・人）であるためには，「自己意識」「自己支配」「過去・未来の感覚」などが必要というものである。すなわち，パーソン論では，生物学的意味での（カタカナの）ヒトと，道徳的意味でのパーソン・（漢字の）人を区別しているのである。その結果，パーソン論においては，重度認知症の人々はパーソン・人の領域から追い出されてしまうことになり倫理的に大きな問題であった。

そこで，『新しい認知症ケアの倫理』はパーソン論に挑戦し，これら認知機能や合理性を重視する考え方や'認知機能至上主義'からの脱却を目指した。「新しい認知症ケアの倫理」の役割は，弱い立場の人々を排除することではなく，包みこむことであると宣言したのである。

3　行動コントロールの倫理

① 行動コントロールの倫理とは

臨床現場では，高齢者がベッドから落下したり，転倒して骨折したりするアクシデントがしばしば起こる。このような事態に直面して，医療者は，拘束して転倒・骨折などの危険を減らした方がよいのか，あるいは拘束せずにいるべきなのかといった倫理的ジレンマにぶつかる。

行動コントロールの倫理とは，認知症の進行による行動障害（攻撃性・興奮状態・徘徊など）が出現した場合，身体拘束や薬剤により，認知症の人の行動をコントロールすることは倫理的に許されるのかどうかという問題を扱うものである。

② 倫理原則の対立

行動コントロールにおいては，しばしば自律尊重原則と善行原則が対立し，倫理的ジレンマを来たす。「本人の意に反する行動コントロールをされない

権利」は自律尊重原則に関わる。そして，「行動コントロールをして転倒・骨折などの危険を減らすこと」は善行原則に関わるが，しばしば，この2つの倫理原則が対立し，我々を悩ませる。

③ 身体拘束の弊害

身体拘束は，しばしばⅰ）身体的弊害，ⅱ）精神的弊害，ⅲ）社会的弊害を伴うため，医療ケア専門家は安易に拘束するのではなく，慎重に対応すべきである。

(ⅰ) 身体的弊害：運動制限から筋力低下・関節の拘縮をきたしたり，心肺機能の低下をもたらしたりする。
(ⅱ) 精神的弊害；行動コントロールは精神的ストレスとなり，怒り・恐怖・不安・混乱などの心理的・感情的害悪をもたらす。
(ⅲ) 社会的弊害；介護施設に対する社会的不信感や偏見を生じ，高齢者の老年期に対する不安を煽るし，ケアスタッフの意欲の低下，誇りの消失を招く。

④ 介護現場における拘束と，病院における拘束

拘束などの行動コントロールは，「倫理的に，本人の自由に動き回る権利を侵害し，自律尊重原則に反するからいけない」というだけでなく，法律も，拘束や抑制をすることに対して制限を加えている。例えば，介護保険法第88条省令で『介護施設は，生命又は身体を保護するため緊急やむを得ない場合を除き，身体的拘束，その他入所者の行動を制限する行為を行ってはならない』とされている。

では，行動コントロールの倫理においては，「介護施設」と「病院」では違いがあるのか？　あるいは「身体拘束」と「鎮静剤などの薬物投与」は，どのような違いがあるのか？

介護保険法で規定されている介護施設においては，転倒・落下の事故を防ぐためであっても，身体拘束は正当化されないのか？　あるいは，病院においては，例えば大腿骨頸部骨折の術後に点滴ルートや外転位固定を外そうとしている認知症患者は抑制してもよいのか？

薬物投与に関しては，「徘徊して迷子になり，しばしば警察のお世話になっている認知症の人に，家族や施設のケアスタッフが困り果てて，医師に睡眠薬の処方を頼むケース」がしばしばあるが，このような薬剤による行動

コントロールは許容されるのか？といった臨床現場を悩ませるさまざまな倫理的問題がある。

⑤ **例外3要件：「切迫性」「非代替性」「一時性」**

行動コントロールは，本人の自由に動き回る権利を侵害するため，やむを得ず拘束する場合でも，できるだけ最小限の拘束にする必要がある。身体拘束ゼロの手引きにおいて，身体拘束が止む得ない場合として，「切迫性」「非代替性」「一時性」が示されている。

最小限の拘束のためには，目的が正当性であること，手段が相当であること，法益侵害が軽微であること，必要性・緊急性があることなどの要件について十分考えることが必要である。

具体的には，ⅰ）拘束の必要性と限界について考える，ⅱ）転倒原因の評価・検討，ⅲ）拘束を使用しなければならない際に留意すること【a）その人の尊厳に対して配慮しているか，b）その人の自律（自己決定権）に対して配慮しているか，c）その人のwell-being（しあわせ）に配慮しているか，d）その人の自立に配慮し，適切な支援をしているか】，ⅳ）定期的な再評価が必要である。

最高裁まで行った有名な一宮身体拘束事件と云われている事例においても，2審高裁判決では「医療機関による場合であっても，拘束は必要最小限であるべき…身体拘束ゼロへの手引きの切迫性，非代替性，一時性の要件が参考になる…重大な傷害を負う危険があったとは認められない…」として拘束を違法と判断した。

4 認知症の人の医療同意・代諾の問題

① **医療の方針決定におけるジレンマ**；臨床現場では，今後の治療方針決定に関して，その認知症の本人に決めさせてよいのか，いけないのか（家族に決めさせる）迷ってしまうことがしばしばある。結果，本人そっちのけで，家族に決めてもらうことが多いのが現実である。倫理的に本人の気持ちを尊重しないことは気が引けるが，認知症もあることだし，意思決定能力があるのかも確定できない。そして，本人が亡くなった場合，後に残るのは家族であり，家族と軋轢や問題を起こしたくないというのが，医療現場の率直な気持ちである。

② **意思決定能力**（capacity）；認知症であっても，意思決定能力があれば，本人に自己決定の権利が保障される。実際，臨床現場で用いているのは，以下の Grisso & Appelbaum の意思決定能力の評価基準である。

まず，①選択して表明できること，②情報の理解，③状況の認識（その治療が自分にどのような結果をもたらすのか），④論理的思考（選択した方針が自分の治療目標と一致）である。時に，⑤選択した結果の合理性までもが要求されることがある。この医療に関する意思決定能力は，必ずしも法的判断能力とは一致しない。

③ **認知症の人の意思決定能力の評価**；認知症であっても，すべての人が自己決定不可能とはいえない。また，意思決定能力は「特定の課題ごと」「経時的に」「選択結果の重大性」に応じて変わるため，客観的な合格ラインがあるわけではない。すなわち，意思決定能力は，all or nothing matter ではなく，ボーダーライン上に多くの認知症の人々がいるのである。したがって，意思決定能力を固定的に考えてはいけないし，残存能力を引き出す努力を惜しまない必要がある。また，これら境界領域の人々に対して適切な意思決定支援を行うために shared decision making, supported decision making といった倫理的配慮が求められる。

④ **認知症への偏見 Dementism**；高齢者への差別や偏見【Ageism】と同様に，認知症の人に対する偏見【Dementism】がしばしば見受けられる。例えば，身寄りがおらず，手術同意する人のいない認知症高齢者の大腿骨頸部骨折に対して，手術をしないと回答する医師が相当数いる。これは，代諾する家族がいないというだけでなく，本人が手術の必要性を理解できない，術後の安静が守れないという理由，あるいは認知症で既に QOL が悪いのだから，今さら手術をする必要がないと考えられたり，かえって徘徊しなくなり介護がしやすい等と考えられているからである。

5 翻訳の倫理

① **行動障害 BPSD**；認知症が進行し中等度になると，BPSD と言われる徘徊・暴行・暴言・介護への抵抗などの行動障害が起こってくる。実際，「認知症の人が施設から逃げ出した」，あるいは，「夕方になるといつものように徘徊し警察のお世話になる」といったことを聞くと，我々は，これは認

知症による困ったBPSD（問題行動・行動障害）だと先入観で思いがちである。

②　**翻訳の倫理**；軽症の認知症の場合には，自分自身の考えを明確に伝えることができることが多いが，中等度以上では，自分の考えをうまく伝えることができないため，我々は認知症の人々の経験を，翻訳し解釈して読み解くことになる。

例えば上記の「徘徊」ひとつとってみても，問題行動であると即断しがちである。しかし，我々は，認知症の人の経験を「自分のフィルターを通じてみている」あるいは「自分自身の辞書を用いて翻訳している」にすぎない可能性があるのである。このように認知症の人の経験を「自分の価値観で翻訳し，解釈している」ことに目覚的・内省的である必要があることを，翻訳の倫理という。

Ⅲ　摂食嚥下障害の倫理

1　「摂食嚥下障害の倫理」の必要性

「口から食べる」ことは「医療」においても，「生活」においても重要な関心事である。しかし，高齢になると，摂食障害・嚥下障害を来す疾患に罹患することが多くなる。そして，これらの疾患は，同時に自己決定（自律）の障害を伴うことが多く，医学的だけでなく倫理的にも問題となる。

臨床現場では，医療者は，できる限り患者の病状を改善したい，誤嚥性肺炎を予防したいと考えている。しかし，同時に「食」に関する本人の意向もできる限り尊重してあげたいとも考えている。また，法的に問題となることは避けたいとも考えている。このような医療者の揺れる気持ちが複雑に絡み合って臨床現場のジレンマを大きくしている。

さらに，胃ろうなどの人工的水分栄養補給の問題も，臨床現場に大きな問題を投げかける。人は人間として生まれた以上，いつかは食べられなくなる時がやってくる。我々は，このような人工的水分栄養補給の手段を，ヒューマニティーに溢れた方法で，医学的にも，倫理的にも，法的にも適切な方法で賢く使っていかなくてはならない。

2　事例を使って考える

① **ケース概要**；【摂食条件を守らず，誤嚥を繰り返した80歳代男性；急性硬膜下血腫の手術後誤嚥性肺炎を発症。抗生剤治療を実施し絶食の指示にもかかわらず，本人は妻に対して水や食べ物を要求し，しばしばむせていた。その後，経鼻経管栄養となるが，唾液・分泌物を誤嚥し肺炎を繰り返した。主治医よりの胃ろうの提案に対して，「死んでもいいから口から食べたい」と拒否した。家族も本人に同調した。】

② **対立する価値〈倫理的ジレンマ〉**；このケースにおいては，本人の願望である「自由に好きなものを食べること（自律尊重原則）」と，「経口摂取を禁止して，誤嚥性肺炎を予防すること（善行原則）」が対立し倫理的ジレンマになり，医療者を悩ませている。

③ **本人意思に関する倫理的論点**；「本人に，今後の治療方針を決定するのに必要な意思決定能力はあるのか」「'死んでもいいから口から食べたい'は真意か」について考える。前者では，意思決定能力の4要件を満たすのか。後者については，本人と繰り返し話し合いを行い，「胃ろうは切腹のようで嫌だ」「食べられないのが辛い，死んでもいいから食べたい」という本人意思が確固たるものであるかどうかを評価する必要がある。

④ **自由に口から食べることは本人の最善の利益にかなうのか**；実際，本人にとって，何が最善かを決めることは，なかなか難しいことである。少なくとも「経口摂取禁止」や「胃ろう造設」することによる患者のベネフィットが，本当に負担やリスクを上回っているのかどうかといったことを，「医学的視点」だけでなく，本人の願望や価値観・人生観といった「倫理的視点」も含めて熟慮する必要がある。

医学的視点としては，「今後，経口摂取ができるようになる可能性」「経口摂取を許容することによる誤嚥性肺炎の起こる頻度や確率」などを考える。倫理的視点としては，「本人にとっての食べることの意義」について考えてみることが大切である。また，生活の視点として，今まで生きてきた生活家庭環境や，獲得してきた「食の文化」について思いを巡らすことが必要である。人生の最期に「口から食べてはいけない」と強要されることは，今までの本人の生活史とあまりに隔たりが大きくて，受け入れが難しい場合もある。

医療者は，患者の残された時間について，おおよそだが，客観的に評価できる立場にある。死期の切迫の程度，経口摂取を許可することによる死期への影響の程度などを考慮して，本人の願望に沿うべきかどうかを皆で話し合ってみる必要がある。

⑤ **家族の代理判断に関する倫理的論点**；「家族の判断は適切か」に関して，ⅰ）家族の中で，誰が，今後の方針を決めるのに，代理判断者（あるいはキーパーソン）として適切なのか？　ⅱ）家族の意見は，『本人の意思願望を反映しているのか？』それは，もしかしたら『家族自身の願望や都合ではないのか？』，ⅲ）家族の意見は，患者本人の最善の利益を反映しているか？　ⅳ）家族内で意見の不一致はないのか？　ⅴ）本人と家族とは利益相反はないのか？等である。

　このケースの場合，長年連れ添ってきた妻は，本人の食べ物の好みをよく知っており，残された時間が短いのであれば，本人の好きな味付けで，食べたいものを食べさせてあげたいと考えていた可能性があり，家族の意見は，決して『家族自身の願望や都合』ではなく，『本人の意思や願望をちゃんと反映している』といえるのだろうと思われた。

⑥ **嚥下指導，嚥下リハビリテーション**；医療者は，「家から持参した食べ物を食べることを黙認するにしても，できる限り危険を減らしてあげたい」と考えた。そのためには，摂食場面の観察・嚥下造影・嚥下内視鏡検査などにより適切な病態評価を行い，診断を確定する。そして，嚥下指導や嚥下リハビリテーションの工夫をする。例えば，口腔内の清潔，嚥下体操，食事の形態の工夫・とろみ，嚥下姿勢やベッドのリクライニング角度の工夫などを実施し，少しでも誤嚥のリスクを低下させることである。

Ⅳ　終末期医療の倫理

1　終末期医療からエンドオブライフケアへ

　最近では，「終末期」と呼ばずに「人生の最終段階エンドオブライフ」と呼ばれることが多い。後述の厚生労働省のガイドラインでも然りである。

　それは，患者が「延命治療を望まない」と意思表示していても，ギリギリ

の時点まで人工呼吸器などの延命治療を実施し，最期の最期になって「本人の願望だから」といって，人工呼吸器を外す医療では，決して本人の尊厳に配慮した終末期医療とはいえないからである。

本人が望む平穏な終末期のQOLを考慮し，エンドオブライフと判断されたのなら，時宜を逸しない緩和ケアが開始される必要がある。したがって，本人の自律・尊厳に対して配慮するのに，十分な時間を考える必要があるため，終末期⇒人生の最終段階エンドオブライフという発想の転換は意義があると思われる。

臨床現場では，医療ケアチームはエンドオブライフケアに関して，多くの悩みを抱えている。その理由として，(i)本人が自分の意思を表明できないことが多い，(ii)（延命）治療の選択肢が増えた，(iii)介護施設での看取りが増えたにもかかわらず，介護ケア職の「終末期」「いのち」「病気で死ぬこと」との関わりが，歴史的に浅い，(iv)「倫理的気づき」がなく，適切な意思決定プロセスについて熟慮されていない，⑤終末期に関する「法律」がない（法のけんけつ状態）などが挙げられる。

2　人生の最終段階における医療ケアの決定プロセスに関するガイドライン（厚生労働省）

医療現場では，ソフトローとしてのガイドラインに沿って終末期の医療ケアが実施されている。ガイドラインの大枠は(i)本人の意思の確認ができる場合には，専門的な医学的妥当性と適切性の検討を経て，情報提供・説明の後，本人と医療・ケアチームとの合意形成に向けた十分な話し合いをする，(ii)本人の意思の確認ができない場合には，推定意思を尊重，最善の方針をとることが示されている。

3　患者本人の意向の尊重

倫理原則である自律尊重原則（Autonomy），および人生の最終段階のガイドラインからも，患者本人意思の尊重は重要であるが，現状は残念ながら，高齢者の場合，本人の意向が尊重されていないことが多い。実際，意思決定能力の評価が適切に実施されず，包括的に「意思決定能力なし」と判断されていることがしばしばある。

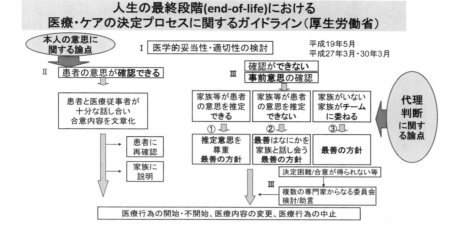

　高齢や認知症を理由に，「自分では決められないだろう」と先入観をもつことは，Ageism, Dementism といった差別につながり望ましくない。もし，意思決定能力が不十分な場合でも，本人の意向や選好をできる限り尊重できるように，意思決定の支援（= Shared Decision Making, Supported Decision Making）をする必要がある。

　20世紀以降，さまざまな患者の権利侵害事件や医療裁判を通じて，「現在（その時）の医療ケア」における患者の自己決定の権利が確立してきた。その後，「将来の医療ケア」についても本人意思の尊重の重要性が認識され，事前指示／ACP の権利が普及してきた。意思決定能力が正常で自律的であった「かつてのその人 then-self」の自己決定権は，たとえ意思決定能力が無能力となった「現在のその人 now-self」になってしまったとしても，事前指示／ACP を通じて，その権利を延長することができることになる。

4　家族等による代理判断

　意思決定能力の評価が適切に行われ，本人が意思表明できないと明らかになった場合には，家族等による代理判断が行われる。家族等としたのは，平成30年改訂の人生の最終段階のガイドライン（厚労省）において，信頼できる者の対象を，家族から家族等（親しい友人等）に拡大したからである。

　倫理的に適切な代理判断は，ⅰ）事前指示／ACP の尊重，ⅱ）代行判断

(本人意思を適切に推定する)，ⅲ）最善の利益判断の手順であり，厚労省のガイドラインだけでなく，海外の多くの終末期のガイドラインもこの手順を踏襲している。

5 誰が代理判断者になるのか

家族だからといって誰でもが本人のために治療方針に関するよい判断ができるわけではない。また，最近では，独居や疎遠な家族関係のために，本人のために代理判断することができる人がいない場合も多い。

代理判断者（Surrogate）としては，本人が指名した代理判断者（＝Proxy）が，本人の自己決定権を尊重することになり，より理想的である。留意点として，当然のことながら，医療・ケア提供者は，代理判断者になることは出来ない。それは医療を提供する者が，終末期医療の最終決定者になれば，患者の自己決定権はお題目にすぎなくなってしまうからである。

では，家族の中で，誰が代理判断者として適切なのか。家族の治療やケアへの協力・配慮が本人の利益ともなるわけであるが，反対に虐待や利益相反などが問題となる家族がいることも事実である。したがって，我々医療者は，「その家族は本人の意思の代弁者として適切か」「本人の最善の利益について判断できるのか」についても見極める必要がある。

臨床倫理では，適切な代理判断者に関して，以下の東海大学事件判決（平成7年）における「家族による患者意思の推定が許される場合」を，しばしば参照している。【ⅰ）家族が，患者の性格・価値観・人生観等について十分に知り，その意思を的確に推定しうる立場にある，ⅱ）家族が，患者の病状・治療内容・予後等について，十分な情報と正確な認識をもっていること，ⅲ）家族の意思表示が，患者の立場に立った上で，真摯な考慮に基づいたものであること】

6 家族による代理判断は適切か

本人が意思表示できない場合の，家族による治療方針の代理決定が，必ずしも本人のために適切な判断ではない場合がある。その決定内容に問題がないのかどうか，医療ケアチームは見極める必要がある。

① **家族の代理判断は常に適切とは限らない**

家族だからといって，本人にとって常に最善の判断ができるわけではない。したがって，家族が述べた意見や願望が，本人の意思を適切に推定しているのか，あるいは本人の最善の利益を反映しているのかについて，医療ケアチームは熟慮する必要がある。時に，それは，家族自身の願望となってしまっている場合があり，問題となる。

また，臨床現場では，家族の関係性の良し悪しや利益相反などによって，決定内容が本人の最善の利益に叶っていない場合もある。さらに，家族内で意見の不一致があり，今後の方針がなかなか決まらないこともある。

② **家族の代理判断の法的意義**

臨床現場では，本人亡き後の問題を避けるために，家族の意見に従ってしまうことが多い。しかし，家族等による同意の法的意義は『医療同意は法律行為ではなく，本人の一身専属的法益への侵害に対する承認である。したがって，家族による代諾は，本人の同意権の代行にすぎず，家族に同意権を付与しているものではない』とされている。

このような医療同意の法的意義を鑑みると，代理判断は，あくまで本人の利益のためになされる場合，あるいは，本人の不利益にならないようになされる場合のみ正当化されると言える。

③ **倫理的に適切な代理判断をするための留意点**

上記の代理判断の意義を考えるとき，医療者は家族に対して，本人に共感をもって，本人の最善の利益を熟慮するように促すことが大切である。

まず，「患者本人による自己決定」と「家族による自己決定」とを明確に区別できるように支援することである。家族の判断・決定は「本人の意思・意向を反映しているのか？」もしかしたら，「家族自身の願望・都合ではないのか？」この区別についての熟慮である。

さらに，家族が代理判断する際に，「患者のかつての願望」「患者の価値観に基づいて推測された願望」「患者の最善の利益」と，「家族自身の願望」について，適切に区別できるように支援することが重要である。

本人が意思表明できない時には，必ずしも，家族が決めることは悪いことではないし，実際，家族が決めてくれなければ，臨床現場は立ち行かない。「適切な代理判断者」による，「適切な代理判断の手順」を踏み，本人の意

思・願望・価値観を，ちゃんと反映させることが大切である。さらに医療ケアチームは，家族が意思決定の際の不安や罪悪感に対処できるようにするための支援も行う必要がある。

7　生命維持（延命）治療と緩和ケア

① 緩和ケアの定義

緩和ケアの医療者向けのWHOによる定義は『生命を脅かす疾患に伴う問題に直面する患者と家族に対し，疼痛や身体的，心理社会的，スピリチュアルな問題を早期から正確にアセスメントし解決することにより，苦痛の予防と軽減を図り，生活の質（QOL）を向上させるためのアプローチ』である。

日本臨床倫理学会は，がんだけでなく，高齢者の慢性疾患における緩和ケアの重要性に鑑みて，医療関係者だけでなく介護関係者も含め，さらには，患者や家族にも「緩和ケアの権利」について理解を促せることが望ましいと考え，以下の，一般の人向けの緩和ケアの定義を提唱している。『緩和ケアとは，重い病気に罹った場合でも，最期までできるだけ自分自身の価値観に沿った，苦痛の少ない快適な生活を送り，人生が満ち足りたものになるために，患者さん本人はもちろんのこと，家族に対しても，医療ケア専門家がお手伝いするものです。また，緩和ケアは，今後の治療方針を決めるための助言や支援をも含みます。』

②「臨床倫理」をキーワードに緩和ケアを考える

これまで，がん患者中心に発展してきた緩和ケアを，「臨床倫理」をキーワードに，非がん患者（高齢者の慢性疾患）の緩和ケアを熟慮することは，今後の医療において不可欠である。

慢性疾患における緩和ケアは，今後の治療やケアに関する意思決定支援をも含むものである。実際，緩和ケア病棟のカンファレンスは倫理カンファレンス的要素を多く含んでいる。したがって，緩和ケアの実践は，臨床倫理の思考のプロセスが，その主要部分を占めることになり，両者は基本理念が通底しているといえる。

緩和ケアの目的は，身体的苦痛を緩和することは勿論のこと，心の苦痛も和らげることである。患者は今後の方針を自分で決めることが出来た時，満足感を覚え，well-being（しあわせ感）が増し，QOLが改善することも知ら

れている。

③「基本的な緩和ケア的アプローチ Generalist Palliative Care」と「緩和ケア専門医によるアプローチ Specialist Palliative Care」

緩和ケア専門医によるアプローチ Specialist Palliative Care だけでなく，すべての診療科に関わる基本的な緩和ケア的アプローチ Generalist Palliative Care は重要である。

各診療科における基本的緩和ケア的アプローチと，緩和ケア専門医による緩和ケアのより密接な連携により，各科ごとに縦割り分断された医療を，「緩和ケア」をキーワードに integrate することができる。そして，それは，専門的緩和ケアスタッフが，基本的緩和ケアスタッフを支えることに繋がる。

今後は，高齢者ケアに関わる全ての医療ケア関係者が，緩和ケアの方向性までを見通して対応できる仕組みの構築と，早期に相談できるサポート体制の拡充が求められる。実際，心不全の緩和ケア的アプローチは，既に緒に就いている。

8　鎮静に関する問題

① 鎮静の定義

鎮静とは，意識のある終末期患者に，苦痛を緩和するための十分な緩和ケアを実践しても，緩和されない耐え難い症状がある場合に，苦痛を和らげる最後の手段として，鎮静剤を投与することである。

2010年の日本緩和医療学会のガイドラインでは，『患者の苦痛緩和を目的として患者の意識を低下させる薬剤を投与すること，患者の苦痛緩和のために投与した薬剤によって生じた意識の低下を意図的に維持すること』であった。

その後，2018年「がん患者の治療抵抗性の苦痛と鎮静に関する基本的な考え方の手引き」に改訂され，その際の定義は『治療抵抗性の苦痛を緩和することを目的として鎮静剤を投与すること』である。

② 鎮静の分類および手順

日本緩和医療学会2010年のガイドラインでは，鎮静の深さと持続時間で分け，『浅い鎮静・深い鎮静』『間欠的鎮静・持続的鎮静』に分類されていた。

改訂された2018年手引きにおいては，『間欠的鎮静・持続的鎮静』に分類

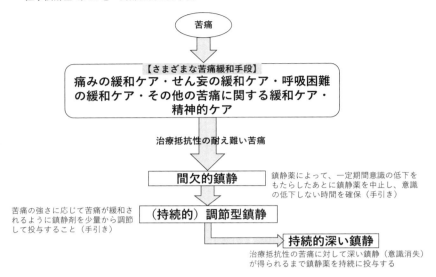

され，持続的鎮静は，さらに『調節型鎮静・持続的深い鎮静』に分類されている。調節型鎮静とは，患者の意識レベルではなく，苦痛の程度を指標として，鎮静薬を少量から開始し，苦痛の強さに応じて投与量を調節するものである。図は手引き P19 フローチャートを模式化したものである。

③ **鎮静における倫理的問題**

(i) 安楽死とのちがい

　治療抵抗性の耐え難い苦痛がある患者に対して，鎮静薬を投与して苦しみから解放させる行為は，その結果患者が死亡した場合，外見上，積極的安楽死と区別が難しいことがあり，医療者に「自身が患者に死をもたらしているのではないか」という感情的苦悩と倫理的悩みを生じさせる。『患者を苦痛・呼吸困難から解放させてあげるために，鎮静剤を投与しました。効果が十分でなかったため，鎮静剤を増量しました。患者の意識はなくなり，3時間後に死亡しました。鎮静と安楽死のちがいについて悩みました』は臨床現場でよくあるケースである。

　医療ケアチームも，緩和的鎮静の方法や，医学的・倫理的根拠について，十分に理解していたとしても，自身が患者に死をもたらしているのではないかという葛藤や心理的苦痛がある。医療関係者の感情にも十分配慮する必要

がある。

(ⅱ) 二重結果の理論 Doctrine of Double effect

緩和的鎮静の倫理的正当性の根拠として二重結果の理論がある。「意図した結果（苦痛の除去）」と「予見可能だが，意図したわけではない結果（患者の死を早めること）」を倫理的に区別するという理論である。具体的には，『鎮静することによって，死が早まることが予見できたとしても，患者の死を意図したのでなければ，苦痛の除去という良い結果をもたらすので，許容される』ということになる。

この「二重結果の理論」により緩和的鎮静は広く認められているが，以下のように批判もある。①医師の意図；医師がある行為をするとき，その意図は一つとは限らない（例；疼痛軽減＋早期死亡），②二重結果の理論は，「医師がどのような行為をするのか」ではなくて，「医師が自分の意図をどう述べるのか」に焦点を当てている，③一般的に，患者や家族は，意図している結果だけでなく，予見される結果についても，医師から説明を受けている，等である。

(ⅲ) 二重結果の理論が適用されるための条件

医師は最終的な結果がよければ，副次的な有害作用をもたらしてもよいという白紙委任状をもっているわけではないし，また，「意図していない」という理由だけで，「悪い結果をもたらすことが許容されている」わけではない。

したがって，二重結果の理論が適用されるためには，以下の条件を満たす必要がある。①結果に関わりなく，行為それ自体（例；鎮静剤の投与）が倫理的・道徳的に誤ったものであってはならない。②副次的な有害作用（例；呼吸抑制・死）が，主要なベネフィット（苦痛の緩和）を得る為の手段となってはならない。③意図される主作用と，意図されないが予見される副次的作用との間に，**proportionality**（釣り合い・相応性）がなくてはならない。Proportionality の構成要素は【終末期患者の病状・苦痛緩和の緊急性・患者意思あるいは家族の意思】である。④苦痛緩和の目標を達成できる，より害の少ない他の選択肢が存在しない。

(ⅳ) 各施設における倫理的に適切な鎮静プロトコールが必要

このように鎮静は，安楽死との境界が倫理的に不明瞭になる場面もあり，

また，二重結果の理論の採用に対しての批判もあるため，倫理的に十分に熟慮がなされ，各施設における倫理的に適切な具体的な鎮静のプロトコールが必要である。その内容として，①鎮静の実施について，関係者間で十分な話し合いをする仕組みや，倫理的に適切なインフォームドコンセントのプロセス，②その時点で，鎮静が必要かどうかを定期的に評価する仕組み，③鎮静薬の量は，症状（苦痛）緩和という目標を達成する最低限の量になっているか，④鎮静薬を増量するための基準が明確に示され，それは，他の医療ケアチームのメンバーから見ても妥当な方法であるか等のモニタリング，⑤鎮静の適切性を担保するための，事後の家族を含めたフォローアップ・話し合いの仕組み，⑥手続きの文書化と診療録への適切な記載などである。

V　DNARの倫理

1　DNAR指示とは

①　DNAR指示の定義

DNAR（Do not attempt resuscitation）は，疾病の末期に，救命の可能性がない患者に対して，本人または家族の要望によって，心肺蘇生術（CPR）を行わないことをいう。これに基づいて医師が指示する場合をDNAR指示という。

DNAR指示は，2012年の時点で急性期病院の90数パーセントが出していたが，今後，増加が予想される在宅看取りや，介護施設における看取りもDNAR指示と無縁ではない。在宅医療や介護施設における「終末期の意思決定の手続き」を，本人の意向に沿い，且つ密室にしないためにも，その普及は，今後の熟慮を要する課題である。

②　DNAR指示の歴史

1960年代には心肺停止時にCPRを実施することが一般的となった。しかし，1960年代後半になると，このようなCPRのむやみな実施に対して「全例に必要ないのではないか」という懸念が報告され始め，医療従事者間での「心肺蘇生を実施しない」という内々の指示が行われるようになってしまった。

1970年代になると，CPRを実施しないフォーマル（公正）な手続きが求められ，その後，AMAなどにより，患者の自己決定を基本とするさまざまなガイドラインが作られた。

1988年にニューヨーク州，1991年にはジョージア州・イリノイ州などがDNAR指示に関する法律を制定した。

2　DNAR指示に関する倫理的問題点

日本では「延命治療の差し控え・中止」の事件についてはマスコミの話題にもしばしば挙がり，また実際，熟慮に熟慮を重ね，なおかつ適正な手続きがなされていても，なかなか「延命治療差し控え・中止」を簡単に実施することができないケースも多々ある。

ところが，こと，DNAR指示については，DNARのとらえ方が，医療者個人個人で異なっており，DNAR指示によってCPR以外の生命維持治療，例えば人工呼吸器・心臓マッサージ・気管内挿管・アンビュー・人工透析・昇圧剤・抗生剤投与・経管栄養・補液・検査・利尿剤・抗不整脈剤などと言った様々な生命維持治療までもが制限されてしまい，実質的な延命治療の差し控え・中止となってしまっている可能性があった。しかし，それは「DNAR指示だから…」ということで誰も騒がない。こんな風にDNARという言葉がひとり歩きをしてしまっている状況が放置され，DNAR指示についてのコンセンサスが得られているとはいえなかった。残念ながら「DNARという言葉だけが，アメリカから輸入されて，各自，自己流で解釈し，DNAR指示を実践している」という実態になってしまっていた。

DNAR指示が抱えていた倫理的問題はⅰ）DNAR指示は誰が決めるのか，ⅱ）DNAR指示はいつ出すのか，ⅲ）DNAR指示によって，差し控えられたり中止される医療的処置の内容とは，ⅳ）DNAR指示を出すための適切なプロセスとはどのようなものか，ⅴ）DNAR指示後の適切な医療ケアとは，等があった。

3　DNAR指示から⇒POLSTへ

医師によって，想定している蘇生の内容（CPR・昇圧剤・輸液・抗不整脈剤・抗生剤など）は異なっており，DNAR指示によってCPR以外の他の生

命維持治療に対しても消極的になっているという可能性があった。

そこで，DNARから内容が明確なNo CPRとし，CPR以外の他の治療について詳細な指示の必要性が認識され，POLST（Physician Orders for Life Sustaining Treatment 生命維持治療に関する医師による指示）という概念が提唱された。

> 4 ガイドライン（日本臨床倫理学会）；POLST（DNAR指示を含む）作成指針――「生命を脅かす疾患」に直面している患者の医療処置（蘇生処置を含む）に関する医師による指示（http://www.j-ethics.jp/workinggroup.htm）

そこで，日本臨床論理学会は，このようなDNAR指示実践に関する混乱を改善するためにワーキンググループを発足させ，【基本姿勢】【書式】【ガイダンス】を発表した。

ガイダンスは，倫理的に適切な意思決定プロセスを踏んで「書式」に記入するために，以下の6つのパートから成り，詳細なチェックリストが付いている。

① POLST（DNAR指示を含む）作成に際して，患者本人・家族（関係者）および医療ケアチーム内で十分なコミュニケーションがなされていますか？
② 今後の医療について，患者本人の意思は尊重されていますか？
③ 患者本人が意思表明できない場合の代理判断；家族および近親者等の考えを尊重していますか？
④ POLST（DNAR指示を含む）に関する医学的事項
⑤ POLST（DNAR指示を含む）指示作成の手続きについて
⑥ POLST（DNAR指示を含む）後の配慮（緩和ケア等）

Ⅵ　臨床現場におけるさまざまな倫理的問題を解決するために

1　倫理コンサルテーション

倫理コンサルテーションとは，日常ケアや終末期医療ケアなど，医療・介

護の実践の現場において生じたさまざまな倫理的問題について，関係者間で意見の不一致や衝突があったり，悩んだり，コンフリクトが解決できない場合に，中立的第三者である倫理専門家（時に法律専門家を含む）による助言のシステムである。

2　臨床現場における倫理的問題を解決するためのツール

　臨床現場では，多くの医療ケアスタッフが，さまざまな倫理的ジレンマに直面する。たとえば「本人は，本当に延命治療を望んでいなかったのか」「その治療方針は患者本人の意向を反映しているのか」「家族は代理判断者（キーパーソン）として適切か」「家族の代理判断は適切か」「家族間・関係者間の意見の対立があった場合はどうしようか」などである。

　これらの倫理的ジレンマを，少しでもより良い解決に向かわせる手段として，ⅰ）ACP，ⅱ）倫理コンサルテーションが生み出され，長年，熟慮し議論が重ねられてきた。まず，ACPによって，本人の意向が明確になり，それを理解し，それに沿った医療が計画され，実施されることによって，終末期に関するいくつかの悩みは解決の方向に向かうであろう。しかし，臨床現場の倫理的ジレンマはケースごと個性があり，複雑であるため，ACPの実践だけでは解決できないものも多々ある。そのため，多職種で熟慮・検討するためのシステムとして倫理コンサルテーションが有用になってくる。

　しかし，倫理コンサルテーションにおいて，適切な助言をすることが出来なければ，それは倫理井戸端会議になってしまう。そこで，日本臨床倫理学会は，このような倫理コンサルテーションにおいて，適切な助言のできる人材を養成するために臨床倫理認定士および上級臨床倫理認定士の養成研修を実施している。

Ⅶ　ACP　アドバンスケアプランニング

1　ACPとは

　ACPは人生の最終段階の医療ケアについて，本人が家族等や医療ケアチームと事前に繰り返し話し合うプロセスである。ACPは，最近，突然に出て

きた言葉でもないし,諸外国の真似をしたわけでもない。「終末期医療におけるさまざまな困難な倫理的問題をどうやって解決すればよいのか？」という医療ケア専門家の苦悩に満ちた深い悩みの中から,「終末期医療の倫理」を熟慮・発展させてきたプロセスから生まれた産物なのである。すなわち,終末期医療におけるさまざまな倫理的ジレンマを解決する手段として,前述のごとく,ⅰ）ACPと,ⅱ）倫理コンサルテーションが生み出されてきたのである。

ACPによって患者本人の意思が明確となり,臨床現場の治療方針に関する悩みが,本人の意向に沿ったよりよい解決方向へと向かう。ACPは,具体的には,「話し合いの場を提供する」「患者の意思の変化に応じて,話し合いを繰り返すことが重要」「患者本人意思を共有する」ことである。

ACPを実践することによって,前もって患者の意向や価値観を確認しておけば,本人の自己決定（自律 Autonomy）の尊重に寄与することになる。また,ACPに際して,繰り返す話し合いにより関係者間のコミュニケーションを深め,本人の意向を共有することによって,意見の不一致や対立も少なくなり,今後のコンフリクトを避けるために役立つであろうし,中立性や透明性などにも配慮することになる。

2　ACPと事前指示との関係

事前指示 advance directive とは意思決定能力が正常な人が,将来,意思決定能力を失った場合に備えて,治療に関する指示を,事前に示しておくことである。そして,事前指示作成のプロセスにおいて対話を重視すれば（＝コミュニケーションツールとしての事前指示）,それはACPを実践したことになる。

実際に,日本における事前指示の発展・普及は,患者に寄り添い,臨床倫理的思考のプロセスをしてきた医療者たちが,「コミュニケーションツールとしての事前指示」（＝ACP）を,既に臨床実践してきた経緯がある。

家族や医療者を交えないで書く,患者の権利の発露としての古典的な意味での事前指示は,その実践過程において,医学的にも倫理的にも問題があることがすぐに露呈してきた。すなわち,医療者を交えないで書く事前指示は「医学的事項の理解が不十分」であり,「関係者間で本人意思の共有ができて

いない」「本人の願望に対する関係者の共感が不十分」となってしまう。

したがって，現代における事前指示はその作成プロセスにおいて関係者間の対話を重視するため，ほぼ ACP と同義に用いられている。このように，事前指示の定義・概念も，「医学・科学の進歩」や「社会・文化的変化」，さまざまな「倫理的問題の提起」により，「コミュニケーションツールとしての事前指示＝ACP」へと柔軟に進化・変貌を遂げてきたことになる。

3　ACP と DNAR 指示との関係

コミュニケーションを重視した DNAR 指示（POLST）は，医療における最も重要な ACP の一つとなり得る。日本臨床倫理学会の DNAR 指示に関するワーキンググループが　ガイダンスの１番目に「コミュニケーション」をもってきたことは，対話を重視した DNAR 指示（POLST）は，医療における最も重要な ACP の一つになり得ること，及び，指針『POLST（DNAR 指示を含む）』が，将来の臨床現場におけるよりよい ACP アドバンスケアプランニングの実践に寄与する可能性を，当時，既に，明確に認識していたからである。

4　ACP と「看取りの意思確認」との関係

介護施設における「看取りの意思確認」は，入所者と関係者のコミュニケーションを重視すれば，介護領域における最も重要な ACP の一つとなり得る。

Ⅷ　高齢者の「自律」の概念を再考する

1　「自律」の意味するところ

①「自律の概念」は臨床倫理の根幹をなす

簡単な一言『自己決定ができる』『自分のことを自分で決めることができる』で表される自律 Autonomy は，実は現代の臨床倫理の根幹をなす概念であり，その意味するところは深く，人の尊厳にかかわる論点である。倫理原則である自律尊重原則の意味するところは，ⅰ．個人は自律的な主体とし

て扱われるべきである【本人が熟慮した判断を尊重すること・本人が考えた上での判断にもとづいた行動の自由を認めること・考えて判断するための情報を提供すること】だけではなく，さらに，ⅱ．自律の弱くなっている個人を保護すべきであるといった，より積極的な責務をも意味している。

② 歴史的経緯

患者の自律の権利の尊重・確立の歴史的動きは，医療倫理・臨床倫理の発展に大いに関わっている。2000年以上前のパターナリズム的考え方のヒポクラテス的医の倫理から，20世紀になって自己決定権をはじめとする患者の権利の目覚めがあった。その結果，shared decision making といった協働的な意思決定をする医療者 – 患者関係への変遷があった。また，インフォームドコンセントの法理確立に関わるモーア事件（1905），シュレンドルフ事件（1914），カンタベリー事件（1972）などの裁判事例の積み重ねや，タスキギー事件などの患者の権利侵害事件への反省と倫理4原則も患者の自律の権利の確立に寄与した。

このような歴史的出来事によって，「現在の医療ケア」に関する患者の自己決定の権利が確立してきたが，その後，「将来の医療ケア」についても本人意思尊重の重要性が認識され，事前指示の権利が主張され，さらに患者と医療者との対話によるより共感的・協働的姿勢の重要性が認識され，コミュニケーションツールとしての事前指示（＝ACP）が発展してきた。

③ 自律と意思決定能力

自律の権利が保障されるためには，意思決定能力が必要だとされてきた。前述の Grisso & Appelbaum の意思決定能力の評価基準 ⅰ）選択の表明 ⅱ）情報の理解，ⅲ）状況の認識，ⅳ）論理的思考，ⅴ）選択結果の合理性，を満たし，一人で自己決定できること，といった「個別的な自律の概念」である。

2 なぜ，自律の概念を再考しなければならないのか

① 境界領域（ボーダーライン・グレーゾーン）の人への配慮が必要である

意思決定能力の構成要件を完璧に満たす人だけが自己決定が出来るということであれば，認知症の人や高齢者の「自律」は大幅に制限されてしまうこ

とになる。すなわち，意思決定能力（capacity）の構成要素を満たした人が「一人で自己決定できる」という個別的な自律の概念を採用すると，多くの認知症や高齢者の人が自律（autonomy）の領域から追い出されてしまう。

実際，意思決定能力は特定の課題ごと変わり，「医療ケア」と「日常生活・社会生活」とでは必要とされる能力は異なる。また，all or nothing matter ではないためにボーダーライン・グレーゾーンの人がたくさんいるのである。

さらに，「自律的な人のみに人格が宿る」という考え方は倫理的には受け入れ難いものであり，我々は，ひとりで自己決定できることといった「個別的な自律の概念」から，「より広くより豊かな自律の概念」へ発想の転換をする必要がある。

② **自律の概念は『他者から干渉されたり，妨害されない自由』だけでは十分でない**

一般的な自律は，「自己決定権」「自己支配」「自分で選択する自由」を指し，他者から干渉されたり妨害されないことを意味する。

この自律の権利（autonomy/freedom）を文字通り受け取り，文字どおり実践すれば，それは法には触れないかもしれないが，倫理的ではないと言わざるを得ない。自律を干渉されない権利と捉えれば，ケアをする人々との関係性は希薄・形式的なものとなり，しばしば介護者に防御的態度を引き起こし，さらにはネグレクトにつながる可能性があり，思いやりに欠けることになる。したがって，自律の概念は『他者から干渉されたり，妨害されない自由』では十分でないだけでなく，脆弱（frail で vulnerable）で，他者に依存しなければ生きていけない人々にとって，倫理的に問題である。

③ **自律の概念は『意思決定能力のある人が，一人で，合理的な決定をすること』では十分でない**

これまでの一般的な自律の概念「意思決定能力の構成要素を満たした人が，一人で，合理的なプロセスで決定すること」だけでは，認知症の人や高齢者の尊厳に配慮することができない。なぜなら，「合理性」は，しばしば，認知症の人において十分でないからである。

我々は「合理性」を追求するあまり，「then-self 認知症がなかったかつてのその人」の意向や考え方のみを求めがちになり，now-self 認知症の人の

現在の意向や感情を軽視しがちになる。しかし，認知症の人の現在の意向や感情も，その人の自律の発露であることを忘れてはいけない。

④ 意思決定能力が低下した「現在のその人 now-self」の意向・感情・選好の尊重は大切

日本をはじめとする世界各国の終末期のガイドラインは，代理判断において，意思決定能力が正常だった時の本人の意思を推定するとしている。これは，意思決定能力が正常だった「かつてのその人 then-self」に固執することになり，now-self（意思決定能力が低下した現在のその人）を無視してしまうことになる。はたして，「かつてのその人 then-self」の意思を推測するだけでよいのか？という困難な問いに我々は直面する。

しかし，周囲の状況の変化もあるし，意思決定能力の低下と共に，考え方や行動パターンも変わり，まわりの人々との関係性にも変化が生じる。したがって，「かつてのその人 then-self」の考え方だけでなく，「現在のその人 now-self」の意向や感情も，その人の自律の発露であることを心に刻んでおくべきである。

これは，意思決定能力が正常だった「かつての then-self」に固執することは，必ずしも「正解」とはいえない場合もあることを意味する。現在の「関係性」や「感情」への配慮も必要である。

⑤ 自律という概念の深さと複雑さ

以上のことを勘案すると，歴史的には「自律」の確立のために多くの犠牲が払われた事件や裁判があり，「自律」とは「自分で決めること（自己決定）」という単純なものではなく，複雑で深い意味合いをもっているものである。これは臨床倫理の中で，最も根源的で，深い論点であるといえる。

3 意思決定能力が低下し，家族や介護者に依存している高齢者や認知症の人の「自律」「自己決定権」とは，何を意味するのか？

① 自律の概念は，意思決定支援への「積極的サポート」を含む

認知症をはじめとする意思決定能力が低下した人々にとって，自律の概念は，自己のアイデンティティを継続したり，表現するための積極的なサポートを受けることを含む必要がある。また，医療ケア提供者は，認知症の人がどのように感じ，欲し，経験しているのかを理解する必要がある。これを

【翻訳の倫理】という。

　また，さらに一歩進んで，医療ケア提供者は，認知症の人のアドボケーターとして行動し，これらの人々の自律を促進するよう努める必要がある。

　認知症の人にとって，自律の概念は「他者から干渉されたり妨害されない自由」といった消極的権利だけではなく，自己の自律を尊重してもらうために，さらに積極的なサポートを受ける権利を含んでいるのである。

　② 自律の概念は「関係性への配慮」を含む

　認知症の人の自律を促進するためには，本人と家族，医療ケアチームなど周囲の人々とのよりよい関係性が必要である。こういった関係性へ配慮した自律を relational autonomy と呼ぶ。

　実際，個人のアイデンティティは，家族や友人など本人にとって重要な周囲の人々との関係性によって育まれたものである。したがって，認知症本人の QOL は，互いに関わり助け合いながら生きている周囲の関係者の QOLs (Quality of Lives) と大いに関係する。また，自律にかかわるベネフィットも同様に双方向性である。このように shared decision making は，患者本人だけでなく，家族介護者も含んだモデルであり，家族介護者も積極的なサポートや助言を受ける必要がある。そして，それは認知症の人の自律を促進するために役立つことになる。

　③ 自律の概念は「感情面の尊重」を含む

　認知症の人の自律を促進するためには，現在の感情面も尊重する必要がある。理性的・合理的決定のみに焦点を当てている場合には，もし認知症の人が意思決定能力を喪失した場合，（意思決定能力があった）かつて then-self の視点や決定のみが自律の具現となってしまう。

　しかし，認知症の人の自律を促進するということは，感情的・情緒的な側面に焦点を当て，現在の本人 now-self の喜びや楽しみの感情を尊重することも含む必要がある。これが，広く豊かな意味での自律の概念が必要とされる所以である。合理的な判断が出来なくなった場合でも，「こっちの方が好き」「これは嫌だ」「この人の方が気に入っている」などの比較判断をする能力は暫くの間，保たれているといわれている。

④ わたしたちは，自律の概念の"ゆらぎ"を許容できるのか
（i）1st ステップ自己決定から⇒ 2nd ステップ代理判断へ"飛び越える"

現在行われている意思決定プロセスは，本人に意思決定能力が無いと適切に評価された場合には，1st ステップを強制終了して，家族等が本人に代わって代理判断をする 2nd ステップへと飛び越えることになる。この場合の，意思決定能力の評価は，あたかも all or nothing（あるか，ないか）であり，周囲の人々にはたいへんわかりやすいアルゴリズムである。

（ii）"ゆらぎ"を感じる

しかし，倫理的には，意思決定能力の構成要素を完全には満たしていない人であっても，本人の意向を尊重することは大切だと感じる。そのための試みとして，a）自律の概念をより広く解釈して，ボーダーライン上の認知症の人々を自律の領域に囲い込む，b）意思決定能力の評価基準を緩くして，自律の領域に含める，等が考えられる。

しかし，自律の概念をより広く解釈した場合，自律の定義が厳格でないために，周囲の人々は，「認知症の人に自分で決めさせてよいのか，いけないのか」，悩ましい多くの場面に出くわすことになる。つまり，自律の概念がより広くなることにより"ゆらぎ"が生じ，私たちは，その"ゆらぎ"ゆえに，さらに悩むことになるのである。

⑤ これまでの自律の概念をくつがえす
（i）本人が蒙る危害を最小限にする

個別的な自律の概念「ひとりで自己決定できること」を否定して，"ゆらぎ"を許容することは可能なのか？　あるいは，何故，自律の概念の厳格性を棚上げして，"ゆらぎ"を許容してまでも，広い自律の概念を提唱しなければならないのか？

広く自律を認めること，すなわち，本人の自己決定を最大化し，無危害原則から自律尊重原則に軸足を移す（自律尊重原則＞無危害原則）場合には，本人が蒙る危害を最小限にするための，何らかの Agents が必要となる。そのための Agent として，1つ目は本人が信頼している「人」であり，2つ目の Agent は，本人の価値観や人生観や願望が書かれた「もの」（例えば事前指示や ACP）である。

(ⅱ)「個別的な自律の概念」から「より広く豊かな自律の概念」へ

まず,意思決定能力の構成要素(1. 選択と表明・2. 理解・3. 認識・4. 論理的思考)を満たし「1人で自己決定できること」という個別的な自律の概念から,より広く,より豊かな自律の概念として『大切な人々との関係性の中で,自身の願望や意思を表現でき,周囲の人は自己決定をできるだけ支援すること』という発想の転換を提案した。しかし,この概念では,意思決定能力が低下し自律的でない人を尊重するには,まだ理論的武装としては不十分である。さらに自分で決めることができなくても,自律は達成できることを説得するための提案が必要となる。

(ⅲ) 自己決定と代理判断を一連の連続帯(スペクトラム)としてとらえる

これまでの考え方では,自己決定と代理判断の間に大きな溝があり,1stステップ自己決定から⇒2ndステップ代理判断へ"飛び越え"なければならなかったわけだが,ここで,自己決定と代理判断を一連の連続帯(スペクトラム)としてとらえる提案をしてみたい。それを正当化するために,関係性的自律 Relational Autonomy と共感的自律 Compassionate Autonomy という概念を採用する。

まず,現実の世界では,意思決定は,まったく孤立したものとして行われることほとんどない。周囲の人々との関係性が重要である所以である。

本人の記憶力や認知機能が衰えても,また,自分一人で自己決定できなくなっても,周囲の人々が,本人の価値観や人生観を理解して,尊重できるような関係性を維持している限りにおいては,本人への意思決定支援や,さらには代理判断においてさえも,自律の概念は達成される可能性がある。

本人に対する【共感】および【関係性】を核とし,その人を「人格をもったひとりの人」として認識し,受容することによって,自己決定と代理判断を一連の事象(一連の連続帯・スペクトラム)としてとらえることができ,他者による決定であっても自律の概念は達成されるのである。

本人は,自分で決定すること(自己コントロール)を放棄せざるを得ないが,それを,自分が最も信頼し,また,自分を最も理解・受容してくれる者の手の中に委ねることによって,逆説的に,自己が望んだことをかなえる役割を果たしてもらうことになる。

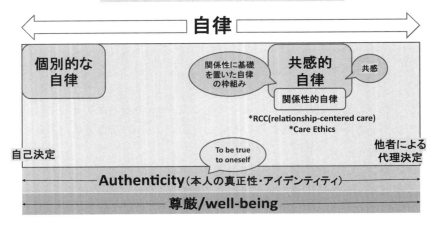

⑥「自律」とは人格を尊重すること

「自分で決めること」の真の意味は，本人の人格や真正性 authenticity を尊重し，尊厳に配慮することであるといえる。

自分一人で自己決定できなくても，周囲の人々が，本人の価値観や人生観を理解し，共感を示し，尊重できるような関係性を維持している限りにおいては，本人への意思決定支援や，さらには他者によってなされた代理決定さえも，この連続帯の枠組みの中で行われる限りにおいては，適切であるとみなすことができ，自律の概念は達成されるのである。

共感に満ちた関係性的自律は，柔軟な包容力をもった倫理的に適切な自律の概念ではあるけれども，自己決定と代理判断を同じ枠組みにはめ込み，法的には，あやふやな'ゆらぎ'を作り出し，法律の専門家からは受け入れられない可能性もある。それでも，私たちが，それを提案しなければならない理由は，意思決定能力が低下あるいはボーダーラインの人々の自律を尊重することが倫理的にたいへん重要であり，そのために何らかの説得力ある説明が必要だからである。なぜなら，自律を尊重することは，まさに人格を尊重することであり，本人のアイデンティティの継続を認め，尊厳に配慮することに他ならないからである。

【参考文献】

- 箕岡真子；抜け殻仮説への挑戦 —— 認知症の人の「自律」の概念を考える（2022 三省堂書店）
- Stephen G. Post. PhD, Phyllis Migdal. MD MA; Respecting the Expressed Preferences of Deeply Forgetful People in Daily Life and in Healthcare Decision Making，No. 8，臨床倫理増刊号，P. 19～25, 2020
- 箕岡真子；エンドオブライフケアの臨床倫理（2020 日総研出版）
- 箕岡真子；臨床倫理入門（2017 へるす出版）
- 箕岡真子；認知症ケアの倫理（2010 ワールドプランニング），
- 箕岡真子；私の四つのお願い（2011 ワールドプランニング），
- 箕岡真子・稲葉一人；ケースから学ぶ高齢者ケアにおける介護倫理（2008，2019 医歯薬出版）
- 箕岡真子；正しい「看取りの意思確認」の仕方（2015 ワールドプランニング）
- 箕岡真子；蘇生不要指示のゆくえ —— 医療者のためのDNARの倫理（2012 ワールドプランニング）
- 箕岡真子・藤島一郎・稲葉一人；摂食嚥下障害の倫理（2014 ワールドプランニング）
- 日本緩和医療学会；2010年，苦痛緩和のための鎮静に関するガイドライン
- 日本緩和医療学会；2018年，がん患者の治療抵抗性の苦痛と鎮静に関する基本的な考え方の手引き
- Thomas Grisso, Paul S. Appelbaum：Assessing Competence to Consent to Treatment. P.17-30, Oxford University Press, New York, (1998).

3　高齢社会と医療経済

中 部 貴 央

Ⅰ　は じ め に
Ⅱ　医療経済学とは
Ⅲ　医療経済評価と政策のかかわり
Ⅳ　介護におけるインフォーマルケアの可視化
Ⅴ　おわりに —— 高齢社会における医療・介護と医療経済，そして医事法とのかかわり

I　はじめに

1　少子高齢化に伴う人口減少社会

　本邦において，少子高齢化の進展に伴い，高齢化率[1]は上昇の一途をたどり，深刻な状況である。令和2年度国勢調査では，総人口1億2614万6千人のうち，65歳以上人口は3602万7千人と28.6％を占めた。総人口に占める65歳以上人口の割合は，世界でも最も高い水準である[2]。令和5年に実施された人口将来推計では，65歳以上人口は，以下の通りに推計された。死亡推移が同一であると仮定した場合に，出生推移に関わらず同一の結果として，2032年には3,704万人へ増加し，その後は第二次ベビーブーム世代（1971年～1974年生まれ）が65歳以上人口となる2043年に3,953万人をピークとしてその後減少に転じ，2070年には3,367万人となる。65歳以上人口の割合は，出生推移が中位と仮定した場合に，2038年に33.9％に達し，2070年には38.7％と，およそ2.6人に1人が65歳以上となる。つまり，将来的な出生推移の変化により影響がでるものの，高齢化率は上昇し続けるという予測である。これは，65歳以上人口減少が，64歳以下の人口減少を相対的に上回るからである[3]。

　さらに，この高齢化は，地方よりも都市部でより進むことが懸念されている[4]。すなわち，これまで高齢化率が高かった地方においては，今後も高齢化が進むものの，ある時点を境に急激な人口減少に転じる一方で，上述の第二次ベビーブーム世代が多く住む都市部においては高齢者が急増することとなる。これに伴い，地方においては人口減少地域における医療・介護需要

（1）　総人口のうち65歳以上人口が占める割合のことである。
（2）　総務省統計局．「令和2年度国勢調査　結果の概要」21頁。https://www.stat.go.jp/data/kokusei/2020/kekka/pdf/summary_01.pdf（2024年5月19日最終閲覧）
（3）　国立社会保障・人口問題研究所「日本の将来推計人口 ── 令和3（2021）～52（2070）年 ── 令和5年推計」人口問題研究資料第347号（2023年）2-5頁。
（4）　遠藤久夫「超高齢国家日本における医療と介護の現状と課題」人口問題研究75巻2号（2019年）92-107頁。

の減少，都市部においては医療・介護需要の急激な増加が懸念されることから，医療・介護の供給体制をどのようにすべきか，は喫緊の社会課題である。

2　高齢社会における医療費・介護費の現状

国民医療費[5]の年次推移においては，令和3年度にかけて増加の一途をたどってきた（昭和60年：16兆159億円，平成15年：31兆5375億円，令和元年：44兆3895億円）[6]。また，令和3年度は45兆359億円，前年度の42兆9,665億円に比べ2兆694億円，4.8％の増加となっている[7]。また，介護保険サービスを利用するために要介護認定が必要となるが，要介護認定者数についても増加の一途をたどってきた（平成12年：2,561,594人，令和6年：7,101,295人）[8]。この要介護認定者数の増加に伴い，介護費も増加している（2000年：3兆6273億円，令和4年：13兆2890億円）[9]。加えて高齢化の影響は，要介護者の増加に影響することから，医療費よりも介護費の方が大きいことが予測される[10]。

医療・介護保険制度は，公費，保険料，自己負担によって成り立っており，総費用の増加は，公費負担の増加，保険料の増加，自己負担額の増加と，被保険者自身の負担にもつながる。ただし，自己負担額の増加は，高額療養費制度による補助があることから，一定額以上の費用については，公費負担の増加にもつながる。また，保険料の増加は，とくに現役世代の負担が大きくなることと直結する。ゆえに，医療・介護保険制度の持続可能性は，大きな社会課題であるといえよう。

---

[5]　当該年度内の医療機関等における保険診療の対象となりうる傷病の治療に要した費用の推計値である。

[6]　厚生労働省「令和3（2021）年度国民医療費の概況」3頁。https://www.mhlw.go.jp/toukei/saikin/hw/k-iryohi/21/dl/kekka.pdf（2024年7月12日最終閲覧）

[7]　厚生労働省・前掲注(6)。

[8]　厚生労働省「介護保険事業状況報告」https://www.mhlw.go.jp/toukei/list/84-1.html（2024年7月12日最終閲覧）。平成12年は，年度末時点の確定値，令和6年は4月時点の暫定値を示す。

[9]　厚生労働省・前掲注(8)。

[10]　遠藤・前掲注(4)97頁。

Ⅱ 医療経済学とは

　医療経済学は，経済学の領域においては比較的新しい領域の学問である。資源の有限性に着目し，その資源配分を効率的に行い，よりよい医療制度を設計するか，という点を検討する学問ともいえよう。医療・介護の領域においては，患者・利用者側による需要と，医療・介護の提供による供給が発生した市場と捉えることができる。それゆえに，医療資源は，だれか1人に医療資源を投入すれば，それ以外の目的およびそのほかの人に投入することが可能である資源が減るという特徴をもつことから，競合財として捉えられ，「どのように資源配分を行うか」，という観点が重要となる。加えて，その配分における「公正性」および「公平性」が重視される。「公平（equity）」な資源配分では，どのステークホルダーに対しても，同一量の資源を配分することを表すが，「公正（fairness）」な資源配分では，各人の必要性や状況に応じた公正な基準で資源配分を行うことを指す。すなわち，医療資源の配分においては，必要な人に必要な医療を提供できるように配慮をする，公正な制度であることが非常に重要である[11]。

　また，医療・介護の提供は，「サービス」である点に着目ができる。このサービスは貯蔵ができるわけではなく，需要の増加に伴って，待ち時間の増加および供給不足が生じうる。とくに，1）サービスの生産と消費は同時に行われ，これらは不可分であること，2）サービスの提供には，人的資源の投入が不可欠であり，医療・介護においては専門性が必要となることも特徴である。供給者側が専門性を有することは，「情報の非対称性」にもつながる。つまり，消費者である患者および利用者は，自身が購入する医療・介護サービスの内容や質について，供給者たる医療・介護従事者よりも情報を有していないことが起こりえる。

　医療経済学会においては，その射程は幅広いことを提言している。学会が重視する価値として，「医療の経済的課題における研究の発展に向けて，医療研究と経済学研究の融合を中心に，さらに学際的・分野横断的に生産的に

---

(11)　ここでの医療資源は，健康・医療・介護領域いずれの資源についても包含する。

インタラクトする」ことを掲げており，そのスコープも非常に多岐にわたる[12]。医療経済学分野が射程とする領域に関して，まず大分類は，「健康の要因」，「医療の需要」，「医療の供給」，「医療にかかわる組織と産業」，「医療の財源と資金の流れ」，「医療の政策・システム」，「さらなる学際的・領域横断的な領域や新しい領域」とされており，非常に広範囲である。さらにその射程は，医療に限らず，介護，そして健康にまで広がっているため，医療経済学は，「健康経済学」とも称されることもある[13]。さらに，医療経済学は，分析手法においても，経済学の理論モデルから仮定を置き，論理的に結論に導く演繹的な手法をとる場合と，いわゆる実証的なデータに基づいて後方視的に分析する機能的な手法をとる場合と両者によって構成される。この点について，橋本・泉田は，医学領域では，事実の発見や経験の蓄積を通じて帰納的に論理を構築し，医療制度・政策に関する研究でも同様に事実たるデータに基づいた実証を行い，既存の枠組みなどから解釈する手順をとる帰納的論理構成をもつ一方で，経済学領域では，個人や企業などの行動に関する理論的なモデルをまず構築したうえで，事実を検証する演繹的な論理展開をもつことから，論理構成の違いが議論の食い違いを起こすことがあるとする[14]。また，伝統的な経済学では「合理的」な人を想定した理論が想定されてきたが，人間は不合理な行動選択をとるとして，行動経済学も発展してきており，その理論が医療現場や行政現場においても応用されている。たとえば，大阪大学医学部附属病院内での患者の手指消毒実施率向上のため，ローマにある「真実の口」を模したモニュメントを設置し，手を入れたくなる仕掛けをしたところ，実施率が向上し，モニュメント撤去後も実施率が向上した取り組みがある[15]。また，大腸がん検診について，検診受診率向上

---

(12) 日本医療経済学会「医療経済学会のスコープ（2019/12/24）」https://d2ecsydrijdqe7.cloudfront.net/wp-content/uploads/2019/12/JHEAscope_20191224.pdf（2024年6月30日最終閲覧）

(13) 後藤励＝井深陽子『健康経済学 ── 市場と規制のあいだで』（有斐閣，2020年）1-2頁。大日康史編『健康経済学』（東洋経済新報社，2003年），康永秀生『健康の経済学』（中央経済社，2018年）なども医療に限らず，健康・医療・介護を対象とする観点から健康経済学と称している。いずれも医療経済学が取り扱うテーマを広く取り上げており，経済理論からの整理もなされている。

(14) 橋本英樹＝泉田信行編『医療経済学講義』（東京大学出版会，2006年）6-8頁。

のために検査キットを案内と同時に送付することで受診率を向上させたり，複数の検診受診を促進するためにおすすめコースを追加したりするなど人々の行動変容につながるように活用されている[16]。

このように多様な論点をもつ医療経済学であるが，本章では，医療政策における費用対効果評価制度の導入，および，筆者が従前取り組んできた介護費におけるインフォーマルケアを含めた実証的な研究を取り上げ，高齢社会における医療・介護制度と医療経済とのかかわりを検討する。

Ⅲ　医療経済評価と政策のかかわり

1　医療経済評価の必要性

医療経済学は，「医療・介護資源の最適な分配を検討する」学問でもあると述べた。医療制度下において有限の財源の効率的配分を検討するために，「医療経済評価」が一つの手段として挙げられる。すなわち，保健・医療への費用に見合った価値（value for money）を示す必要があり，医学的効果に加え，費用やそれ以外の側面から総合的に医療技術を評価し，医療政策の意思決定を支える分野を医療技術評価（health technology assessment: HTA）という[17]。実際に，新規の医療機器や医薬品，手術や検査の方法に関して，技術開発とともに高額の費用がかかることがあるが，これらの新規技術などによって，従来不可能とされていた疾患の治療が可能となったり，QOL（Quality of Life）が改善するなど多くの成果をもたらしたりする。しかしながら，前述の通り，医療保険制度下においては財源の約5割が保険料，約4割が公費の投入であることから，効率的な財源運用が求められている。また，

---

[15]　大阪大学医学部附属病院「"真実の口"　実は……「手指衛生"真実の口"キャンペーン」を開催（2018年11月5日）」https://www.hosp.med.osaka-u.ac.jp/topics/detail.php?id=325（2024年3月2日最終閲覧）。

[16]　東京都八王子市をはじめ多くの自治体で取り組まれており，マニュアルなども配布されている。厚生労働省「受診率向上施策ハンドブック第3版」https://www.mhlw.go.jp/content/10901000/000500407.pdf（2024年7月11日最終閲覧）。

[17]　後藤＝井深・前掲注(13)317頁。

近年，EBM（evidence based medicine）の考え方の普及に伴い，臨床的エビデンスとしての治療による有効性や安全性に加え，経済的エビデンスも考慮すべきであることも，保健・医療領域において経済評価が必要とされる背景であると考えられる[18]。

2　医療経済評価の手法

医療経済評価の手法を概観することとする。まず，医療経済評価を行う際には，1）投入（input）する「費用」と算出（output）する「結果」の双方を考慮し，2）異なる手技や薬剤，健康サービスの比較を行う，2つの要素が重要となる[19]。この点について，Drummondらは，医療経済評価を「費用と結果の両面からみた，行動選択肢の比較分析」として定義し，投入と算出の両者を考慮し，なおかつ比較をしている評価の方法を一般に「完全な経済評価（full economic evaluation）」とする[20]。

医療経済評価で扱う「費用」は，直接費用（direct cost）と間接費用（indirect cost）とに分けることができ，さらに直接費用は直接医療費（direct medical cost）と直接非医療費（direct non-medical cost）とに分けることができる[21]。直接医療費は，公的医療制度における医療費（自己負担分を含む）であるのに対し，直接非医療費は，患者・患者家族が支払う医療以外にかかわる費用であり，たとえば病院までの交通費などが挙げられる。また間接費用は，疾病により就業や家事に従事できないときの損失であり，いわゆる機会費用を指す。このなかでどの費用を分析対象とするかについては，分析の立場（viewpoint）により異なる[22]。分析の立場は，社会全体，保険支払者，

---

(18)　福田敬「保健医療経済評価の歴史と概要」公衆衛生184巻2号（2020年）76-80頁。
(19)　福田・前掲注(18)76-80頁，水野聖子「医療経済評価の読み方──医療経済評価の定義，目的，種類」治療98巻4号（2016年）487-490頁。
(20)　Michael F. Drummond, Mark J. Sculpher, George W. Torrance et al.『Methods for the Economic Evaluation of Health Care Programmes Third Edition』（2005）
(21)　McPake B, Klnaranavake L, Normand C『国際的視点から学ぶ医療経済学入門』大日康史＝近藤正英訳，（東京大学出版会，2004年）。
(22)　国立保健医療科学院 保健医療経済評価研究センター「中央社会保険医療協議会における費用対効果評価の分析ガイドライン2024年度版」https://c2h.niph.go.jp/tools/guideline/guideline_ja_2024.pdf（2024年6月30日最終閲覧）

医療機関等サービス提供者，患者等サービス受益者がある。また費用算出において，分析期間が1年以上の長期にわたる場合には，割引を考慮する必要がある。将来的に発生する費用については，年利率などを利用して現在価値に換算する手法がとられている。個人や社会において，金銭や資源などを将来的に得ることよりも現在得ることを好み，これを「時間選好（time preference）」という。100万円を今すぐに手に入れるか，10年後に得るかを比較した場合，現在手に入れると10年後に利益を出すことも可能であるが，10年後に手に入れる場合には全額手に入れることができる保証がなく，10年後時点での利益もない。よって，金銭や資源は現在の価値が最も高く，時間が経過するごとに価値が低くなるという考えに基づき，費用やアウトカムの価値を「割引」する必要があるとも捉えられる。割引率[23]の値は，国や時代によって異なることから，これを明示することが重要である[24]。

　経済評価の主要な方法[25]は，①費用効果分析（cost effective analysis：CEA），②費用最小化分析（cost minimization analysis：CMA），③費用効用分析（cost utility analysis：CUA），④費用便益分析（cost benefit analysis）がある。これらは，完全な経済評価であり，費用のみを検討する費用分析などもある。

---

(23)　堤（太田）育代「医療経済評価の読み方 ── コスト計算，割引・分析の立場とは」治療98巻4号（2016年）499頁。日本では，従来慣習的に年率3％を用いることが多かったが，近年の国債などの低利回りを反映し，年率2％の使用を推奨している。福田敬＝白岩健＝池田俊也他「医療経済評価研究における分析手法に関するガイドライン」保健医療科学62巻6号（2013年）625-640頁。

(24)　白岩健＝能登真一＝小林慎＝福田敬「CHEERS（Consolidated Health Economic Evaluation Reporting Standards）2022 詳細と解説 ── ISPOR（国際医薬経済・アウトカム研究学会）CHEERS Ⅱ Good Practices タスクフォース報告書」保健医療科学72巻4号（2023年）344-369頁。慣習的に年率3％が多かったが，国によって割引率が異なる。本邦では，年率3％として，感度分析の対象として，費用・効果を同率で年率0％から4％の範囲で変化させる。国立保健医療科学院・前掲注(22)，白岩健＝葛西美恵＝池田俊也＝下妻晃二郎「ISPOR日本部会共同機関：医療経済評価に関する諸問題～理論的・倫理的側面からの検討～ 4.医療経済評価における割引率をどのように設定すべきか？」薬剤疫学17巻1号（2012年）33-38頁。

(25)　福田・前掲注(18)76-80頁，水野・前掲注(19)487-490頁参照。

① 費用効果分析

　共通の単一指標でみた効果（生存年数や物理的な尺度：血圧値，血糖値など）と費用を関連させて分析する手法である。結果は効果単位あたりの費用で示すか，逆に費用単位あたりの効果で示す。医療経済評価のなかで，最も一般的な方法であるが，効果の尺度を一つに決定する必要がある。

② 費用最小化分析

　検討する2群の効果が同一である場合に，費用の大小を検討する方法である。この場合，費用の少ない群が効率的であると判断できる。

③ 費用効用分析

　効果として効用（utility）を測定する方法である。効用とは「人は不確実な設定のもとで意思決定をする際には，得られる効用の期待値に基づいて選択・行動する」という期待効用理論に基づいている。医療の不確実性から，効用は治療効果の指標として広く受け入れられている[26]。臨床的なアウトカム（結果）としては死亡割合や生存年数，血糖値などが取り上げられるが，効用は，結果に対して個人や社会がもつ選好の指標である。すなわち，主観的評価を取り入れた QOL を用いる。

　とくに健康関連 QOL（health-related QOL: HRQOL）は多面的な構造をもち，身体面，心理面，社会面，役割・機能面として表現される[27]。HRQOL 測定のための尺度は，臨床現場の視点から測定されるプロファイル型尺度と社会の視点から健康に関する価値や選好を測定する価値づけ型尺度とがある。プロファイル型尺度は多次元で測定されるものであり，どの疾患でも疾患できる全般的尺度（SF-36 など）と疾患特異的尺度がある。プロファイル型尺度で測定した QOL を効用として費用効用

---

[26]　能登真一「医療経済評価における効用値評価 ── EQ－5D, HUI を中心に」医薬品医療機器レギュラトリーサイエンス財団編『基礎から学ぶ医療経済評価 ── 費用対効果を正しく理解するために』（じほう，2014 年）165-179 頁。中部貴央「医療経済評価の読み方 ── 効用, 質調整生存年（QALY）とは」治療 98 巻 4 号（2016 年）492-495 頁。池田俊也「医療経済評価における QOL の利用」総合リハビリテーション 52 巻 1 号（2024 年）19-24 頁。

[27]　下妻晃二郎「QOL 評価研究の歴史と展望」行動医学研究 21 巻 1 号（2015 年）4-7 頁。

分析に用いる場合，効用値への変換方法が定まっていないため，価値づけ型尺度を用いることが望ましい。価値づけ型尺度の測定には，直接測定法と間接測定法がある。直接測定法では，評点尺度法（患者が考える効用値を 0〜1 の間で回答してもらう。この場合，0 は「想像できる最悪の健康状態または死亡」，1 は「想像できる最高の健康状態」とする。），基準的賭け（ある確率 p で現在の状態から完全な健康状態へ移行し，確率 1-p で死亡へ移行する。），時間得失法がある。間接測定法では，実際の患者が測定することが難しいことから開発された指標で，イギリスの EQ − 5D（EuroQol Dimension），カナダの HUI（Health Utilities Index），アメリカの SF − 6D（Short From 6 Dimension）などがある。

　生存年数と QOL を考慮した質調整生存年（quality adjusted life years：QALY）を利用することが多い。完全な健康状態で過ごす 1 年間を 1 として，これを基本量とし，特定の健康状態について測定された効用値を掛け合わせることで，生存状態の質（効用値による重みづけで表現される）と量（年数）を同時に表現した概念である。この指標を使用することで，異なる治療方法を共通の指標を用いて評価することが可能となる。なお，効用を効果の一部とみなし，費用効用分析は費用効果分析の一部であるとみなす考え方もある。

④ 費用便益分析

　効果はすべて金銭単位で表され，結果と費用の双方を貨幣単位で測定する方法である。この結果は費用と便益の比，もしくは純粋な便益として表現される。公共事業などの分野でも使用される手法であるが，医療分野では効果を費用換算する方法に課題が残るため，積極的には使用されていない。

QALY を用いた費用効用分析での例を考えてみる。たとえば，既存の治療法 A と新技術の治療法 B があったと仮定する。この両治療法を比較した場合に，A の方が安価かつ効果が高い場合（優位（dominant）），B の方が高価かつ効果が低い場合（劣位（dominated））は，異論なくどちらを選択するかは明瞭である。しかしながら，治療法 B が A と比べて費用が多くかかるものの，効果も高い場合はどうであろうか。現場の医療者であれば治療効果

が高い治療法 B を選択するかもしれない。しかしながら、費用が高いという観点から政府や保険者の立場からは慎重に検討する必要がある。すなわち、治療法 A を治療法 B に置き換えるために追加的にかかる費用を払う価値があるかどうかを考える必要があるということである。この場合に、増分費用効果比（Incremental Cost Effectiveness Ratio: ICER）を検討する。増加分費用を増加分の効果で割って得られる指標である。値が小さいほど効率的と考えることができる。増分費用効果比で結果が表された場合に、どの程度までが効率的と判断できるのか、つまり 1 単位多くの効果を得るためにいくらくらいまでの追加費用ならば許容されるのかは価値判断が必要となるのである[28]。

2　医療経済評価制度の活用

医療経済評価を含む HTA においては、保健医療技術（薬剤を含む）の有効性や安全性の評価、および費用対効果の分析を行うアセスメント（assessment）と、分析の解釈として、算出された増分費用効果比（ICER）がどの程度であれば効率と判断できるかという基準の検討や、費用対効果以外の臨床的・倫理的・社会的影響などを総合的に判断するアプレイザル（appraisal）に区分される。実際に、医療経済評価について意思決定をサポートするツールとして用いる国がほとんどであり、公的医療保障制度における給付の可否を決定づけるものではない[29]。イギリスにおいては、National Institute for Health and Care Excellence（NICE）で HTA を実施しており、QALY をアウトカム指標とする費用効用分析を行い、追加的に 1QALY 得るために概ね 3 万ポンド以下であれば NHS（National Health Service）での使用が推奨される場合が多い[30]。オーストラリアでは、1993 年から医薬品について、政府

---

[28]　福田敬「医療経済評価手法の概要」保健医療科学 62 巻 6 号（2013 年）584-589 頁。
[29]　福田・前掲注(28)584-589 頁。
[30]　福田敬＝白岩健＝五十嵐中他「世界で医療経済評価はどのように用いられているか？――7 カ国の比較調査結果と日本での　応用可能性についての検討」医療経済研究 23 巻 2 号（2012 年）147-164 頁。中には増分費用効果比が 3 万ポンドを超えていても推奨されている事例があり、そこでは疾患の重症度や社会的に不利な者への配慮、あるいは小児の疾患であることなどが考慮されていることを福田らは指摘している。

の委員会である PBAC（Pharmaceutical Benefits AdvisoryCommittee）を中心として，医療経済評価に基づいて公的医療保障制度で使用する医薬品の判断を行っている。このような類似のアプローチはカナダやスウェーデン，フランスといった諸国で行われているほか，韓国やタイなどのアジア地域でも，医療経済評価が行われ，活用されている[31]。

　日本においても，これまで医療経済評価の政策導入について議論されてきた。保険診療においては，1980 年代から新医療技術の導入に費用対効果といった考え方を入れていくべきといった指摘がなされ，1992 年には，新薬の薬価交渉資料に経済的評価資料の添付が認められるようになったものの，製薬企業からの任意提出であることや，提出資料を活用する仕組みが確立していなかった[32]。2012 年 5 月に費用対効果評価専門部会が中央社会保険医療協議会内に創設され，費用対効果の評価対象や評価方法，結果の活用方法などについて議論が開始された[33]。この以前からも，たとえば，2006 年 4 月に保険収載されたニコチン依存症管理料に関する議論が挙げられ，海外の経済評価研究で費用対効果が良いとされた技術が日本でも費用対効果が良いとは限らないことから，日本における費用と効果が示され，その重要性が認識されはじめた[34]。2015 年 6 月に示された「経済財政運営と改革の基本方針 2015」において，「費用対効果を考慮することについて，平成 28 年度診療報酬改定において試行的に導入」することとされ，2016 年 4 月に施行的導入が行われた。この試行的導入では，医薬品および医療機器を対象として薬価や材料価格，制度上の加算や売上規模などを考慮して，医薬品 7 品目，医療機器 6 品目[35]が選定され，費用対効果の評価が行われた。本邦におけ

---

(31)　福田・前掲注(18)76–80 頁。
(32)　福田・前掲注(18)76–80 頁。
(33)　中央社会保険医療協議会 総会（第 224 回）（平成 24 年 4 月 25 日）にて議論され，費用対効果評価専門部会が創設された。
(34)　福田・前掲注(18)76–80 頁。
(35)　平成 24 年度から平成 27 年度までの間に保険適用された品目については，類似薬効比較方式又は類似機能区分比較方式で算定されたもののうち，ⅰ 補正加算の加算率が最も高いものもしくはⅱ 20% 以上の補正加算が認められたものの中で，医薬品についてはピーク時予測売上高が最も高いもの，医療機器については保険償還価格が最も高いもの，平成 24 年度から平成 27 年度までの間に保険適用された品目については，原価

る医療経済評価の方針は，当該医薬品や医療機器の製造販売業者がデータや分析結果の提出を行い，提出されたデータをもとに，中立的な立場から検証および再分析を行って，価格調整の意思決定に用いる。2019年度から制度化され，費用対効果評価制度が正式に導入されたが，価格調整に活用されている。国立保健医療科学院内に設置された保健医療経済評価研究センター（CORE 2 Health：C2H）が第三者からの立場として医療経済評価を実施している。

保険診療以外の分野では，ワクチン接種やがん検診などの領域で，経済評価の必要性が指摘されている[36]。また，費用の推計にも，レセプト情報・特定健診等情報データベース（National Database：NDB）の解析などから報告されることもあり，ますますビッグデータを用いたエビデンス創出もこの経済評価と密接に関連し，発展を遂げていくと考えられる。

Ⅳ 介護におけるインフォーマルケアの可視化[37]

1 高齢社会における介護の負担

超高齢社会の進展とともに，介護を必要とする高齢者が増加している。介護専門職としての担い手の不足や介護による家族介護者の離職や休業，老老介護の問題，独居高齢者への介護対応，など，介護をめぐる社会問題が多数存在しており，どのように要介護高齢者を支えていくのか，「介護」を提供

計算方式で算定されたもののうち，ⅰ 営業利益率の加算率が最も高いものもしくはⅱ 10％以上の加算が認められたものの中で，医薬品についてはピーク時予測売上高が最も高いもの，医療機器については保険償還価格が最も高いものが選定された。中央社会保険医療協議会 総会（第331回）「費用対効果評価の試行的導入における対象品目等について（案）」（平成28年4月27日）https://www.mhlw.go.jp/file/05-Shingikai-12404000-Hokenkyoku-Iryouka/0000123026.pdf

(36) 池田俊也「医療技術評価の政策応用 ── ワクチンの経済評価」薬剤疫学23巻1号（2018年）11-17頁．福田敬「癌検診の費用対効果」臨床雑誌外科81巻8号（2019年）828-832頁．

(37) 本節は，中部貴央「医療システムの質・効率・公正 ── 医療経済学の新たな展開 Vol.6 インフォーマルケアと医療・介護の自己負担」医学のあゆみ286巻4号（2023年）292-297頁．をもとに加筆・修正したものである。

していくのか，については喫緊の政策的な課題である。

その中でも，認知症罹患者数は，2025年に約650-700万人，2040年に約800-950万人，2060年に約850-1150万人と，時代とともに増加することが予測されており，将来的に高齢者の5人に1人が認知症になると推計されている[38],[39],[40]。また，Global Impact Dementia 2013-2050[41]によれば，2013年時点で4400万人の認知症の人は，約20年ごとに倍増すると推計され（2030年7600万人，2050年1億3500万人），認知症は世界的な課題でもある。認知症は，認知機能の低下だけでなく，暴言や暴力，幻覚，徘徊，ものとられ妄想，失禁など，様々な症状である行動心理症状（BPSD）が，個々の患者に多様に発症し，介護負担を増大させうる。また，平均介護年数が6〜7年と長期化することも認知症介護の特徴の一つである。そのため，認知症介護者は，その精神的・身体的負担が大きくなり，認知症の人へ提供する医療・介護に係る経済的負担も大きくなる。

介護の経済学的特徴としては，後藤・井深は，医療と比較して，①情報の非対称性が少ないこと，②医療従事者などの専門職に限らず配偶者や子供を中心とした家族が主体となること，③介護費の1回あたりの支払額は医療費と比較して下回るものの長期化するリスクが潜むこと，④世界的な公的保険の提供は医療保険ほど普及していないこと，⑤労働集約型の産業であるため，医療機器や医薬品などの資本が不要な分，介護報酬が介護職の賃金に与える影響が直接的かつ影響が大きいことを挙げている[42]。後述する通り，本邦における介護サービスの提供は，保険を介したフォーマルケアと，市場を介

---

(38) 厚生労働省「認知症施策推進大綱」https://www.mhlw.go.jp/content/000522832.pdf（令和元年6月18日）
(39) 厚生労働省「日本における認知症の高齢者人口の将来推計に関する研究」（平成26年度厚生労働科学研究費補助金特別研究事業　研究代表者：二宮利治）https://mhlw-grants.niph.go.jp/project/23685（2024年7月12日最終閲覧）
(40) 厚生労働省「認知症施策推進総合戦略（新オレンジプラン）――認知症高齢者等にやさしい地域づくりに向けて」（2017年）https://www.mhlw.go.jp/file/06-Seisakujouhou-12300000-Roukenkyoku/kaitei_orangeplan.pdf（2024年7月12日最終閲覧）
(41) Global Impact Dementia 2013-2050.（2013年）https://www.alzint.org/resource/policy-brief-the-global-impact-of-dementia-2013-2050/（2024年7月12日最終閲覧）
(42) 後藤・井深・前掲(13) 264-268頁。

さない家族などによるインフォーマルケアに分けることができ，とくにこのインフォーマルケアの提供は介護者自身の就労や健康に対して影響が大きいという観点からも研究が進められてきた。本節では，認知症介護に着目し，インフォーマルケアの可視化に取り組んだ筆者の研究を中心に介護にかかわる医療経済学的視点を取り上げる。

2　フォーマルケアとインフォーマルケア

認知症介護は，医療と介護で大きく2つに分けられる。介護においては，介護保険サービスによるフォーマルケアのほか，介護保険外サービスの利用（例：有料老人ホームの入居費用，生活援助に関するサービスなど[43]）に加えて，③家族らの介護によるインフォーマルケアに分類できる。インフォーマルケアは，家族や友人などによって提供される介護として定義され，その多くは無償で提供される。とくに認知症介護の大半はインフォーマルケアが占めており，インフォーマルケアを含めて認知症介護の負担全体を考察する必要があることは，世界的にも指摘されている[44],[45]。インフォーマルケアコストは，このインフォーマルケアにどの程度の「機会費用[46]」が発生しているか，を推計したものである。フランス・ドイツ・イギリスの3か国における認知症介護の経済的負担（つまり，認知症介護に係る費用）を検討した先行研究では，在宅介護を受ける認知症の人の重症度の悪化は，認知症介護の経済的負担，その中でもとくにインフォーマルケアコストの増加と関連することが示されており[47]，重症度悪化に伴うインフォーマルケアを担う家族介護者の

---

[43]　厚生労働省＝経済産業省＝農林水産省『地域包括ケアシステム構築に向けた公的介護保険外サービスの参考事例集 ── 保険外サービス活用ガイドブック』（2017年）https://www.mhlw.go.jp/file/06-Seisakujouhou-12300000-Roukenkyoku/guidebook-zentai.pdf（2024年7月12日最終閲覧）。

[44]　Schaller S, Mauskopf J, Kriza C et al. *The main cost drivers in dementia: a systematic review*. Int J Geriatr Psychiatry. 2015 30(2):111-129.

[45]　Quentin W, Riedel-Heller SG, Luppa M et al. *Cost-of-illness studies of dementia: a systematic review focusing on stage dependency of costs*. Acta Psychiatr Scand. 2010 121(4):243-259.

[46]　機会費用の算出方法については，機会費用法ならびに代替費用法とあるが，後述を参考にされたい。

[47]　Gustavsson A, Brinck P, Bergvall N et al. *Predictors of costs of care in Alzhei-*

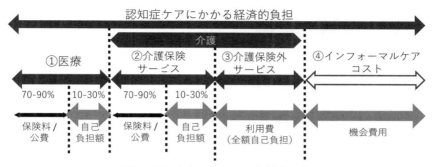

図1：認知症ケアにかかる経済的負担

負担が大きくなることが可視化されているといえよう。

　認知症介護の経済的負担を定量化する場合，①医療費，②介護費（介護保険サービスを利用した場合），③介護費（介護保険外サービスを利用した場合），④インフォーマルケアコストの4つに区分される（図1）。この経済的負担の検討においては，「社会的視点（social perspective）」と「個人的視点（personal perspective）」といずれの立場にたって検討するかによって，対象となる範囲が異なる。「社会的視点」に立つ場合に，社会保険としての国の負担を検討する場合には，レセプトデータに基づく医療費・介護費の推計[48]もあるが，保険の範囲内，つまり図1における①②の範囲のみが対象となる。しかしながら，この医療費・介護費の推計のみでは，過小評価となる可能性がある。介護者自身が負担するケアをも可視化することを目的として，認知症介護に係る社会的コストの推計では，④インフォーマルケアコストも加味して，社会全体のコストを推計している。一方で，「個人的視点」に立つ場合には，図1下部の太矢印部分が示す，医療費および介護費の自己負担額，介護保険外サービスの利用費とインフォーマルケアコストが個人の経済的負担となる。社会政策的な視点として，介護者自身が負担しているケアをも含め

---

　　mer's disease: a multinational sample of 1222 patients. Alzheimers Dement. 2011 7 (3):318-27.
(48)　厚生労働省・前掲注(39)，厚生労働省「わが国における認知症の経済的影響に関する研究」（平成26年度厚生労働科学研究費補助金特別研究事業　研究代表者：佐渡充洋）https://mhlw-grants.niph.go.jp/project/24159（2024年7月12日最終閲覧）。

た経済的負担を把握する中で,社会的コストはもちろん重要であるが,そのうち個人的な負担がどの程度であるか,ということも把握することは,個人の負担を軽減する施策を検討するうえでも重要な意義がある。

3　インフォーマルケアコストの推計

インフォーマルケアを含めた認知症ケアへの資源利用に関する調査票としてResourse Utilization in Dementia(以下,「RUD」とする。)が多く用いられる[49]。この調査票は,60カ国以上で翻訳・使用されており,国際比較も行われ,認知症ケアの経済的負担に関する研究の多くが,RUDを利用して算出している[50],[51]。RUDでは,①認知症の人の項目(居住形態,同居状況,医療介護資源量(訪問診療,診療科別外来診療回数,投薬量,介護サービス利用回数))と②介護者の項目(属性(年齢・性別・続柄・子供の数・同居・介護寄与割合)),インフォーマルケア時間,労働状況,医療資源量(訪問診療,診療科別外来診療回数,投薬量)に分けて調査する。筆者の研究では,インフォーマルケア時間の算出にRUDの方法を採用している。

インフォーマルケアコストは,インフォーマルケアを行った時間(インフォーマルケア時間)に,時間単価を乗じて算出する。インフォーマルケア時間は,日常生活動作(Activity of Daily Living: ADL),手段的日常生活動作(Instrumental Activity of Daily Living: IADL),見守り(Supervision)に分けて,調査票などを用いるか,もしくは,タイムスタディによって把握する。見守りについては,介護者の精神的負担につながりうるが,ほかの介護時間と併行して行うことが可能なため,推計に含めない場合も多い[6]。見守りをインフォーマルケアコストの推計に含める場合には,介護時間の増加に伴い,インフォーマルケアコストは増大する。

---

(49)　Wimo A, Gustavsson A, Jönsson L et al. *Application of Resource Utilization in Dementia (RUD) instrument in a global setting.* Alzheimers Dement. 2013 9(4):429-435.

(50)　Wimo A, Nordberg G. *Validity and reliability of assessments of time. Comparisons of direct observations and estimates of time by the use of the resource utilization in dementia (RUD)-instrument.* Arch Gerontol Geriatr. 2007 44(1):71-81.

(51)　Wimo A, Jonsson L, Zbrozek A. *The Resource Utilization in Dementia (RUD) instrument is valid for assessing informal care time in community-living patients with dementia.* J Nutr Health Aging. 2010 14(8):685-90.

時間単価について，機会費用法と代替費用法のいずれかを選択する。機会費用法は，介護者が介護にあてていた時間，労働していれば得たはずの賃金とし，代替費用法は，介護者が介護している内容を専門の介護職員などに頼んだ場合の費用として算出する。また，介護者が有職者であるかによって重みづけを行う場合や，介護者の睡眠時間を考慮した介護時間の上限を設定する場合（たとえば1日あたり最大16時間）など，研究に応じてインフォーマルケアコストの推計方法を設定する[6]-[7]。インフォーマルケアコストの推計には，「見守り」を含めないことで過小評価となる可能性もありうるほか，インフォーマルケア時間への介護単価によって推計は大きく変動しうるため，結果の解釈には注意が必要である[52]。本研究では，介護者がどの程度「寄与」しているかによって調整も実施した。

　このようなインフォーマルケアコストの推計に関する限界はあるものの，これまでにインフォーマルケアコストを含めた，社会的コストの推計は世界的に行われてきた。一部の推計を例に挙げてみると，イギリスでは2014年時点で170億ポンドと推計されたが[53]，2040年には941億ポンドになると見込まれている[54]。アメリカでは，2010年時点で，最大2150億USドル[55]と推計されており，今後も増加の一途をたどる。日本においても年間14.5兆円（医療費が1.4兆円，介護費が6.4兆円，インフォーマルケアコストが6.2兆円）と試算されている[56]。2019年時点での全世界での認知症ケアの社会的コストは，5520万人の認知症の人に対して1兆3134億USドルと推計され，

---

(52) 佐渡充洋「日本における認知症の社会的コスト —— 認知症施策立案のための基礎データとして」ダイヤニュース84巻（2016年）10-11頁．

(53) Prince M, Knapp M, Guerchet M et al. *Dementia UK Update*. (2014) https://www.alzheimers.org.uk/sites/default/files/migrate/downloads/dementia_uk_update.pdf（2024年7月12日最終閲覧）

(54) Wittenberg R, Hu B, Barraza-Araiza L et al. *Projections of older people living with dementia and costs of dementia care in the United Kingdom, 2019–2040*. (2019) https://www.lse.ac.uk/cpec/assets/documents/cpec-working-paper-5.pdf（2024年7月12日最終閲覧）

(55) Hurd MD, Martorell P, Delavande A et al. *Monetary costs of dementia in the United States*. N Engl J Med. 2013;368(14):1326-34.

(56) Sado M, Ninomiya A, Shikimoto R et al. *The estimated cost of dementia in Japan, the most aged society in the world*. PLOS ONE 2018 13(11): e0206508.

表1：世界における認知症ケアの社会的コストの推計[15]

	World Alzheimer Report 2010		World Alzheimer Report 2015		WHO 2019	
	認知症の人の数（百万人）	社会的コスト（10億USドル）	認知症の人の数（百万人）	社会的コスト（10億USドル）	認知症の人の数（百万人）	社会的コスト（10億USドル）
低・中所得国	19.7	131.0	29.0	180.7	33.8	341.0
高所得国	15.8	608.3	17.6	714.6	21.4	972.3
計	35.4	739.3	46.6	895.3	55.2	1313.4

そのうちインフォーマルケアコストは，約50％の6514億USドルであり，認知症の人1人当たりの社会的コストは23,796USドルであった[57]。認知症の人の61％が低・中所得国に住んでいるのに対し，コストの74％は高所得国で発生しており（表1），低・中所得国での介護制度の整備の重要性のほか，世界的な社会的コスト比較の枠組みの整備の必要性も指摘されている。こうした推計の枠組みの構築は，認知症介護に係る制度設計への戦略の根拠となる。

4　居住形態別の認知症ケアの経済的負担

日本においては，認知症の人の住まいは多様化している。自宅，特別養護老人ホームをはじめとした介護保険施設のほか，サービス付き高齢者向け住宅，有料老人ホームなども増加している。とくにサービス付き高齢者向け住宅や有料老人ホームの定員数の合計は，介護保険施設の定員数に近づいてきている[58]。サービス付き高齢者向け住宅や有料老人ホームでは，医療費・介護費の自己負担額は，利用実績に応じた自己負担額となり，さらには入居

---

(57)　Wimo, A, Seeher, K, Cataldi, R et al. *The worldwide costs of dementia in 2019.* Alzheimer's Dement. 2023 19(7):2865-2873.

(58)　厚生労働省社会保障審議会介護給付費分科会（第176回）「資料1 介護分野をめぐる状況について」30-31頁。（令和2年3月16日）https://www.mhlw.go.jp/content/12300000/000608292.pdf

費や居住費，食費など全額自己負担となるサービス利用も検討する必要がある。介護保険施設を利用する場合では，介護費は要介護度に応じた低額となる。様々な施設形態があるが，そもそも，自宅もしくは施設でケアを受ける場合の，認知症ケアの経済的負担を比較した研究は非常に少ないことが指摘されている[59]。また，個人的な視点からの認知症ケアの経済的負担を検討している研究は多くない。そこで，質問票調査に基づいて，認知症ケアの経済的負担を居住形態別に可視化した結果が図2・3である[60]。この結果は，金銭的な負担としての医療費介護費の自己負担額は，自宅の場合に最も低く，施設入居費の場合に入居する施設形態に応じて費用が増額となるが（図2），インフォーマルケアコストを加味した場合には，その経済的負担は自宅の場合に最も高くなる可能性を示している（図3）。本研究結果では，認知症の人の基本属性（性・年代・要介護度）を調整して実測値と予測値の比（O/E比）を比較した結果，インフォーマルケアコストに関するO/E比はグループホームで最も低く（0.32），在宅で最も高かった（1.31）。医療費・介護費の自己負担額に関するO/E比は，在宅の場合は0.73であったが，施設入居の場合は1.08-1.70と高く，とくに有料老人ホームの場合が高かった（1.70）。インフォーマルケアコストは自宅の場合に高く，介護保険外サービスは有料老人ホームやサービス付き高齢者向け住宅で高いという結果は，実際の感覚からも想定の範囲内の結果であろう。しかしながら，施設入居の場合にもインフォーマルケアは提供されていることにも着目できる。すなわち，いずれの居住形態でも個人レベルの経済的負担は1か月あたり16～26万円であり，経済的負担全体のO/E比の範囲は縮小していたのである（0.72-1.11）。実際に調査において自由記述として回答された，介護保険外サービスも含めた介護費自己負担額の内容は，おむつなどの消耗品や施設入居費用，食費が挙げられ，この負担は大きいことも指摘された。とくに在宅介護のみならず，制度上「自宅」として扱われるサービス付き高齢者向け住宅や有料老人ホームでは，インフォーマルケアも含めて経済的負担が大きい可能性が示唆された。

---

(59) Schaller S, Mauskopf J, Kriza C et al. *The main cost drivers in dementia: a systematic review.* Int J Geriatr Psychiatry. 2015 30(2):111-129.
(60) Nakabe T, Wimo A, Imanaka Y et al. *The personal cost of dementia care in Japan: A comparative analysis of residence types.* Int J Geriatr Psychiatry. 2018 33:1243-1252

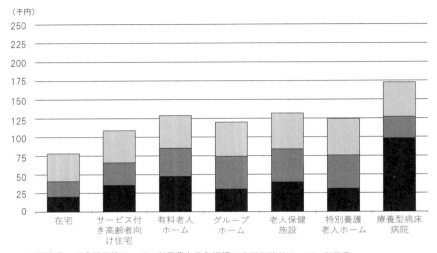

図2　居住形態別の認知症ケアの経済的負担
（医療・介護費の自己負担額）[61]

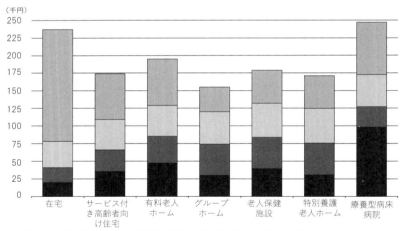

図3　居住形態別の認知症ケアの経済的負担
（インフォーマルケアコストを含めた場合）[62]

また，在宅介護の場合に限定して，認知症の人とその介護者に関連する要因に基づいて，サブグループに分類し，認知症介護の経済的負担のミクロレベルの決定要因を検討したところ，インフォーマルケアコストに対しては，主に介護者の要因（有職状況や同居状況）が，介護費の自己負担額に対しては，認知症の人自身の要因（要介護度）や介護者の経済状況が主に関連した。この検討結果によって，どのような状況下で大きな経済負担となる可能性があるか把握する一助となる[63]。本研究は，インターネット調査会社のモニターを用いて大規模な対象を確保することができたが，非確率的な標本抽出のため代表性に限界があった。しかしながら，認知症介護の経済的負担の居住形態間の差異を可視化すること，在宅介護の場合の経済的負担への決定要因の検討は，個人的視点も考慮した施設介護と在宅介護のバランスを考慮することの一助となる。

5　社会全体で考える持続可能な認知症介護

　日本においては，2015年1月に「認知症施策推進総合戦略 ── 認知症高齢者等にやさしい地域づくりに向けて」（新オレンジプラン）[64]が，認知症が身近なものとして，認知症の人の意思が尊重され，できる限り住み慣れた地域のよい環境で自分らしく暮らし続けることができる社会の実現に向けて策定された。また，認知症になっても住み慣れた地域で自分らしく暮らし続けられる「共生」を目指し，「認知症バリアフリー」の取組を進めていくとともに，「共生」の基盤の下，通いの場の拡大など「予防」の取組を政府が行っていくことを目的として，令和元年6月18日に「認知症施策推進大綱」が制定され，1. 普及啓発・本人発信支援，2. 予防，3. 医療・ケア・介護サービス・介護者への支援，4. 認知症バリアフリーの推進・若年性認知症の人への支援・社会参加支援，5. 研究開発・産業促進・国際展開の5つの

---

(61)　Nakabe・前掲注(60)より筆者作成。
(62)　Nakabe・前掲注(60)より筆者作成。
(63)　Nakabe T, Wimo A, Imanaka Y et al. *Classification tree model of the personal economic burden of dementia care by related factors of both people with dementia and caregivers in Japan: a cross-sectional online survey*. BMJ Open. 2019 9(7):e026733.
(64)　厚生労働省・前掲注(40)。

柱を軸として施策が進められてきた[65]。さらに，認知症の人が尊厳を保持しつつ希望をもって暮らすことができるよう，認知症施策を総合的かつ計画的に推進し，認知症の人を含めた国民一人一人がその個性と能力を十分に発揮し，相互に人格と個性を尊重しつつ支え合いながら共生する活力ある社会，すなわち共生社会の実現を推進すべく（第1条），「共生社会の実現を推進するための認知症基本法」が令和5年6月14日に制定され，令和6年1月1日より施行された。その理念は下記の7つが掲げられる（第3条）。

① 全ての認知症の人が，基本的人権を享有する個人として，自らの意思によって日常生活及び社会生活を営むことができる。

② 国民が，共生社会の実現を推進するために必要な認知症に関する正しい知識及び認知症の人に関する正しい理解を深めることができる。

③ 認知症の人にとって日常生活又は社会生活を営む上で障壁となるものを除去することにより，全ての認知症の人が，社会の対等な構成員として，地域において安全にかつ安心して自立した日常生活を営むことができるとともに，自己に直接関係する事項に関して意見を表明する機会及び社会のあらゆる分野における活動に参画する機会の確保を通じてその個性と能力を十分に発揮することができる。

④ 認知症の人の意向を十分に尊重しつつ，良質かつ適切な保健医療サービス及び福祉サービスが切れ目なく提供される。

⑤ 認知症の人のみならず家族等に対する支援により，認知症の人及び家族等が地域において安心して日常生活を営むことができる。

⑥ 共生社会の実現に資する研究等を推進するとともに，認知症及び軽度の認知機能の障害に係る予防，診断及び治療並びにリハビリテーション及び介護方法，認知症の人が尊厳を保持しつつ希望を持って暮らすための社会参加の在り方及び認知症の人が他の人々と支え合いながら共生することができる社会環境の整備その他の事項に関する科学的知見に基づく研究等の成果を広く国民が享受できる環境を整備する。

⑦ 教育，地域づくり，雇用，保健，医療，福祉その他の各関連分野における総合的な取組として行われる。

---

(65) 厚生労働省・前掲注(38)。

このように認知症基本法の施行により，共生社会の充実が充実した取り組みが検討される中，地域包括ケアシステムにおける認知症介護では，医療や介護保険などの社会保険や公的サービスによる「公助」・「共助」のほか，ボランティアや住民主体の活動などによる「互助」，市場サービスの購入などによる「自助」にも区分され，インフォーマルケアにみられるように「自助」や「互助」に期待される部分が多い。とくに，住み慣れた自宅に長く暮らし，認知症の人の自宅を中心として認知症介護を構想した場合には，認知症の人自身が慣れた環境で介護を受けることができることはもちろん，フォーマルケアである医療費・介護費の支出の抑制につながることにもなる。これまで示したように，インフォーマルケアを鑑みた場合には，認知症介護の経済的負担はとても大きくなることが示されてきた。多様化する住まいから，認知症の人とその介護者にとって良い選択を行うことは前提となるが，脱施設化に伴う安易な在宅介護への移行は，インフォーマルケアへの付け替えを意味し，介護者の負担が大きくなる可能性があるので注意が必要である

　医療・介護の資源，そして財源が限られる状況において，認知症介護にかかる社会的コストの推計，認知症の人とその介護者の個人的視点からの経済的負担の推計と多角的に検討することは，その制度設計の土台となる。この有限性のある資源配分を考慮するという点において，本研究は医療経済研究の一端を担っているといえよう。さらに認知症の人とその介護者がいかに生活の質（Quality of Life: QOL）を高め，社会にとっても個人にとっても最適になるのか，地域内における施設ケアと在宅ケア，フォーマルケアとインフォーマルケアのバランスを考慮していくことが重要である。こうしたバランスを考慮する中で，認知症基本法に基づく共生社会とは，すなわち全世代にやさしい社会であり，認知症予防から健康・ウェルビーイング（Well-being）実現の社会へ転換していくことが求められており[66]，認知症という側面からの医療経済学的分析は，まちづくりや社会制度設計の一助になりうる。

---

(66)　今中雄一編『地域共生社会に向けた15の視点 —— 認知症にやさしい健康まちづくりガイドブック』（学芸出版社，2023年）166-170頁。

V おわりに —— 高齢社会における医療・介護と医療経済,そして医事法とのかかわり

　ここまで,高齢社会における医療・介護制度に関わる医療経済学研究の一端を紹介してきた。医療経済学は前述の通り,有限である医療・介護資源に関する効率的な分配について多角的に検証を行う学問である。本章で取り上げた医療経済評価および認知症介護におけるインフォーマルケアの可視化のいずれの研究も,実証的研究の一端を担っている。こうした実証研究においては,近年,医療・介護に関連するビッグデータに基づくリアルワールドデータ研究が進展している。「国民の健康確保のためのビッグデータ活用推進に関するデータヘルス改革推進計画[67]」が提示され,医療・介護にかかわる公的データベースの構築が進められてきた。NDB に限らず,「医療・介護データ等の解析基盤」の検討が行われ,介護保険に関する介護 DB や MID-NET,DPC データベース,全国がん登録データベース 指定難病・小児慢性特定疾病データベース,人口動態調査(死亡票)などの公的データベースの連結による解析基盤の構築が検討・実装されている[68]。このような解析基盤の構築は,研究の推進のみならず,医薬品・医療機器の開発,診療への応用が期待されており,公的皆保険制度下でのデータベースの構築は,全国民の医療・介護データの分析を可能とする点において非常に重要であり,医療・介護の質向上にも寄与しうる。前述の通り,医療経済評価でも NDB が活用されているように,医療経済学の中でも,ビッグデータを用いたリアルワールドデータ研究と医療経済評価研究は,別領域であったものの,これらの研究が有機的に関連づけられ,政策的に応用されている。さらにこのよ

---

(67)　厚生労働省・社会保険診療報酬支払基金・国民健康保険中央会「国民の健康確保のためのビッグデータ活用推進に関するデータヘルス改革推進計画」(平成 29 年 7 月 4 日)。https://www.mhlw.go.jp/file/06-Seisakujouhou-12400000-Hokenkyoku/0000170006.pdf

(68)　厚生労働省第 10 回要介護認定情報・介護レセプト等情報の提供に関する有識者会議「(資料 3) 医療・介護データの連結等に関する今後のスケジュールについて」(令和 2 年 9 月 11 日) https://www.mhlw.go.jp/content/12301000/000670766.pdf

うな解析基盤の構築にあたっては，個人情報保護に関連した立法，倫理的配慮なども欠かせない。そもそも，医療経済学における資源配分において重要視される「公正性」と「公平性」の担保には倫理観が外せないこと，医療経済学研究の結果を活用した政策から法制度の改正や立法につながりうることから，医療経済学と医事法学は離れた領域のようで密接に関連しうるとも考えられる。

　医事法学は医学と法学の架け橋[69]ということを重要視しているが，同様に医療経済学も医学と経済学の架け橋たる学問といえよう。医事法学の射程も非常に広く，アルビン・エーザーが提唱する統合的医事法においても，民法・刑法・公法・社会法の４つの法的専門領域の周囲に，経済学，社会医療福祉，職業倫理法，医療倫理，精神医学・法医学などが，各専門領域と関連しあい，とくに医事法学が核となって法学領域以外にも問題を投げ返すことが望ましいとされ[70]，医療経済学はすでに医事法との関係性に組み込まれて検討されていたことは非常に重要である。高齢社会における健康・医療・介護に関連する社会課題に対して，医事法学的研究と医療経済学的研究の成果が，双方の視点から有機的に連携して，相互補完的に統合的に取り組むことで，課題解決策の提示につなげていくことができる可能性があるといえよう。

---

(69)　甲斐克則「医療安全と医事法の関わり」同編『医療安全と医事法［医事法講座第11巻］』（信山社，2021）1-9頁。

(70)　植木哲「『統合的医事法』の確立を目指して」關西大學法學論集46巻（1997年）968-971頁。

4　成年後見制度と医事法

神野礼斉

Ⅰ　はじめに
Ⅱ　医療行為と成年後見
Ⅲ　非自発的入院と成年後見
Ⅳ　身体的拘束と成年後見
Ⅴ　結びに代えて

I はじめに

　成年後見人は，本人の財産管理と身上監護を行う。身上監護とは，人の一身を監督・保護することであり，未成年後見人については民法857条に身上監護の権利義務が明文で規定されている。他方，成年後見人の身上監護義務を正面から規定する条文はないが，民法858条はその権利義務があることを前提としていると解されている[1]。

　平成11年改正前の民法858条は，その1項において，「禁治産者の後見人は，禁治産者の資力に応じて，その療養看護に努めなければならない」と定めていた。しかし，この「療養看護義務」については，(i)対象行為が限定されているため，身上面の多様な職務を包摂する規定ぶりになっていないこと，(ii)事実行為との境界が不明確であること等の問題が指摘されていた。

　そこで，平成11年改正では，(i)療養看護に限らず，成年後見人の事務全般について，本人の心身の状態および生活の状況に配慮しなければならない旨の一般規定を設けた（現行民法858条）。この規定の法的性質は，身上監護の充実の観点から，成年後見人が成年被後見人の身上面について負うべき善管注意義務（民法869条，644条）の内容を敷衍し，かつ，明確にしたものである。また，(ii)この身上配慮義務の対象は，成年後見人の法律行為に関する権限の行使に当たっての注意義務であって，介護労働等の事実行為を含むものではない。さらに，成年後見人の権限は，身体に対する強制を伴う事項（例えば，手術・入院または健康診断の受診の強制，施設への入所の強制等）も含まない[2]。未成年後見人の身上監護について定める民法857条によれば，未成年後見人は，監護および教育の権利義務（民法820条，821条），居所の指定（民法822条），職業の許可（民法823条）について親権者と同一の権利義務を有するが[3]，成年後見人の身上監護にこれらの事項は含まれない。

（1）　東京家裁後見問題研究会『東京家裁後見センターにおける成年後見制度運用の状況と課題』判タ1165号（2005年）104頁。
（2）　小林昭彦＝原司『平成11年民法一部改正法等の解説』（法曹会，2002年）261頁。
（3）　親権者や未成年後見人は，医療行為についての同意権限も有すると解されている（最判昭和56年6月19日判タ447号78頁）。

この点において，成年者と未成年者の身上監護は大きく異なる。

ところで，ドイツの世話人（成年後見人）も財産管理と身上監護を行うが，世話人が身上監護（Personensorge）をその職務とするときは，主として健康配慮（Gesundheitssorge）と居所指定（Aufenthaltsbestimmung）が問題となる。そして，これらの身上に関する事務のうちとりわけ重要な事務については（健康状態の検査，治療行為，医的侵襲，不妊手術，収容または〔ベッドへの縛り付けなど〕自由剝奪を伴う措置），法律は特別の規定を置き，世話人がこれらの重要な事務を行うための厳格な要件を設定し，さらに場合によっては，世話人が裁判所の許可を得ることを義務づけている（ドイツ民法 1827 条以下）。なお，世話人がこれらの身上監護を行うためには，身上監護の中身を個別に限定して世話人の職務領域として指定すべきとされている（ドイツ民法 1815 条 1 項）。身上監護には，本人の人格を著しく制約する事務も含まれることから，上記の裁判所の許可を要しない身上監護についても，裁判所の最低限のコントロールを及ぼそうとする趣旨である。少なくとも，収容や自由剝奪を伴う措置，他者との交流についての定めなどは，必ず個別に職務として指定される必要がある（同条 2 項）[4]。

わが国では，平成 11 年改正時，ドイツにおけるような医療行為に関する成年後見人の決定権・同意権の導入は見送られた。成年後見の場面における医的侵襲に関する決定・同意という問題は，一時的に意識を失った患者または未成年者等に対する医的侵襲に関する決定・同意と共通する問題であり，それら一般の場合における決定・同意権者，決定・同意の根拠・限界等について，社会一般のコンセンサスが得られているとはいい難い状況の下で，成年後見の場面についてのみ規定を導入することは，時期尚早と考えられたからである[5]。

したがって，現行法を前提とする以上，医療行為に関する決定・同意の問題は，社会通念と緊急法理に委ねられることになるが，実際の医療現場では，成年後見人に手術等の同意が求められることは少なくない[6]。医師が患者

---

(4) ドイツ家族法研究会「親としての配慮・補佐・後見(10) —— ドイツ民法 1815 条」民商 159 巻 4 号（2023 年）71 頁以下〔神谷遊〕参照。
(5) 小林＝原・前掲注(2)268 頁。
(6) 令和元年 5 月に「医療現場における成年後見制度への理解及び病院が身元保証人に

の身体に対し医療行為を行う場合には，原則として，患者の治療および入院の申込みとは別の，当該医療行為の実施についての患者自身の同意（インフォームド・コンセント）を得ることが必要となる。患者は自己の身体に対する侵襲を含む治療を受けるか否かについて決定する権利を留保しているからである。この同意権限をもつのは，成年者に関しては現行法上本人のみである。成年後見人はもとより，患者の家族にもこの権限はない。はたして本人の判断能力が低下し，同意能力の存在が疑われる場合，医師の判断のみで行うよりも，家族や成年後見人等の同意のもとに行った方が，違法性は減少するのであろうか。換言すれば，これらの者の同意は侵襲行為を正当化する一要素となるのであろうか[7]。

本稿では，平成11年改正において成年後見人の権限としての導入が見送られた「身体に対する強制を伴う事項」について，その適法性が争われた最近の裁判例を素材に，この問題について若干の検討を試みたい。

II　医療行為と成年後見

インフォームド・コンセントが有効であるためには，患者自身に同意能力が備わっていることが必要であるところ，判断能力が十分でない患者は，自ら医療行為について同意できず，そのような場合，だれがどのような手続に従って同意できるのかが問題となる。しかし，わが国の法律は，先述のように，この問題については沈黙している。

このような状況の中，医師や医療スタッフは，専門職としての倫理と良心に基づいて，患者・家族などへの十分な説明・同意のもとに医療を施行して

　求める役割等の実態把握に関する研究」班が作成した「身寄りがない人の入院及び医療に係る意思決定が困難な人への支援に関するガイドライン」（厚生労働省のHP〔https://www.mhlw.go.jp/content/000516181.pdf〕）27頁によれば，「現行制度では，成年後見人等の役割としていわゆる医療同意権までは含まれないことについて十分留意し，成年後見人等に同意書へのサインを強要することがないよう注意して下さい。医療機関が成年後見人等に対して説明を行った旨を，医療機関と成年後見人等の間で事実確認として残したい場合には，例えば『成年後見人として担当医の説明を受けました』等の記載とすることで対応するという方法もあります」とされる。
（7）　東京家裁後見問題研究会・前掲注(1)107頁参照。

いるのが現状であろう。そして、この医療同意の問題が最も先鋭化するのは、延命治療の中止、尊厳死の場面であるように思われる。

以下の裁判例は、延命措置を拒否した家族と延命措置を実施しなかった病院の損害賠償責任が問題となった事案である。

1　東京地裁平成28年11月17日判決[8]

(a) 事実の概要

A（大正4年生）には、その夫である亡Bとの間に、長男Y_2、長女X、次女Cの3人の子があり、Y_3は長男Y_2の妻である。Aは、長男Y_2夫婦と同居して生活をしていた。

Aは、平成19年6月、脳梗塞による意識障害のためにY_1病院に入院した。その後、経鼻経管栄養や経鼻酸素吸入などを受けたものの、誤嚥性肺炎、敗血症、多臓器不全という経過をたどり、同年9月、敗血症および急性腎不全によって死亡した。

Xは、Aが死亡したのは、Y_2が経鼻経管栄養の注入速度を速めたことにより嘔吐して誤嚥性肺炎を発症し、Y_2がその妻であるY_3と共に延命措置を拒否し、Y_1病院がAおよびXの意思確認をせずに延命措置を実施しなかったためであると主張して、Y_1に対し債務不履行に基づき、Y_2およびY_3に対し共同不法行為に基づき、損害賠償を請求した。

(b) 判　旨

本判決は、厚生労働省が平成19年5月に策定した「終末期医療の決定プロセスに関するガイドライン」（以下「本件ガイドライン」という。）などを参考にしながら、延命措置の拒否および不実施の違法性について以下のように判示している。

(i) Y_2およびY_3が延命措置を拒否したことについて

「延命措置を含む終末期医療の在り方については、……本件ガイドラインにおいて家族の中で意見がまとまらない場合まで想定されていることからも

---

(8) 判時2351号14頁。本判決に関しては、平野哲郎「判批」現代民事判例研究会『民事判例17』（日本評論社、2018年）126頁、一家綱邦＝三浦靖彦「判批」年報医事法学34号（2019年）155頁、小林真紀「判批」医事法判例百選［第3版］別冊ジュリ258号（2022年）200頁参照。

分かるように，同じ患者の家族の中でも様々な意見があり得るところであり，延命措置についてどのような意見を述べるかは基本的に個人の自由であるといえる。

したがって，Y_2 が亡 A の延命措置を拒否したことをもって，それ自体が直ちに違法であると認めることはできない。

もっとも，患者の家族のうち医師等からキーパーソンとして対応されている者が，延命措置に関して患者本人や他の家族が自らと異なる意見を持っていることを知りながら，医師等に対してその内容をあえて告げなかったり，容易に連絡の取れる他の家族がいるにもかかわらず，その者の意見をあえて聞かずに，医師等に対して自らの意見を家族の総意として告げたりした場合には，患者本人や他の家族の人格権を侵害するものとして，これを違法であると認める余地があり得る」。しかし，本件においてこのような事実を認めることはできないので，（キーパーソンである）「Y_2 が亡 A の延命措置を拒否したことが違法であると認めることはできない」。

(ⅱ) Y_1 が延命措置を実施しなかったことについて

「本件ガイドラインによれば，医師は，終末期医療の方針決定において，……患者の意思が確認できない場合には家族から患者の推定される意思を聴き取り又は家族と十分に話し合うなどして，患者にとっての最善の治療方針を採ることを基本とすることとされている。本件ガイドラインは法規範性を有するものではないが，終末期医療の方針決定における医師の注意義務を検討する上では参考となるものである」。

本件において，D 医師による「亡 A の家族からの聴取りや話合いが十分であったかが問題となるが，……D 医師は，亡 A の終末期医療の方針決定において，Y_2 を亡 A の家族の中のキーパーソンであると認識し，Y_2 の意見を参考にした上で，……亡 A について，経鼻酸素吸入は当直時間帯を除いて行わず，心停止に陥っても心肺蘇生は行わないことを決定しているところ，医師が患者の家族の全員に対して個別に連絡を取ることが困難な場合もあり，また，延命措置には費用や介護の分担など家族の間で話し合って決めるべき事柄も伴うことからすれば，上記のようにキーパーソンを通じて患者の家族の意見を集約するという方法が不合理であるとは認められず，そのような方法を採ることも医師の裁量の範囲内にあると解される。

なお，キーパーソン以外の家族がキーパーソンと異なる意見を持っており，そのことを医師において認識し得た場合には，その者からも個別に意見を聴くことが望ましいといえるが，……D医師がキーパーソンであるY_2から延命措置に関する家族の考え方を聴取した当時，XがキーパーソンであるY₂と異なる意見を持っており，D医師においてそのことを認識し得たとは認められない。

したがって，Y_1が，Xを含む亡Aの家族との間で十分に話し合って亡Aにとって最善の治療方針を決定すべき注意義務に違反したと認めることはできない」。

以上のように述べて，本判決は，Xの請求をいずれも棄却した[9]。

2 同意権者はだれか

先述のように，成年後見人には医療行為に関する決定権・同意権はない。では，患者本人の家族であるということをもって，医療行為への同意は正当化されるのか。例えば，「精神保健及び精神障害者福祉に関する法律」（以下「精神保健福祉法」という。）は，精神障害者について，「家族等のうちいずれかの者」の同意があるときは，本人の同意がなくても入院させることができることを定める（33条。医療保護入院）。ここでの「家族等」とは，本人の配偶者，親権者，扶養義務者，後見人，保佐人である（5条）。しかし，入院への同意を超えて患者に強制的に医療を受けさせることができるかどうかについては定めていない。あるいは，「臓器の移植に関する法律」は，本人の臓器提供の意思が不明であっても，本人が拒絶の意思を表示していなければ，家族（遺族）の同意によって脳死判定・臓器提供を実施することができることを定める（6条）。ここでの家族（遺族）は，原則として，配偶者，子，父母，孫，祖父母および同居の親族だとされる[10]。

以上のように，非自発的入院や臓器提供の場面においては，患者本人に同意能力がない場合において，患者の家族が一定の役割を果たしている。しか

（9） なお，本判決は，Y_2がAの経鼻経管栄養の注入速度を速めたこととAの死亡との因果関係も否定している。

（10） 厚生労働省「『臓器の移植に関する法律』の運用に関する指針（ガイドライン）」。

し，医療行為一般について，患者の家族であることのみをもって同意権限が認められるかについては明らかでない。

3 延命治療の拒否（尊厳死）

　本人に同意能力がない場合にだれが本人に代わって同意するかの問題が最も先鋭化するのは，延命治療の中止，尊厳死の場面であろう。近年，わが国において延命治療の中止（尊厳死）が問題となった裁判例として，最決平成21年12月7日刑集63巻11号1899頁（川崎協同病院事件）を挙げることができよう。本決定は，治療中止の正当化について，①医師の治療義務の限界（患者の回復可能性および余命はどうか）と，②患者本人の意思（推定的意思を含めた患者の意思はあるか）の存在を要件としているものと推察される[11]。このように，判例法上，治療中止（尊厳死）の正当化の根拠や要件の手掛かりは明らかにされつつあるが，いまだ特別な法律は存在しない。

　このような状況において，終末期医療の意思決定プロセスについては，行政や学会等によって多くの公的な指針（ガイドライン）が作成されつつある。比較的新しいものとして，厚生労働省の「人生の最終段階における医療・ケアの決定プロセスに関するガイドライン」がある。これは，本判決が参考としている「人生の最終段階における医療の決定プロセスに関するガイドライン」を2018年に改訂したものである。これによれば，医療・ケアチームは[12]，患者の意思が確認できず，家族等が患者の意思を推定できない場合には，患者にとって何が最善であるかについて家族等と十分に話し合い，患者にとっての最善の治療方針をとることを基本とするとされる。ここでの家族等とは，患者が信頼を寄せ，人生の最終段階の患者を支える存在であるという趣旨であり，法的な意味での親族関係のみを意味せず，より広い範囲の人を含むとされる。

　しかし，ガイドラインのいう「家族等」や，本判決のいう「キーパーソン」の定義は，必ずしも明確とはいえない。

---

(11) 入江猛「判解」ジュリ1446号（2012年）91頁以下。
(12) 「医療・ケアチーム」とは，担当医師，看護師及びそれ以外の医療・介護従事者が基本とされ，場合によってはソーシャルワーカーも含みうるとされる。

4　ドイツにおける世話人の役割

　判断能力を有しない成年者に対する医療行為にだれが同意するかについては曖昧な点が少なくないのが日本の現状であるが，この点，ドイツにおいては，家族という身分関係があるだけでは同意権者としては不十分とされ[13]，同意能力を有しない成年者に対する医療行為については，成年後見人（世話人）の選任が前提とされている。

　ドイツにおいても医的侵襲は法的には傷害であり，患者の（明瞭な，または推定的）同意がある場合のみ正当化される。そして，患者が自ら同意する能力を有しないときは，世話人が同意することができる（ドイツ民法630条d第1項）。もとより，世話人が本人の医療行為に関わるためには，世話を開始する際に「健康配慮」などの職務が裁判所によって命じられている必要がある（ドイツ民法1815条1項）。

　ところで，ドイツ民法は，患者の指示書（リヴィング・ウィル）についても明文規定を置く（ドイツ民法1827条1項）。有効な書面による患者の指示書が存在するときは，世話人は，本人による当時の定めが，現在の生活状況および治療状況に該当するかを審査しなければならず[14]，もし該当する場合，世話人は，本人の意思を「表明し，実現し」なければならない。他方で，患者の指示書が存在しない場合，あるいは，患者の指示書の内容が現在の状況に該当しない場合は，患者の推定的意思が問題となる。患者の意思が，具体的な手がかりに基づいて探求されなければならず，その際，特に考慮されなければならないのは，被世話人の過去における意思表明，倫理上または宗教上の確信，その他の個人的価値観である（同条2項）。

　さらに，世話人が，被世話人の健康状態の検査，治療行為または医的侵襲

---

(13)　ドイツ民法1358条は，婚姻当事者の一方は，他の一方が意識不明または疾病のために健康配慮事務を処理できないとき，その者を代理することを認めているが，この代理権には6か月の期限が付されており，あくまで世話人（または任意代理人）が選任されるまでの緊急の代理権という位置づけである。

(14)　例えば，ある者が肺炎に罹患したが，患者の指示書には「私が認知症になった場合，生命維持措置は希望しない」とあり，肺炎については定めていないとする。この場合に患者の指示書は現在の治療状況に該当しない。

に同意する場合において，その措置によって被世話人が死亡し，または重大かつ長期にわたる健康上の損害を被るような根拠のある危険が存在するとき，世話裁判所の許可が必要である（ドイツ民法 1829 条 1 項）。例えば，脚の切断などがこれに当たる。

また，世話人が，被世話人の健康状態の検査，治療行為，医的侵襲に同意しない場合または同意を撤回する場合において，措置が医学的に適切であり，かつ，措置の差控えや中止によって被世話人が死亡し，または重大かつ長期にわたる健康上の損害を被るような根拠のある危険が存在するときも，世話裁判所の許可が必要である（同条 2 項）。これは，胃瘻による人工栄養補給の中止や人工呼吸の中止など，臨死介助のケースが典型である。

もっとも，医的措置の実施または不実施について一定の危険が存在する場合であっても，世話人と主治医との間に見解の一致があるときは，裁判所の許可は必要ない（同条 4 項）。すなわち，同意を与えること，同意を与えないこと，または同意を撤回することが，被世話人の意思に合致することについて両者に見解の一致があれば，裁判所の許可は不要とされている[15]。

5 医療に関する意思決定支援の制度化

2022 年 9 月，国連の障害者権利委員会は，日本政府への審査を踏まえ，総括所見を発表した。同委員会は，障害者権利条約 10 条（障害者の生命に対する固有の権利）に関する懸念事項として，緩和ケアを含め治療を開始しない（または継続しない）ことに関する本人の意思および選好が考慮されておらず，障害者の生命への権利が保障されていないことを指摘する。その上で，同委員会は，障害者の生命に対する権利を明確に認識した上で，緩和ケアを含む治療に関して，障害者がその意思や選好を表明できる保護策とこれに必要な支援を確保することを勧告する[16]。

---

[15] なお，以上の医療同意権は，法定後見人たる世話人のみならず，任意代理人にも認められる（ドイツ民法 1827 条 6 項，1829 条 5 項）。ただし，その場合の任意代理権は，必ず書面によって授与されなければならず，かつ，当該医的措置が代理権の内容として明確に指示されていなければならない（ドイツ民法 1820 条 2 項 1 号）。

[16] また，健康に対する権利（25 条）に関しても，精神保健福祉法において精神医療と一般医療が分離されていることを懸念事項とするとともに，すべての障害者が，あら

先述の川崎協同病院事件の第二審判決は[17]、「家族の意思を重視することは必要であるけれども、そこには終末期医療に伴う家族の経済的・精神的な負担等の回避という患者本人の気持ちには必ずしも沿わない思惑が入り込む危険性がつきまとう」ことを指摘する。ドイツでは家族法上の身分関係があることだけでは同意権者として不十分とされ、患者の代理人としての成年後見人の選任が前提とされている。家族が常に本人の意思や希望に沿った行動をとるとは限らず、わが国でも、成年後見人や裁判所などの関与も含めた意思決定支援の法整備が必要ではなかろうか。

III 非自発的入院と成年後見

ドイツでは、従前、世話人の職務範囲に居所指定が含まれる場合、そこには自由剥奪を伴う収容や自由剥奪措置も含むと解されていた[18]。わが国の平成11年の改正時にもこの点は認識されていた。しかし、法制審議会では、成年被後見人および被保佐人については、成年後見人または保佐人の同意による医療保護入院の手続がある上（精神保健福祉法33条）、被保佐人または被補助人の施設入所等に関しても本人の同意を得て施設入所契約の代理権を保佐人または補助人に付与すれば足り（成年被後見人が任意に入所に応ずるかどうかは別として、成年後見人が成年被後見人に代わって施設入所契約を締結すること自体は可能）、それ以上に本人の意思に反する強制的な入所措置等の権限を成年後見人等に付与することは、本人の自己決定権および基本的人権との抵触のおそれがあるので、民法において居所指定権に関する一般的な規定を設けることは適当でないとされた[19]。

以下の裁判例は、父が、長女に対し、長女が父を病院や施設に入所させた

ゆる内科的・外科的治療について、自由意思に基づくインフォームド・コンセントを受ける権利を有することを強調し、障害の人権モデルを医療従事者の研修に組み入れることを勧告している。
(17) 東京高判平成19年2月28日判タ1237号153頁。
(18) 2021年改正によって、自由剥奪を伴う収容や自由剥奪措置については、単に「居所指定」と職務領域を定めることでは足りず、それらの措置を各別に職務領域として定める必要がある（ドイツ民法1815条2項1号、同2号）。
(19) 小林＝原・前掲注(2)269頁。

ことは身体の自由などの侵害であるとして，損害賠償を請求した事案である。

1 東京地裁平成28年5月13日判決[20]

(a) 事実の概要

X（大正11年生）は，平成7年ころ，自宅を新築し，妻A，長女Y，Yの夫および子ら3名と同居を開始したが，平成16年ころから電化製品等の収集癖が悪化し，自宅1階はゴミ屋敷と化した。また，Xは，同じものを大量に買ってくるなどの問題行動がみられるようになり，Aに暴力をふるうこともあったため，医師の勧めもあり，Yは，平成23年6月，Xを精神科のあるC病院に医療保護入院させた。

同年10月，Xは，C病院を退院して，Dホーム（介護付有料老人ホーム）に入所，同年12月，Yの申立てによりXについて後見開始の審判がされ，Yが成年後見人に選任された。平成24年2月ころから，YとB（Xの長男）は，Xの監護をめぐって意見が対立するようになった。同年3月，XはDホームを退所し，Eホーム（住宅型有料老人ホーム）に転居したが，同月，Bは，Eホームを訪れ，同ホームの職員に対し，Xを連れて帰る旨を強く訴えたが，Yがこれを許可せず，退所には至らなかった。平成25年8月，BはXについて保佐開始の審判を申し立てたところ，後見開始の審判が取り消され，保佐が開始し，弁護士Fが保佐人に選任された。平成26年1月，Xは，Eホームを退所して，自宅に戻った。

Xは，Yに対し，Yは，Xの意思を無視して，Xを病院や施設に入所させた上，同施設等からの退去を認めず，Xを監禁状態に置いたことにより，Xの居住移転の自由，身体の自由，自己決定権などを侵害したとして，不法行為に基づく損害賠償等を請求した。

(b) 判　旨

(i) C病院への入院について

「XのC病院入院当時の状況は，……Xは，その収集癖が相当程度悪化した状態にあり，暴力的傾向も見られたところ，……医師も，このようなX

---

[20] 判例集未搭載（文献番号2016WLJPCA05138013）。本判決の評釈として，金井憲一郎「判批」実践成年後見83号（2019年）77頁。

の言動に照らし，Xが，認知症の一種である前頭側頭型認知症の疑いが強いと判断していたことが認められる」。そして，「自宅の状況に照らすと，Xの自宅は，室内に溜め込んだ電化製品が引火したり，庭に放置したごみに放火される等，火災が容易に起こり得る状況であったことや，Xには，Aなどに対する暴力行為があったことが認められ，当時，Xには，自傷他害のおそれがあったものというべきである」ので，「Xは，C病院入院当時，『精神障害者であり，かつ，医療及び保護のため入院の必要がある者』（精神保健福祉法33条1項）であったというべきである」。また，「上記入院については，保護者である妻Aの同意があったことが認められるから，上記医療保護入院は適法なものであったというべきである」。

(ⅱ) Eホームへの入所について

「XがEホームに入所した平成24年3月13日の時点において，Xの精神状態が自宅で生活できるほどに改善していたと認めるに足りる証拠はないから，XがEホームに入所したことについて，Yに不法行為が成立するものとは認められない」。「Xは，YがXをEホームに入所させたことは，後見人としての身上配慮義務（民法858条）に反するものである旨主張するが，後見人の身上配慮義務は，本人保護の必要性との調和において考慮すべきものと解するべきところ，……Xの当時の精神状態（修正不能な妄想性障害と診断されていたこと）や，Xには，当時，全く病識がなかったことに照らすと，Eホーム入所当時，Xは，保護の必要性が非常に高かったものというべきであり，このような状況で，XをEホームに入所させたことは，後見人としての身上配慮義務に反するものではないというべきである」。

本判決は，その他の点（Dホームへの入所，Xを施設等から退所させなかったことなど）についても不法行為は成立しないとして，Xの請求を棄却した。

2　保護者制度の廃止

本判決で問題となっている医療保護入院は，平成25年の精神保健福祉法改正前のものである。平成25年改正前，精神障害者には「保護者」が付された。保護者とは，精神障害者に必要な医療を受けさせ，財産上の保護を行うなど（旧22条1項），患者の生活行動一般における保護を行った[21]。保護者となりうる者には順位があり，①後見人または保佐人，②配偶者，③親権

者，④扶養義務者のうちから家庭裁判所が選任した者が，①～④の順位で保護者となった（旧20条）。しかし，保護者制度に対しては，(i)一人の保護者のみが，法律上保護者に課せられた様々な義務を行うことは，負担が大きいこと，(ii)本人と家族の関係が様々である中で，保護者が必ずしも本人の利益保護を行えるとは限らないこと，(iii)保護者制度創設時と比較して，社会環境（精神科医療体制の充実等）や家族関係（高齢化の進行等）が変化していることなどが問題点として指摘され，平成25年の法改正によって保護者制度は廃止された。

3　成年後見人の居所指定権と医療保護入院

平成11年の民法改正前の民法858条は，その2項において，「禁治産者を精神病院その他これに準ずる施設に入れるには，家庭裁判所の許可を得なければならない」と定めていた。しかし，この規定は平成11年の民法改正で削除された。その理由として，昭和25年に精神衛生法（現在の精神保健福祉法）が制定され，精神科病院その他のこれに準ずる施設への非任意の入院については措置入院や医療保護入院の制度が設けられたため，民法のこの規定は，保護者が禁治産者の後見人である場合だけに関する特則的な規定となっていたことがある。入院手続に関する一部の規定だけが私法規定である民法の中に置かれていることは法制的に適当ではないなどの意見が出された。結局，入院手続については精神保健福祉法の規定に委ね，民法858条2項の規定は削除することとされた[22]。

現在，精神保健福祉法33条は，入院を必要とする精神障害者で，自傷他害のおそれはないが[23]，任意入院を行う状態にない者について，精神保健指定医（または特定医師）の診察および家族等のうちいずれかの者の同意を

---

(21)　さらには，平成11年改正前には，保護者には自傷他害の防止監督義務もあったが，負担として重すぎるとの批判から削除された。この改正に先立つ仙台地判平成10年11月30日判タ998号211頁（統合失調症の患者が起こした殺人事件においてその保護者たる父に民法714条の責任を認めた事件）も参照。
(22)　小林＝原・前掲注(2)・273頁
(23)　なお，自傷他害のおそれがあり入院医療の必要がある場合も，概念的には医療保護入院の対象となりうるが，このような場合は，むしろ措置入院が原則とされる（精神保健福祉研究会『四訂 精神保健福祉法詳解』（中央法規出版，2016年）303頁）。

要件として行う医療保護入院を予定している[24]。先述のように，ここでの「家族等」とは，本人の配偶者，親権者，扶養義務者，後見人，保佐人である[25]。旧保護者とは異なり，順位はない[26]。保護者の同意がなくても家族等のいずれかの同意によって入院させることができることになり，医療へのアクセスが広げられた反面，このような要件緩和は障害者の人権保障という観点からは不安もある[27]。

4　ドイツにおける世話人の役割

世話人は，被世話人のために必要がある場合，法律上定められた要件の下に，被世話人の自由剥奪を伴う収容について同意することができる（ドイツ民法1831条1項）。例えば，閉鎖された病院，施設，精神科病棟への収容がこれに当たる。自由剥奪を伴う収容に同意するためには，裁判所によって世話人に収容に関する職務領域が付与されていなければならない（ドイツ民法1815条2項1文）。世話人が，自由剥奪を伴う収容に同意することができるのは，自傷の危険性がある場合（ドイツ民法1831条1項1号），または治療の必要性（同2号）がある場合である。

自傷の危険性とは，被世話人が自殺しまたは著しい健康上の損害を自己に加える危険が存在する場合である。例えば，被世話人が高齢のために混乱しており，目的もなく徘徊する場合である。車に轢かれる，凍死する，餓死す

---

[24] なお，家族等がいない場合，家族等の全員が意思表示ができない場合，家族等の全員が意思表示を行わない場合は，市町村長が同意することができる（精神保健福祉法33条2項）。

[25] ただし，令和4年の精神保健福祉法の一部改正によって，患者に虐待等を行った者は，医療保護入院の同意を求める「家族等」から除外されることとなった（精神保健及び精神障害者福祉に関する法律施行規則1条参照）。

[26] ただし，厚生労働省「医療保護入院における家族等の同意に関する運用について」（令和5年11月27日障精発1127第6号）は，家族等の間に判断の不一致がある場合において，後見人または保佐人が存在するときは，「これらの者が同意に反対しているときには，その意見は十分に配慮されるべき」とする。

[27] 東京高判令和5年9月21日賃金と社会保障1843号32頁は，医療保護入院の適法性が争われた事案であるが，本判決は，入院決定時に指定医による診察が行われておらず，また，患者に精神障害があったとも認められないとして，不法行為が成立するとした。

るなどの危険があるからである。また，このような民事法上の収容は，被世話人が第三者または公衆に損害を加えるであろう場合（例えば，犯罪行為）は問題とならない。この場合は，各州の州法が定める公法上の収容が問題となり，民事法上の収容はあくまで本人保護のためだけに許される。

　他方，治療の必要性を理由とする収容については，次の3つの要件が必要となる。第一に，①健康状態の検査，治療行為または医的侵襲が必要であることである。疾病の種類は問わないが，医的措置がなければ本人に少なからぬ健康上の損害が及ぶことが必要である。第二に，②収容しなければ医的措置を実施することができないことである。したがって，外来の治療については本条の対象とならない。第三に，③被世話人が，精神病または知能もしくは精神障害のために収容の必要性を認識することができず，またはその認識に従って行動することができないことである。

　なお，以上は，自由剥奪を伴う収容それ自体についての決定の問題である。収容された後の強制治療については，別途，世話裁判所の許可が必要となる（ドイツ民法1832条2項）。また，この強制治療を受けさせるために被世話人を開放病院へ入院させる場合も，別途，世話裁判所の許可が必要となる（ドイツ民法1832条4項）。この規定が設けられた背景には，従前，強制治療は自由剥奪を伴う収容が前提とされていたため，自由剥奪を伴わない開放的な入院において強制治療を行うことができなかったことがある。例えば，身体上の理由から動くことのできない患者に対しては，自由剥奪を伴う収容はなしえず，これでは国家の保護義務を果たすことができない[28]。その意味では，強制治療が実施される範囲は従前よりも拡大されたといえようが，ただし，強制治療の実施はなお現在においても入院中の患者に限定されている。すなわち，強制治療は，「必要となる後治療も含めて被世話人にとって適切な処置が保障されている病院における入院滞在の範囲」に限られており（ドイツ民法1832条1項7号），いわゆる外来の強制治療は認められていない。本人の自然の意思に反する強制治療はあくまで最後の手段（Ultima Ratio）であり，不可避かつ最小限のものに限定されなければならないからである[29]。

---

(28) ドイツ連邦憲法裁判所2016年7月26日決定参照。
(29) なお，以上の自由剥奪を伴う収容，強制治療，強制治療のための入院については，

5 非自発的入院におけるセーフガードの強化

障害者権利条約14条では、身体の自由および安全が保障されている。先述の国連障害者権利委員会の包括所見では、14条に関する懸念事項として、(ア)予期されまたは現実に生じている障害や危険を理由とする障害者の精神科病院への非自発的入院や非自発的治療が精神保健福祉法によって合法化されていること、(イ)入院に関するインフォームド・コンセントの定義が曖昧であり、障害者のインフォームド・コンセントの権利を保護するためのセーフガードが欠如していることを挙げる。

その上で、同委員会は、(ア)障害者の非自発的入院は、障害を理由とする差別であり、自由を剥奪するものであることを認識し、予期されまたは現実に生じている障害または危険を理由とする非自発的入院による自由剥奪を認める法規定をすべて廃止すること、(イ)予期されまたは現実に生じている障害を理由とする同意のない精神科治療を認める法規定をすべて廃止し、障害者が強制的な治療を受けず、他の人々と同等の範囲、質、水準の医療を受けられるようにするための監視メカニズムを構築すること、(ウ)障害の有無にかかわらず、すべての障害者の自由かつ情報を得た上での同意(インフォームド・コンセント)の権利を保護するために、権利擁護、法的支援、その他のあらゆる必要な支援を含むセーフガードを構築することを勧告する[30]。

現行法上、精神医療審査会は、医療保護入院の入院届や入院期間更新届の審査などを行うが、「書面のみによる形式的な審査にとどまり、形骸化している」との指摘もある[31]。医療に関する意思決定支援と同様、非自発的入

　任意代理人にも同意権が認められるが(ドイツ民法1831条5項、1832条5項)、先述の医的侵襲の場合と同様、その場合の任意代理権は、必ず書面によって授与され、かつ、当該措置が代理権の内容として明確に指示されていなければならない(ドイツ民法1820条2項2号、同3号)。

(30) また、自立した生活と地域社会への包摂について定める19条に関しても、公立・私立の精神科病院において精神障害者および認知症患者の施設入所が促進され、特に精神障害者の無期限入院が継続していることを懸念事項とした上で、精神科病院に入院している障害者の無期限入院を中止し、インフォームド・コンセントを確保し、自立した生活を促進し、必要なメンタルヘルスの支援を地域社会において行うことを勧告する。

院についても，成年後見人や裁判所などの関与も含めたさらなるセーフガードの強化が必要であるように思われる。

Ⅳ　身体的拘束と成年後見

　正当な理由なくベッドに縛り付ける，ベッドに柵を付ける，つなぎ服を着せるなど身体を拘束し，自分で動くことを制限することは，「高齢者虐待の防止，高齢者の養護者に対する支援等に関する法律」（以下「高齢者虐待防止法」という。），「障害者虐待の防止，障害者の養護者に対する支援等に関する法律」（以下「障害者虐待防止法」という。）において身体的虐待と位置づけられている（高齢者虐待防止法2条4項，5項，障害者虐待防止法2条6項，7項，8項参照）[32]。そして，上記2つの法律は，虐待の防止や被虐待者の保護のために，成年後見制度の積極的な利用を促している。すなわち，高齢者虐待防止法9条2項，24条は，市町村が通報等を受けた場合，高齢者の保護が図られるために，市町村長は成年後見の申立てを行うべきとし，同28条は，高齢者虐待の防止や虐待を受けた高齢者の保護・救済のために，成年後見制度が広く利用されるようにしなければならないとする。同様の規定は，障害者虐待防止法にも置かれている（障害者虐待防止法9条3項，44条）。成年後見人が選任されることで，本人の家族や施設職員も緊張感をもって対応するようになり，身体的虐待も相当程度防止されることが期待されている[33]。

　以下の裁判例は，患者とその長女（成年後見人）が，患者が入院していた病院に対して，患者が入院中に窒息する事故が生じたのは，病院が患者に対して不当な身体的拘束等を行ったためであるとして，損害賠償を請求した事案である。

---

(31)　日本弁護士連合会「精神障害のある人の尊厳の確立を求める決議」（2021年10月）。
(32)　厚生労働省老健局「市町村・都道府県における高齢者虐待への対応と養護者支援について」（2023年3月）参照。
(33)　日本弁護士連合会高齢者・障害者の権利に関する委員会『高齢者虐待防止法活用ハンドブック』（民事法研究会，2006年）147頁。

1　東京地裁令和3年10月7日判決[34]

(a) 事実の概要

X1女（昭和14年生）は，統合失調症および認知症の既往があったが，独居で生活していたところ，自宅で転倒して左大腿骨転子部骨折の傷害を負ったため，平成29年A病院に入院し，手術を受けた。X1は，平成30年1月，リハビリテーション等を目的としてB病院に転院，その後，同月17日，Y病院に転院し，Yと診療契約を締結した。

Y病院は，主治医となったC医師の指示により，X1に対し，腹部ベルトによって身体をベッドに固定する体幹拘束（以下「本件拘束」という。）を開始した。本件拘束は，1月17日から後述の本件事故が発生した3月19日まで62日間にわたって継続された。

X1は，3月19日，提供された食事を摂取していたところ，粗キザミのほうれん草が気管に入って窒息した（本件事故）。Y病院の看護助手が異変に気づき，C医師が処置を施した結果，X1は自発呼吸を再開したが，意識レベルは回復しなかった。同日，X1は，X2（X1の長女でX1の唯一の相続人）の希望により，D病院に搬送された。

平成31年2月，X1について成年後見開始の審判がされ，成年後見人にX2が選任された。

令和2年1月，X1およびX2は，本件事故は，Y病院が，X1に身体的拘束を行っていたことなどによって発生したものであり，不法行為および債務不履行に当たるなどと主張して，Yに対し，損害賠償の支払いを求める訴えを提起した（なお，X1は，本件訴訟係属中の同年7月に死亡したため，X2がX1の原告の地位を承継した）。

(b) 判　旨

(i) 入院時の身体的拘束の違法性について

「入院患者の身体を抑制することは，その患者の受傷を防止するなどのために必要やむを得ないと認められる事情がある場合に限り，許容されるというべきである（平成22年最判参照）」。

---

[34]　判例集未搭載（文献番号2021WLJPCA10078001）。

「X1は，Y病院に入院した1月17日時点で，……ベッドから転落する危険があったほか，何かにつかまらなければ立位の保持ができないという自身の身体的状況を理解せずにベッドから降りて転倒する危険があったというべきである」。「そうすると，Y病院は，X1の受傷を防止するための措置を講じる必要があったところ，……Y病院の看護師等が，常時，X1を監視することは現実的に不可能であったと認められるから，……C医師が，ベッドの高さの調整，床マット，離床センサー，ベッド柵等といった方法ではなく，抑制帯を使用した身体的拘束の中で最も軽度のものとされている腹部ベルトによる体幹の1点抑制という方法によって本件患者の受傷を防止しようとしたことは，不合理とはいえない」。

(ii) 入院後身体的拘束を継続したことの違法性について

「Y病院では，看護師が，1日3回，本件患者の睡眠，認知・認識，行動・体動の各状態を評価し，各勤務帯終了時に最終評価を身体拘束スコアシートに記入し，身体拘束スコアの合計点が2点以下で抑制解除とすることとされていた。また，Y病院では，1週間に1度，医師が患者に対する身体的拘束を継続するか判断していた」。しかし，3月8日の時点では，「X1の身体拘束スコアの合計点が，3日以上にわたって，Y病院において抑制解除とするとされていた2点の状態が続いていたのであるから，Y病院の医師は，その時点で，本件拘束の解除（一時解除を含む。以下，同じ。）を試みるか，少なくとも本件拘束の必要性を具体的に検討する必要があったというべきである。ところが，Y病院の医師が，その時点で，本件拘束の解除を試みた事実はなく，また，Y病院の医師が，その時点で，本件拘束の必要性を具体的に検討したことを認めるに足りる証拠もない」ので，「Y病院の医師は，同月8日以降，本件拘束の必要性を十分検討することなく，漫然と，本件拘束の継続を指示していたと推認せざるを得ない」。

以上のように述べて，3月8日以降継続した本件拘束は不法行為等に当たるとし，慰謝料は30万円が相当であるとした[35]。

---

[35] なお，本判決は，本件拘束は違法としたものの，本件拘束と本件事故との因果関係は否定している。

2　身体的拘束の違法性の判断要素

本判決は，本件拘束の違法性の判断において，最判平成22年1月26日民集64巻1号219頁（以下「平成22年判決」という。）を参照する。同判決は，「入院患者の身体を抑制することは，その患者の受傷を防止するなどのために必要やむを得ないと認められる事情がある場合にのみ許容されるべきものである」とする。

そして，この「必要やむを得ないと認められる事情」があるか否かについては，①切迫性（当該患者本人または他者の生命，身体等が危険にさらされる可能性が著しく高いこと），②非代替性（身体拘束を行う以外に適切な代替方法がないこと），③一時性（身体拘束の態様および拘束時間が本人の状態等に応じて必要とされる最小限度のものであること）などを考慮して判断されると解されている[36]。

一般病院における患者の身体的拘束の可否またはその基準等について一般的に規定した法令等は存在しないところ，以上の「切迫性」，「非代替性」，「一時性」の3つの考慮要素は，(a)精神保健福祉法37条1項に基づいて厚生労働大臣が定める基準である昭和63年厚生省告示第130号（以下「告示第130号」という。），ならびに，(b)厚生労働省「身体拘束ゼロ作戦推進会議」作成の「身体拘束ゼロへの手引き——高齢者ケアに関わるすべての人に」（以下「身体拘束ゼロへの手引き」という。）が参考にされたものと考えられる[37]。

すなわち，精神保健福祉法36条1項は，「精神科病院の管理者は，入院中の者につき，その医療又は保護に欠くことのできない限度において，その行動について必要な制限を行うことができる」と定め，同37条は，「厚生労働大臣は，前条に定めるもののほか，精神科病院に入院中の者の処遇について必要な基準を定めることができる」とする。これに基づいて厚生労働大臣が定める告示第130号は，身体的拘束の対象となる患者は，「主として」，「ア

---

(36) 千葉地判平成30年11月30日判例集未搭載（文献番号2018WLJPCA11306006），東京地判令和4年1月14日判例集未搭載（文献番号2022WLJPCA01148025）。
(37) 『最高裁判所判例解説民事篇 平成22年度（上）』（法曹会，2014年）93頁〔増森珠美〕参照。

自殺企画又は自傷行為が著しく切迫している場合」,「イ　多動又は不穏が顕著な場合」のほか,「ウ　精神障害のために,そのまま放置すれば患者の生命にまで危険が及ぶおそれがある場合」のような場合に該当すると認められる患者であり,身体的拘束以外によい代替方法がない場合に行われるものとする旨定める。

また,「介護老人保健施設の人員,施設及び設備並びに運営に関する基準」(平成11年厚生省令40号)13条4項は,「サービスの提供に当たっては,当該入所者又は他の入所者等の生命又は身体を保護するため緊急やむを得ない場合を除き,身体的拘束その他入所者の行動を制限する行為を行ってはならない」とする[38]。そして,上記基準の「緊急やむを得ない場合」とは,「身体拘束ゼロへの手引き」では,①切迫性,②非代替性,③一時性の3つの要件を満たし,かつ,それらの要件の確認等の手続が極めて慎重に実施されているケースに限られるとされている。

ところで,上記の裁判例の事案とは逆に,転倒・転落によって患者が負傷した場合に,病院側が適切な身体的拘束を実施すべきであったのに実施しなかったとして,病院側の責任が追及される事件もある[39]。そして,平成22年判決の考慮要素は,身体的拘束を実施すべき義務の判断においても機能している。医療機関は,不必要な身体的拘束を実施した場合だけでなく,必要な身体的拘束を実施しなかった場合にも責任を追及される。医療機関は,患者への対応についてジレンマの状況にあるといえる[40]。

3　ドイツにおける世話人の役割

ドイツでは,世話人が身体的拘束などの自由剥奪を伴う措置に同意することが法律上認められている。もとより,世話人が自由剥奪を伴う措置を行うためには,世話人の職務領域として自由剥奪を伴う措置が裁判所によって明確に付与されている必要がある(ドイツ民法1815条2項2号)[41]。さらに,

---

[38] 「指定介護老人福祉施設の人員,設備及び運営に関する基準」(平成11年厚生省令39号)11条4項も同旨を定める。
[39] 広島高岡山支判平成22年1月26日判例集未搭載(文献番号2010WLJP-CA12096002),東京地判令和4年1月14日・前掲注(36)。
[40] 手嶋豊「判批」ジュリ1420号(平成22年度重要判例解説)101頁参照。

ドイツ民法1831条4項によれば,「病院,ホーム又はその他の施設に滞在する被世話人が,機械的装置,薬物又はその他の方法で長期にわたり又は規則的に自由を剥奪されるとき」,世話人はこれについて世話裁判所の許可を得なければならない。ここでの「機械的装置」とは,例えば,部屋に閉じ込める,夜間にドアを施錠する,患者が夜間にベッドから出るのを防ぐために腰ベルトとベッドの柵をつなぐことなどであり,「薬物」とは,例えば,患者の行動を落ち着かせるために投与される向精神薬,本人が逃亡するのを防止するために投与される睡眠薬などがこれに当たる。「その他の方法」としては,例えば,守衛が本人を外へ出ていけないようにすることなどがこれに当たるとされる。ドイツでは,身体的拘束など患者の自由を剥奪する措置について,世話人ならびに世話裁判所の関与を前提とする法制度が整備されている[42]。

4 身体的拘束による権利侵害からの保護

しかし,日本の成年後見人には,先述のように,身体的拘束などに同意する権限はない。先述の国連障害者権利委員会の包括所見は,障害者権利条約15条(拷問や残虐な取り扱いからの自由)に関する懸念事項として,精神科病院における障害者の隔離,身体的拘束および薬物による拘束等ならびにそれらの措置を正当化する法律が存在していること,また,強制治療を受け,あるいは長期間入院させられている障害者の権利侵害を調査する独立した監視システムが欠如していることなどを挙げる。その上で,精神障害者の強制治療を正当化し,虐待につながるすべての法規定を廃止すること,被害者のための効果的な救済策を確立することなどを勧告している。また,生命に対する権利(10条)に関しても,障害を理由とする非自発的入院における身体的拘束および薬物による拘束を懸念事項とした上で,障害を理由とするあらゆ

---

[41] ドイツ民法1358条の婚姻当事者の代理権は,1831条4項に基づく措置の決定も対象とするが,措置の期間が6週間を超えないことを条件とする。

[42] なお,以上の自由剥奪を伴う措置についての同意権は,任意代理人にも認められるが(ドイツ民法1831条5項),その場合の任意代理権は,必ず書面によって授与され,かつ,当該措置が代理権の内容として明確に指示されていなければならない(ドイツ民法1820条2項2号)。

る形態の非自発的な入院および治療を防止し，地域に根ざしたサービスにおける障害者の必要な支援を確保することを勧告している。

成年後見人の見守りによる虐待防止からさらに踏み込んで，成年後見人による同意や裁判所による許可のシステムなど高齢者・障害者の権利擁護のためのより積極的な法的対応が求められているように思われる[43]。

V　結びに代えて

ドイツにおける成年後見制度改革は，わが国よりも10年ほど先行して1990年に改正法が成立したが，その法律草案理由書では，「治療行為，収容，収容類似の措置ならびに住居の解除に関する規制によって身上監護を強化すること」が謳われている[44]。その後も，この身上監護の領域においては多くの裁判例が集積され，改正が重ねられてきた。

翻って，日本では，「病識のない精神病患者に適切な治療を受けさせるための法的，制度的なシステムが十分に整っていない」[45]。日本では，医療行為，非自発的入院，身体的拘束のいずれの措置についても，裁判所の関与は予定されていない。欧米諸国では本人の自由を剥奪する措置については裁判所の関与が前提とされている国も少なくない。たしかに違法な医療行為や入院，拘束が行なわれた場合，事後的に不法行為や債務不履行によって患者の一定の救済を図ることはできるとしても，患者の権利侵害の発生を最小限にとどめるためには，事前の審査制度が有用であるように思われる。そして，このことは病院や施設側にとっても有益であろう。これらの措置についての法律上の手続が明確にされることによって，やむを得ず措置を実施した場合における患者側からの責任追及の危険を減少させることができるからである。現行法上，本人の同意能力の存在が疑われる場合に，医師の判断のみで行うよりも家族や成年後見人等の同意のもとに行った方が違法性は減少するかど

---

(43)　甲斐克則「精神科医療における身体的拘束の問題性 ── 精神科医の裁量の限界を問う」早稲田大学法学会編『早稲田大学法学会百周年記念論文集　第三巻　刑事法編』（成文堂，2022年）173頁参照。
(44)　BT-Drucks. 11/4528, S. 2.
(45)　千葉地判平成12年6月30日判時1741号113頁。

うかは明らかでない。わが国において明確な法律が存在しない現在，ガイドラインは重要な役割を果たすが，ガイドラインに法規範性はない[46]。2024年2月に「成年後見制度の在り方に関する研究会」がまとめた報告書[47]では，「成年後見人等の民法上の本来の役割ではないが，成年後見人であることによって行為をすることが認められ，又は求められているケースとして，医療保護入院の同意及び予防接種の同意のほか，医療の場面における同意……などがあり，これらも何らかの検討をすべき事項である」との意見が紹介されており，この問題に関する現場の苦労が窺われる。

　なお，現在のわが国の成年後見人も，身体に対する強制を伴う事項に同意する権限はないが，診療契約や施設入所契約の締結後，その契約内容が相手方によって適切に履行されているかを監視する義務はある（民法858条）。もし病院や施設において不適切な看護や介護が実施されていれば，成年後見人は，病院や施設に説明を求めたり，異議を述べたり，場合によっては損害賠償を請求することもできる。成年後見人にも，本人の看護や介護の状況を見守る義務はあり，成年後見人が身上配慮義務を尽くして本人の身上面の利益を主張していくことは，不適切な措置を未然に防止し，本人の生命，身体，健康を保護することにおいて重要な役割を果たす。身体に対する強制を伴う事項についての同意権付与は今後の検討課題であるが，成年後見人が定期的な訪問によって本人と面談し，心身の状況の確認を行い，また，病院や施設の職員，看護師，家族に本人の生活状況や心身状態について聞き取りを行い，さらには，医師に病状や治療方針の確認を行うことができれば，現行法においても，成年後見人が本人の権利保護のために果せる役割は決して小さくない[48]。

---

(46) 先述の厚生労働省の「人生の最終段階における医療・ケアの決定プロセスに関するガイドライン」の解説編によれば，「このガイドラインは，あくまでも人生の最終段階の本人に対し医療・ケアを行う立場から配慮するためのチーム形成を支援するためのものであり，それぞれが専門家としての責任を持って協力して支援する体制を作るためのもの」なので，「刑事責任や医療従事者間の法的責任のあり方などの法的側面については，……引き続き検討していく必要があります」とされる。

(47) 公益社団法人商事法務研究会のHP（https://www.shojihomu.or.jp/list/seinenkoken）参照。

(48) 野田智子「医療ソーシャルワーカー（MSW）からみた成年後見人等と連携する意

4　成年後見制度と医事法［神野礼斉］

義」実践成年後見110号（2024年）41頁は，「成年後見人等が選任されると，医療機関は安堵する。家族不在の中で，推進することが困難であった退院援助が行いやすくなり，受け入れ先との交渉も円滑になる」とする。

5　高齢者医療における同意能力をめぐる医事法上の問題

石田　瞳

医事法講座 第 14 巻　高齢社会と医事法

Ⅰ　はじめに
Ⅱ　医療同意能力の定義
Ⅲ　成人患者の同意能力に関する
　　判例と学説
Ⅳ　高齢者の同意能力の評価方法
Ⅴ　おわりに

I　はじめに

　医療行為とは，患者の身体や精神への侵襲行為である。よって，患者の意図しない医療行為は専断的行為として刑法上では傷害罪に該当し，民法上においては不法行為にあたる[1]。なぜなら，患者は医師の説明義務を負うべき相手方であり，身体への侵害を許可しうるのは患者本人以外にはありえないからである。このことから，医師が医療行為を行うには，原則として医師の適切な説明により十分な理解をした患者の自発的な同意が必要となる。そして，医療行為を選択し，同意あるいは拒否する権限は，患者本人の一身専属的なものであって，患者本人自身にその決定権がある。また，自己の身体に最終的な処分を行うための自己決定を行える法益を持つ者は，患者本人である。以上のことから，医療行為における同意権限を持つ者は，原則として患者本人となる。ゆえに医療同意は医療従事者からの説明の内容を理解し，利益と不利益を判断することができることで初めて有効となる。つまり，意思決定の対象を理解し，それについて判断して決定する能力（以下，同意能力とする）が備わっていなければ，医療行為に対して有効な同意はできないこととなる。

　有効な医療同意を行うためには，医療行為の内容に対する患者の同意能力が必要となるのは，医療行為は不可逆的であることが多いためである。これは，医療行為の結果を把握することができない患者は，損害を被る危険性があることに繋がる。そのために患者は，健康に対する保護の背後にある責任を負担することができなければならない。

　しかし，認知症等によって医療行為に対する患者本人の同意能力が衰えている患者や同意能力を喪失した患者に医療行為を行う際には，有効な医療同意が得られず医療行為を行えないのは本末転倒である。そこで，同意能力の低下や喪失している患者に対してどのような支援をすべきなのかが検討されてきている。

　そこで本稿では，自己決定権を行使するために必要な能力を当該患者が有

（1）　町野朔『患者の自己決定権と法』（東京大学出版会，1986年）46頁以下。

しているにもかかわらず，日本では同意能力の判断の有無が不明確であり，統一基準がないなどの課題が指摘されていることから，第1節「医療同意能力の定義」にて自己決定権と医療同意や同意能力についての関係性を明らかにし，第2節にて「成人患者の同意能力に関する判例と学説」を整理する。そして，第3節で「高齢者の同意能力の評価方法」における現状と課題を明らかにし，医療同意能力を巡る医事法上の問題点を探ることとする。

II　医療同意能力の定義

1　医　療　同　意

　医療行為が適法であると正当化されるためには，①医学的適応，②医療技術の正当性，③同意原則，の3つの要件に基づく必要がある[2]。インフォームド・コンセントの法理が展開される以前は，患者の自己決定権の行使の前提となる「医師の説明義務」に基づく「患者の同意」ではなかった。患者の医療同意というのは，「医師の裁量権」を前提とし，医療行為の違法性阻却と事前に法的責任を免責するためであった。そのような理解の中でも「患者の同意」のない医療行為は，医学的適応や医療技術が正当であっても，専断的医療行為として違法であるとみなされてきた。インフォームド・コンセントの法理の展開とともに，多くの判例で医師に「裁量権」があるとしながらも，原則として医療行為に同意するか否かを最終的に決定する「患者の自己決定権」が認められるようになった。この「患者の自己決定権」を確保し保証するために，「医師の説明義務」があるという「説明原則」が確立されたのである。原則，「医師の裁量権」の行使の権限は，「患者の自己決定権」の行使としての「同意」によって与えられる。「患者の自己決定権」の行使として医療行為に対して「同意」を拒否する場合には，「医師の裁量権」の行使の権限は存在しない。原則，患者の生命・健康の維持・保護としての治療義務に基づく「医師の裁量権」は，正当な理由や緊急時以外では，自己の生

（2）　大杉一之「治療行為といわゆる「代諾」序説」中央大学法学新報113巻34号（2008年）378頁以下。

命身体に対する「処分権」としての「患者の自己決定権」を超えることはできず，また優先することもない。医療行為における同意は，医師の治療に関する説明の内容に一致していなければならないが，医師が提案した以上には及ばない。しかし，医療同意がない場合，身体不可侵性を侵害したとして患者の自己決定権を侵害したことから違法となるのか，それとも，身体への侵襲自体が違法なものであり，その違法性を阻却させるものが同意であるために当該行為が違法となるのか等，同意の位置づけについて判例は確定していない[3]。近時の判例[4]によれば，同意を自己決定権の行使としている傾向がある。判例から，医療行為を行うには患者の同意を得なければならないのは明らかである。しかし，医学に関する専門知識が乏しい患者は，自らの意思に適合した正しい判断をすることができない場面も多岐にわたる。そのため，医学の専門知識を有する医師が患者に判断材料を提供する目的で病気の状態や治療方法，副作用などのリスクを説明しなければならない。このことから，有効な同意を得るためには，患者の自己決定権の尊重が根拠となる。

(a) 刑法上の医療同意

刑法上，患者の同意は医療行為の違法性阻却事由の1つとして挙げられている。医療行為は身体に対する侵襲行為ではあるが，正当な業務行為として刑法上の傷害罪（204条）で処罰されることはない（刑法35条）[5]。通説は，治療行為は傷害罪の構成要件に該当するが，違法性が阻却されるから不可罰であると解する治療行為傷害罪説である[6]。通説は違法性阻却事由として，

---

(3) 東京地判昭和63年12月26日（判例時報1328号59頁）は，「医師は，患者が医療行為を受けるにあたり，自己決定する前提として説明しなければならない」と判示し，高松地判平成3年12月9日（判例タイムズ783号197頁）においても，「説明によって患者がした同意は，患者の自己決定権を侵害した。」とはっきり判示している。しかし，広島地判平成元年5月29日（判例時報1343号89頁）で「医療行為においても，患者の身体に対する侵襲行為の側面を有する以上，たとえ医師の適切な判断によるものであっても，患者の承諾があって，始めてその違法性が阻却されるもの…」と判示しており，同意無効説をとっている。

(4) 東京高判平成14年3月19日（訟務月報49巻3号800頁），金沢地判平成15年2月17日（判例時報1841号123頁），東京地判平成16年2月23日（判例タイムズ1149号95頁），等がある。

(5) 刑事司法は傷害罪等の適用に消極的である（大谷實『刑法講義総論〔新版第3版〕』（成文堂，2009年）266頁267頁参照）。

①治療の目的をもってなされること(目的の正当性),②医学的に一般に承認された方法によってなされること(手段の相当性),③患者の同意[7]である。

(b) 民法上の医療同意

通説によれば,医療行為は,社会生活上正当な業務行為であることと患者の同意があることを要件にその違法性が阻却される[8]と解されている。従来は,患者の同意よりも,むしろ治療行為の正当業務性にウェートを置く見解が多数[9]であったが,近年では,患者の自己決定権が強調されている。つまり,医療同意そのものが,医療行為の違法性阻却事由であるとの見解が多数[10]を占めている。

このように医療同意は,従来の身体への医的侵襲行為の違法性阻却事由から,近年においては自己決定権の発動とし,患者の同意のない医療行為は,自己決定権を侵害するものとして違法と評価されている。

2 自己決定の原則

日本国憲法において明文で定められていない。しかし,自己決定とは,

---

(6) 小林公夫『治療行為の正当化原理』(日本評論社,2007年)37頁参照。

(7) 団藤重光編『注釈刑法(2)のI 総則』(有斐閣,1968年)117頁〔福田〕,大塚仁『刑法概説(総論)〔第4版〕』(有斐閣,2008年)423頁以下,大塚仁ほか編『大コンメンタール刑法(2)〔第2版〕』(青林書院,1999年)255頁以下〔古田〕など。

(8) 加藤一郎『不法行為〔増補版〕』(有斐閣,1974年)139-140頁,四宮和夫『不法行為(事務管理・不当利得・不法行為 中巻・下巻)』(青林書院,1987年)373頁,幾代通(徳本伸一補訂)『不法行為法』(有斐閣,1993年)106頁,澤井裕『テキストブック 事務管理・不当利得・不法行為〔第3版〕』(有斐閣,2001年)166頁,加藤雅信『新民法大系V事務管理・不当利得・不法行為〔第2版〕』(有斐閣,2005年)307頁,吉村良一『不法行為法〔第4版〕』(有斐閣,2010年)64頁,等。

(9) 加藤・前掲注(8)139-140頁,川井健『民法教室・不法行為法』(日本評論社,1983年)102頁,鈴木禄弥『債権法講義〔4訂版〕』(創文社,2001年)28頁以下,前田達明『民法Ⅵ2(不法行為法)』(青林書院新社,1980年)117頁,平野裕之『不法行為法〔第2版〕』(信山社,2009年)193頁,等。

(10) 淡路剛久「医療契約」谷口知平=加藤一郎編『新民法演習4』(有斐閣,1968年)184頁,宗宮信次『不法行為論〔改訂版〕』(有斐閣,1968年)270頁,田山輝明『不法行為〔補訂版〕』(青林書院,1999年)84頁,北川善太郎『債権各論(民法講要Ⅳ)〔第3版〕』(有斐閣,2003年)268頁,窪田充見『不法行為法』(有斐閣,2007年)257頁,潮見佳男『不法行為法Ⅰ〔第2版〕』(信山社,2009年)438頁,等。

「自己の個人的な事柄について、公権力から干渉されずに自ら決定する権利[11]」であることから、自己決定権は憲法13条に基づく人権の一つであると捉えられている。日本国憲法の根源をなす原理は、基本的人権の尊重である。人権とは、人間としての当然の権利である。このことは、価値の担い手が集団や国家ではなく個人である、という個人主義の思想に基づいている。

古くから医師が患者の保護者としてその専門的な判断により患者に与えるものであると考えられていた。自己決定権[12]に関する議論の先進国はアメリカ合衆国である。1957年にカリフォルニア州控訴裁判所におけるサルゴ裁判である。裁判基準とした法理を「インフォームド・コンセント」とし、患者の自己決定権を含む人格権を中心に充実された。1960年代の末までに体系化され、1970年代初頭から医療の現場に導入され始めた[13]。近年においては、患者の意思を尊重することが重要であることが認識され、患者の意思を尊重した医療がなされるためには、医療は医師が患者に与えるものではなく、患者が医師とともに医療の主体として実施する医療行為を自己決定できなければならず、そのために患者の権利が認められるべきことが認識されるようになったのである。

(a) 憲法上の自己決定権を実現するための医療同意

自己決定権は、個人の尊重と生命・自由・幸福追求権の権利について定める日本国憲法13条の解釈より導かれる。この13条に対応して医療法は1条の2第1項で「医療は、生命の尊重と個人の尊厳の保持を旨とし、医師、歯科医師、薬剤師、看護師その他の医療の担い手と医療を受ける者との信頼関係に基づき、及び医療を受ける者の心身の状況に応じて行われるとともに、その内容は、単に治療のみならず、疾病の予防のための措置及びリハビリテーションを含む良質かつ適切なものでなければならない。」と規定している。さらに、憲法25条1項では「すべて国民は、健康で文化的な最低限度の生活を営む権利を有する。」と規定される。次いで同条2項で「国は、す

---

(11) 辻村みよ子『憲法〔第6版〕』(日本評論社、2018年) 150-152頁。
(12) 自己決定権の概要については、山田卓生『私事と自己決定』(日本評論社、1987年) 参照。
(13) 星野一正『インフォームド・コンセント ── 日本に馴染む六つの提言』(丸善ライブラリ、1997年) 86頁以下。

べての生活部面について，社会福祉，社会保障及び公衆衛生の向上及び増進に努めなければならない。」と規定している。これらの規定により，基本的人権の尊重から生存権や健康権が導かれると考えられる。通説[14]では，幸福追求権を個人の人格的生存に不可欠な利益を内容とする権利の総体である，と解される。このことから，原則として患者は，自らの私的な事柄について，いかなる場合でも決定することが可能である。しかし，自己決定権を行使するにあたり，他人の権利を侵害することや公共の福祉に反する場合には制約される。

判例としてはエホバの証人輸血拒否事件（最判平成12年2月19日民集54巻2号582頁）がある。

(b) 民法上の自己決定権を実現するための医療同意

(i) 医療契約の性質

医師と患者の関係は，医師が患者から委託されて医療行為を行う準委任契約（民法656条）であると一般的に理解されている[15]。判例（東京地判昭和46年4月14日）[16]によれば，医療契約とは，「診療行為を遂行すること自体を内容とする債務を負担するという「準委任契約」である」と判示している。

(ii) 契約成立に関する能力

医療契約において，医療契約の内容は，契約締結当時の枠組的な合意[17]

---

(14) 芦部信喜『憲法学Ⅱ人権総論』（有斐閣，1994年）344頁。
(15) 前田達明『医事法』（有斐閣，2000年）216頁。
(16) この判例は，重篤仮死状態で生まれた新生児が死亡した事件に関するものであり，診療契約の内容から見れば，出産と他の治療とは異なるところがないとし，「基本的に通常の病気についての診療契約において医師は患者に対し病気を診察治療することを約しうるにとどまりこれを治癒させることまでは約しえないのが通常の事例であり，右契約における医師の債務は特約のない限り前者の行為をすることにあると解されるのと同様，産科医にあっても，かならず児母ともに健全な状態での出産に至らしめる責任を負うことは不可能であって，通常右のような状態での出産に至らしめることまでも約するものではなく，前記のような診療介助を行なうことを約するにとどまると解するのが社会常識上妥当であると考えられる。」と判示している。現在でもこれは維持されており，裁判において診療契約はこのように理解されている。
(17) 患者の自己決定権を医療契約の中で位置づけようとした研究は少ないが，村山淳子「「医療契約」の法的特性と説明義務の意義——自己決定の支援と抑制の構造」国民生活研究第59巻第2号（2019年）34頁以下や川副加奈「療法選択をめぐる医師の説明義

から，経過と当事者の交渉のなかで，医師の裁量と患者の自己決定が複合的に絡み合い，日々刻々と流動的に変化しながら確定されてゆくものである[18]。医療契約内容の確定過程において，要請される合意が患者の自己決定権である。

医療上の自己決定権を形成するために医療同意が必要であるとするならば，医師とともに契約の内容を形成するための行為能力が要件とされる。これは，行為能力が不十分な者は自己決定が出来ないこととなる。そもそも医療同意は，医療行為の結果が一定しておらず，考えられる結果についての危険を引き受けるための手段として行われることから，一定した法律効果の発生を期待する意思を表示する行為ではない。また，医療行為における同意の意思の表明は，患者の意思を主張するための手段であり，相手方である医師を保護するものではなく，法律効果を発生させるものでもない。よって，医療同意は，患者が自らの病状とそれに施される医療行為の性質・効果・危険等を理解し，その行為を引き受けるのか否かの判断を行い，意思決定しうる能力を備えていれば良いこととなる[19]。医療契約を締結するために必要な行為能力の規定は，法律行為の場面において，取引の相手方（医療契約の場合の相手方は医師）を保護するためのものである。契約が締結される場合，契約の当事者は相手方の意思表示を信頼して意思表示の有効性を信じて行動することとなる。

以上のことから，契約締結に必要とされる行為能力の規定を医療同意能力に類推適用することはできない。

医療契約の義務内容は，治癒を実現させる結果債務ではなく，適切な医療の実施という手段債務である[20]。準委任契約にあたることから，委任事

務について――最近の最高裁判決から」金沢法学49巻2号（2007年）406頁以下等がある。
(18) 手嶋ほか「関係的契約論とインフォームド・コンセント，自己決定権（応用研究分野ワークショップ報告記録）」（神戸大学大学院法学研究科CDAMS（「市場化社会の法動態学」研究センター）ディスカッションペーパー（2007年）19頁〔手嶋豊報告〕），10頁〔山下登報告〕参照。
(19) 拙稿「医療行為における患者の同意能力と既存の能力規定との関係」千葉大学人文社会科学研究科研究プロジェクト報告書197号（2009年）98頁から99頁にて，行為能力と医療同意能力の検討を行っているためそちらを参照されたい。

である医療行為を遂行するにあたっては，受任者と委任者双方に義務が発生する。受任者である医療提供者側には，善良な管理者の注意をもって事務を処理すべき義務（民法644条：善管注意義務）が生じる。つまり，患者に対して医療水準に則った適切な医療行為の実施義務がこれにあたる。手段債務であることから，治療の結果を保証するのではなく，適切な時期に適正な医療を実施していれば死亡等の悪結果であったとしても責任は問われない。また，受任者による報告（民法645条）として，医療提供者側は診療の状況を患者の求めに応じて説明する義務も課されている。それに対し，委任者である患者側には，報酬支払い義務や診療協力義務を負う[21]。

(iii) 責任能力

民法712条，713条で規定している民事責任は，他人の権利あるいは利益を違法に侵害した者が私法上負う責任であるため，相手方に与えた損害を填補することである。民事責任とは，他人の権利あるいは利益を違法に侵害した者が，私法上負うことができる責任である。医療同意は，他人の行為により生じた自己の法益の侵害に対し，結果を引き受けるべきか否かが問題となる。しかし民事責任においては，自己の行為により生じた他人の法益の侵害に対して責任を負うべきか否かが問題となる。両者は，行為と侵害との主体性という基本的なことが異なるために，両能力の間には関連性が認められないため，民事上の責任能力についての規定を医療行為における同意能力の有無の判断基準として適用することは適切でない。

刑事責任能力とは，行為の違法性を弁識しそれに従って自己の行為を制御する能力である[22]とし，刑法39条第1項で病的な障害がある場合には責任能力はないと規定している。さらに，同条2項では限定責任能力を規定しており，41条では14歳未満の者を刑事未成年者と定めている。なぜなら，未成年者の犯罪については，刑罰による法的責任の追及よりも，未成年者の保護・育成に重点を置いているからである。これにより，14歳未満の者は，弁識能力や行動制御能力が欠けるとされている。また，仮に欠けていない場

---

(20) 甲斐克則・手嶋豊編「医事法判例百選〔第2版〕」別冊ジュリスト219号（2014年）128-129頁。
(21) 米村滋人『医事法講義』（日本評論社，2016年）98-101頁。
(22) 大谷實『刑法講義総論〔新版〕』（成文堂，2000年）337頁。

合でも精神的な発育途上にある幼少年者については，意思の確定性が乏しく考え方が変わりやすいことを考慮し，早い段階での処罰を抑制する必要がある。これらのことから，14歳未満の者を画一的に刑事未成年者として，責任無能力者としている。14歳以上20歳未満の未成年者は，成年者と同様に弁識能力を備えているならば責任ありとしている119。医療上の同意を刑事責任の負担と比較すると，前者では，他人の行為により生じた自己の法益の侵害に対して結果を引き受けるべきか否かが問題となる。後者においては，自己の行為により生じた他人の法益の侵害に対して責任を負うべきか否かが問題となる。よってこれも，民事責任と同様に行為と侵害の主体性の基本的な差異が見られる。ゆえに，両能力の間には関連性が認められず，責任能力についての規定の適用は認められない。

(iv) 成年後見制度

わが国の民法は，精神障害者や未成年者には，制限行為能力者として法律上の行為能力を欠く者には，親権者や成年後見人などの法定代理人が本人に代わり判断する規定が設けられている[23]。精神障害などにより判断能力が著しく低下している者を図る保護としては，成年後見制度がある。本人（成年被後見人）の財産を管理し，その財産に関して包括的な代理権を有する成年後見人には，後見事務の遂行にあたり，「成年被後見人の意思を尊重し，かつ，その心身の状態及び生活の状況に配慮しなければならない」と民法858条で規定している。現行の成年後見制度は制限行為能力者に対して包括的に行為能力を制限している。法定後見制度は，能力の程度により後見，保佐，補助の三類型により分類し，一律に行為能力を制限することにより本人を保護している（表1）。

法定後見である成年後見，保佐，補助は，本人の意思能力（判断能力）が低下した後に，本人その他の申立権者の申立により，家庭裁判所が開始の審判をし，法定後見人を選任する制度である。選任された法定後見人は，家庭裁判所に付与された同意権・取消権・代理権を行使して，本人の制限された法律行為を補い支援する制度である。裁判所により選任された成年後見人・

---

[23] 未成年者の場合は民法820条，成年後見人の場合は民法859条1項で同意権や代理権の規定がある。

表 1　成年後見制度の概要

		後見	保佐	補助	任意後見（任意後見法2条）
要件	対象者	判断能力を欠く状況にある者（民法7条）	判断能力が著しく不十分な者（民法11条）	判断能力が不十分な者（民法15条）	任意後見契約時に判断能力がある者
開始手続き	申立権者	本人，配偶者，4親等内の親族，成年後見人等，任意後見人，成年後見監督人等，市区町村長，検察官（民法7条，11条，15条1項）			本人，配偶者，四親等内の親族，任意後見受任者（任意後見契約法第4条1項）
	本人の同意	不要	不要	必要	必要
代理権	対象	財産に関する全ての法律行為	申立の範囲内で家庭裁判所が定める「特定の法律行為」	申立の範囲内で家庭裁判所が定める「特定の法律行為」	任意後見契約による

保佐人・補助人は，家庭裁判所が監督する法定代理人であるため，その権限は法律により定められている。民法は，①包括的な財産権，②財産に関する法律行為の代理権，③本人が行った法律行為の取消権，④本人が行った財産に関する法律行為の追認権，を認めておりこれら以外の権限は認めていない。また，成年後見人は，「成年被後見人の生活，療養看護及び財産の管理に関する事務を行うにあたっては，成年被後見人の意思を尊重し，かつ，その心身の状態及び生活の状況に配慮しなければならない。」（858条）としており，これが「身上配慮義務」である。これは，保佐や補助にも同様の規定がある。「財産管理権」とは，「財産の保存・維持及び財産の性質を変じない利用・改良を目的とする行為」であり，財産管理に関する包括的な権利である。そのため，法律行為のみならず，事実行為をも含んでいる。「財産に関する法律

行為」の代理権,取消権及び追認権は,あくまでも財産に関する法律行為に関するものと限定されているため,事実行為については,代理権や取消権及び追認権は含まれない。身上配慮義務は,それに関する契約の締結,契約の履行の監視,費用の支払い,不服申立,契約解除等の事務を行う者に限られており,「介護行為」等の事実行為については,成年後見人の権限には含まれない[24]。したがって,財産行為としての診療契約の締結については,成年後見人が本人に代わり締結することができる[25]。しかし,身上配慮行為としての医療行為に対する決定権ないし同意権は含まれないこととなる[26]。

　自己決定権は,患者本人の一身専属権に属していることから,患者本人以外の第三者に医療提供者側が説明等をした場合,厳密に考えればプライバシー侵害に該当する恐れもあろう。自己決定である以上,同意能力を有していると判断されれば,本人以外の第三者の臨席は不要である。しかし,意思疎通が困難となる状況がある場合では患者の最善の理解者であることや,実定法上家族には特別な法的地位が認められていること,紛争を回避するための現場の意向,医療費の支払いが本人でない場合があること等,慣習的に患者本人の医療同意を得ている現状もある。

　被保護者が財産の管理又は日常生活等に判断能力を欠く前に,自らの財産管理・身上監護のあり方について自己の意思を明示しておき,判断能力を欠く状態の発生後は,保護者がこの事前の指示に基づいて活動を遂行するという後見形態をいう。

　いずれの形態にしても本人に代わって他人が判断するという「代理」という性質であり,医療同意は,本人に同意能力がある場合にどのように考えたのかという本人の意思決定に関する問題である。ゆえに,成年後見制度を利用した医療同意はなじまない。

---

(24)　法務省民事局参事官室「成年後見制度の改正に関する要綱試案及び補足説明」(1998年)。
(25)　四宮和夫・能美善久『民法総則〔第7版〕』(弘文堂,2005年) 56頁。
(26)　四宮・能美・前掲注(25) 46頁。床谷文雄「成年後見における身上配慮義務」民商法雑誌122巻4・5号 (200)年) 549頁。これらによれば,診療契約の内容となる身体処分について,一定の範囲内で処分権限を成年後見人にも認めるべきだとされている。

3 小 括

　患者が申込みをして医療機関が承諾をすることによって医療契約が成立する。その際，患者側には支払い義務や協力義務が発生し，医療提供者側には善管注意義務が課せられる。そして，さらに医療提供者側には，患者に対して医療水準に則った適切な医療行為の実施が求められ，患者側の求めに応じて診療の状況を患者側に説明する義務が発生する。

　治療方針の決定に際して，患者が自己決定権を十分に行使できるように医療提供者側は，患者の理解度に配慮しながら説明を行い，患者側は熟慮したうえで，自己決定権に基づいて治療方針を決定することとなる。

　判断能力の低下や喪失した高齢者患者の場合，アメリカ，ドイツ[27]等では身上監護の代表的な手続として，厳格な要件の下に，同意権限を成年後見人に与えている。しかしわが国では，自己決定および基本的人権との抵触等の問題についての検討も未解決のため，成年後見制度に医療同意の規定を導入することは時期尚早であるとして，当面は社会通念のほか，緊急性がある場合には緊急避難・緊急事務管理等の一般法理に委ねざるをえないとされている[28]。

III　成人患者の同意能力に関する判例と学説

　医療行為における患者の同意能力の有無の判断を下した裁判例は，刑法上

---

[27]　例えば，1999年の世話法（Betreuungsrecht）改正によって，医的侵襲への同意についても代理権を授与することが法律上認められた（民法1904条5項）。手術・治療行為・その他の医的侵襲に関する重要な決定・同意には裁判所の許可を得ることが義務づけている。

[28]　於保不二雄・中川淳編集『新版注釈民法(25) 親族(5) 親権・後見・保佐及び補助・扶養--818条～881条改訂版〔復刊版〕』（有斐閣，2004年）400頁。この点に関し，「医療行為の同意取得が要請されながら，本人の同意取得について法的規制を欠くために，その要請は満たされておらず，医療現場は混乱している」とし，「これは社会一般のコンセンサスが得られていないことに由来するのではなく，法整備の遅れに由来するのである」との反論（新井誠『成年後見と医療行為』（日本評論社，2007年）12頁）がある。

からの観点からは見当たらず，民法上からでも少数にとどまっている。よって，医療同意に関する主要な判例と同意能力そのものに言及した判例を検討することとする。

1　札幌地判昭和 53 年 9 月 29 日（判時 914 号 85 頁）

　1967 年当時 23 歳であった本件患者 X が事故にあい，その頃から生活保護を受けていた。1971 年には飲酒が原因で肝臓障害を患い，1972 年 9 月，肝硬変症，糖尿病，胃潰瘍と診断され，翌年 2 月までいくつかの病院で入退院を繰り返していた。しかし，言動が粗暴であるために入院継続を拒否された。1973 年 2 月 14 日，福祉事務所係員の勧めで X は，精神科，神経科，内科を診療科目とする Y 病院に当時の精神衛生法 33 条に基づいて「同意入院」をした。同年 4 月に医師 Y は，X の病状を肝炎，慢性アルコール中毒症，爆発性・意志薄弱型精神病質であると診断した。医師 Y は，X に対して前頭葉白質切截術（ロボトミー）を実施すべきと判断し，S 病院脳外科医である医師 S に手術を依頼した。医師 S は，同月 19 日に，X の同意を得ないまま，S 病院で左前頭葉白質切截術を行い，6 月 5 日に右前頭葉白質切截術を行った。X は，術後，本件手術の後遺症によって精神的な活動能力・意欲が失われ人格水準が低下し，怠惰で無気力・無抑制で浅薄な人格となった。そのため，X は，独立生活が困難となり常に誰かの保護が必要となった。そこで，X と X の家族らは，医師 Y と医師 S に対して前頭葉白質切截術を実施するにあたり，患者本人の同意を得ていないとして損害賠償請求訴訟を提起した。なお，医師 Y は，X の妻から手術に先立って書面による手術承諾を得ており，その旨を医師 S に伝えている。他方，医師 S は，手術を実施するにあたって改めて誰からも同意を得ていなかった。

　このような事実に対して札幌地裁は，患者の同意能力を「患者本人において自己の状態，当該医療行為の意義・内容，及びそれに伴う危険性の程度につき認識し得る程度の能力」と判示した。この同意能力を有する場合，本人の承諾を要するものとし，精神障害者や未成年者であっても同能力を有する以上，その本人の承諾を必要とするとした。本件のように，適応性ないしは必要性において医学上の見解が分かれているようなロボトミー手術や重大な副作用を伴うものである場合，手術を受けるか否かについては患者の意思が

いっそう尊重されなければならない。さらに，「(略)ロボトミーについては，その性格上，精神衛生法第33条による入院の同意手続きを得ていてもこれで足りるものではなく，その手術につき個別的に患者の承諾を要するものというのが相当である。」と判示した。

2　名古屋地判昭和56年3月6日（判時1013号81頁）

高校中退後，強盗未遂や窃盗，恐喝などの犯罪を重ね，刑務所に何度も出入りしていた本件患者Xが1968年に出所後の居住していた家屋が国道と電車軌道に挟まれていたため騒音が激しく，頭痛，不眠に悩まされるようになった。そこで，Xは，警察に身の振り方を相談しにいったところ，理由なく署内で暴れたことからY精神病院に入院させられた。その後，Xはいったん帰宅したものの，再び警察署に赴いて暴れだしたので，Xの父の承諾を得て，当時の精神衛生法に基づく鑑定に基づき「措置入院」の手続きがとられた。鑑定医2名は，Xに精神疾患の疑い，暴力，自傷，器物損壊などの問題行動があると診断した。そこで，医師K（Y病院勤務）の依頼によって医師Y（Y病院非常勤医師）が同年11月25日と翌年2月22日の2回にわたりロボトミー手術を行った。医師Aは，患者Xの父親の手術承諾書は確認したが，患者本人の同意は得ていなかった。そこで，Xは，医療目的の不存在，医療行為としての相当性の不存在，適応症外の手術，療法の選択順序の誤り，有効な同意の不存在を理由として，医師Y及び医師Aに損害賠償請求訴訟を提起した。

名古屋地裁は，「医療は身体に対する医的侵襲であるから，これが適法となるには，患者の生命又は健康に対する害悪発生の緊急の虞れの存するとき等特別の場合を除いて，患者の承諾が必要というべきで，患者の自己決定権に由来する右の理は，精神衛生法上の強制入院たる措置入院させられた精神障害者に対しても，右措置入院が当然には治療受忍義務を強いるものではないことから，適用され，更に，同人が医師の説明を理解し，治療を受けるか否かの判断能力を有する場合には，患者本人の同意が必要であって，近親者の同意では足りないと解すべきであり，特に，精神外科の如き治療法は患者に与える影響の重大さから，より一層患者本人の同意が尊重されねばならないというべきである。」と判示し，さらに，「一般に，他の専門医から手術の

依頼を受けた手術執刀医においても，手術の実施にあたり，患者の承諾を得られているか否かを確認すべきであって，既にその承諾が得られているとき，緊急の事態のため承諾を得る時間的余裕がない等の場合を除き，自ら患者に対する説明に基づく承諾を得ねばならないと解すべき」と判示した。

3 大分地判昭和60年12月2日（判時1180号112頁）

患者Xは，左大腿骨を癌の一種である骨肉腫に侵され，そのまま放置しておくとやがて死に至る可能性が高い情況であった。そこで，Xには，右転移を防ぐ最善かつ確実な方法とする早期の患部切断手術の施行が必要であった。担当医師Yは，患者Xに対して右手術を受けることを勧告したところ，患者Xは右手術の必要性を理解した上でその実施方を強く希望した。しかし，Xは，右手術に必要とされる可能性のある輸血の実施を自己の信仰に基づいて拒否したため，医師は右手術を実施できない状態にあった。患者Xの両親らが，「共同して患者Xにかわり病院に対し債務者の左脚切断手術及びそのために必要な輸血その他の医療行為を委任することができる」との趣旨の本件仮処分申請をなしたものである。

大分地裁は，患者Xは判断能力を含めて正常な精神的能力を有する成人とし，本件の輸血拒否は，その信仰に強く根ざすものである場合，個人の信教の自由を尊重すべきである。と明示した。その際，「債務者が真摯な宗教上の信念に基づいて輸血拒否をしており，その行為も単なる不作為行動に止まるうえ，債権者ら主張の前記被侵害利益が，債権者の有する信教の自由や信仰に基づき医療に対してする真摯な要求を陵駕する程の権利ないしは利益であるとは考え難いことであり，その他叙上の本件輸血拒否行為の目的，手段，態様，被侵害利益の内容，強固さ等を総合考慮するとき，右輸血拒否行為が権利侵害として違法性をおびるものと断じることはできない。」と判示し，両親の申請を却下した。

4 東京地判昭和46年5月19日（下民集22巻5・6号626頁）

患者である27歳の未婚の映画女優であったXは，左右乳房の腫瘍について被告らの診察を受けた結果，右乳房の腫瘍が乳腺癌であることが判明したため，Yらから右乳房全部の摘出手術が必要である旨説明され，Xはその手

術に同意し，その手術が行われた。ところが，Yは，右乳房の手術を行った後，左乳房の腫瘍が乳腺症であり将来癌になる恐れがあるため，右乳房と同様の摘出手術が必要であると判断し，Xに同意を取ることなく，右乳房の手術に続いて左乳房全部の摘出手術も行った。その結果，Xの両乳房は，皮膚・乳首を残すのみで内部組織の全くない状態となった。

東京地裁は，手術への同意の必要性について，「患者の治療の申込において（中略）手術に関する承諾までが常になされているものとは到底いえないから，患者の生命の危険がさしせまっていて承諾を求める時間的余裕のない場合等の事情がある場合を除いては，医師はその手術につき患者が承諾するかどうかを確認すべきであり，これをしないで手術を実施したときは当該手術は患者の身体に対する違法な侵害である」とした。次に「その前提として，病状および手術の必要性に関する医師の説明が必要であること勿論であるが，本件のように手術の要否について見解が分かれている場合には，手術を受けるか否かについての患者の意思が一層尊重されるべきであるから，医師は，右のような事情を患者に十分に説明したうえでその承諾を得て手術をなすべき」であるとした。

5　秋田地大曲支判昭和48年3月27日（判時718号98頁）。

診断の結果，舌癌であることが判明したXに対し，Yは，病名を秘したまま舌の切除を勧めたところ，Xが強固にこれを拒否したので，YはXに対し，舌を切り取るのではなく，潰瘍の部分を焼きとるだけだと説明し，Xは渋々，手術に同意した。この手術において，YはXが拒否していたにもかかわらず，舌の3分の1を切り取って，病巣を摘出した。その結果，Xは嚥下障害や発音障害を負い，それに伴う精神的苦痛を被った。

秋田地裁は，「生命，健康の維持，増進という医学上の立場からは不合理なことであるかも知れないが，（中略）拒否していることが明らかな場合にまで，右の医学上の立場を強調することは許されない」。従って，「病名を秘して納得させなければならない場合，医師としてはいろいろな手段，方法を工夫し，万難を排して患者の説得に努力するが，それでもあくまで拒否する場合には，結局手術は思い留まらざるを得ない」。と判示した。

6　最判平成 12 年 2 月 29 日（民集 54 巻 2 号 582 頁）

X は，手術を要する悪性の肝臓血管腫であると診断されたが，「エホバの証人」の信者であり，その信念から，いかなる場合にも輸血を受けることを拒否する（絶対的無輸血）との固い意思を有しており，その旨を Y（国）の開設する病院に勤務する執刀医にも伝えていた。他方，当該病院は，輸血拒否の意思をできるだけ尊重するが，他に救命手段がない場合には輸血する（相対的無輸血）方針を採っていたが，その旨を X には伝えないまま本件手術を行った。その結果，輸血しない限り X を救うことができない事態に至ったために輸血を行った。

原々審[29]は，「説明義務に基づく説明は，医学的な観点からなされるものであり」，本件のような「いかなる事態になっても患者に輸血しないかどうかの点は含まれない」として説明義務を限定的に捉え，さらに医師には患者を救命する義務を負うから，むしろ本件輸血行為は救命義務に従ったものであり，緊急時には輸血をするということについて説明しなかったことをもって違法性があるとは言えないとして，X の請求を棄却した。

原審[30]は，「各個人が有する自己の人生のあり方（ライフスタイル）は自らが決定することができるという自己決定権」があるため，本件においては，「相対的無輸血の条件下でなお手術を受けるかどうかの選択権は尊重されなければならなかった」と判示した。

最高裁は，「患者が，輸血を受けることは自己の宗教上の信念に反するとして，輸血を伴う医療行為を拒否するとの明確な意思を有している場合，このような意思決定をする権利は，人格権の一内容として尊重されなければならない」。また，このような理由から輸血を伴わない手術を受けることができると期待して本件病院に入院したことを Y が知っていたという本件の事実関係の下では，当該病院が相対的無輸血の方針を採っていることを説明して，本件手術を受けるか否かを X 自身の意思決定にゆだねるべきであった。それにもかかわらず，この方針について説明せず，本件手術においてもこの

---

(29)　東京地判平成 9 年 3 月 12 日判タ 964 号 82 頁。
(30)　東京高判平成 10 年 2 月 9 日判タ 965 号 83 頁。

方針に従って輸血を行う可能性があることを告げないまま本件手術を行い，その方針に従って輸血を実施した本件は，このような説明を怠ったことにより，「輸血を伴う可能性のあった本件手術を受けるか否かについて意思決定をする権利を奪ったものといわざるを得ず，この点において同人の人格権を侵害したものとして，同人がこれによって被った精神的苦痛を慰謝すべき責任を負うものというべきである」。と判示した。本判決は，輸血拒否という患者の自己決定権が尊重されなければならず，それに反した侵襲行為は違法であるということを示している点は，上述の下級審裁判例と同様であるが，この違法の内容を具体化し，人格権侵害であるとした。

7 小 括

以上のような民事判例において，患者の同意が治療行為の正当化要件の1つであるということが確立された。また，医療行為について判断することができる能力がある者であれば，たとえ，精神衛生法上の措置入院が必要な者であったとしても，医療行為に際して本人の同意を得なければならない。これは，裁判所が，医療行為における同意をするために必要な能力を，財産処分に関して要求される行為能力とは異なるものであることを前提としている。その際における同意能力の有無の判断は，患者の言動や精神状態，症状などを総合的に考慮に入れて判断すべきであると考えていることから伺える[31]。さらに，当該患者が問題となる医療行為について正確に認識し，そのうえで判断する能力を備えているか否かを個別的に判断し，同意能力を有している場合には，家族・親族などの同意をもって患者のそれに代えることは許されないとしている。

Ⅳ 高齢者の同意能力の評価方法

1990年の国連総会決議により，毎年10月1日を「国際高齢者の日（International Day of Older Persons）」とすることとされた。さらに，1991年の国連総会では，国際行動計画の推進などを目的として，「高齢者のための国連

---

(31) 町野朔『患者の自己決定権と法』（東京大学出版会，1986年）21頁。

原則（United Nations Principles for Older Persons）」が採択[32]された。この原則は，高齢者の自立，参加，ケア，自己実現及び尊厳を実現することを目指した内容となっている。さらに1999年を「国際高齢者年」とし，高齢者のQOLを高めるための行動計画の実施を各加盟国に勧告した。この勧告により，例えばイギリスでは，2005年に意思決定能力法（Mental Capacity Act）が策定され，2007年施行されている。この法令によって，医療専門職が負うべき法的義務としての行動規範が確立したのである。認知症の高齢者等であっても同意能力が欠いていると確定（established）されない限りは，同意能力を有しているものと推定されるべきであると規定された。また，受け入れ難い決定であったとしても同意無能力者として扱わずに，同意能力が不十分である場合には当該患者を支援し，可能な限りにおいて個人の意思が尊重されるように配慮する[33]ことになっている。2006年12月の第61回国連総会において「国連障害者権利条約[34]」が採択さ，2008年5月同条約が発効した。EUは，2010年12月に同条約をすべての加盟国で適用するため，「正式承認」した。こうした世界の潮流を受け，日本も2013年12月同条約を批准した。

1 同意能力の定義

同意能力とは医療に関して同意できる能力とは，自らが受ける医療について説明を受けたうえで自らが判断を下すことができる能力である。そして，この能力は，①情報の理解，②状況の認識，③論理的思考，④選択の表明[35]

---

(32) United Nations Principles for Older Persons, by General Assembly resolution 46/91 of 16 December 1991 (https://www.ohchr.org/en/instruments-mechanisms/instruments/united-nations-principles-older-persons, (accessed 29 April, 2024)

(33) https://www.legislation.gov.uk/ukpga/2005/9/contents

(34) Convention on the Rights of Persons with Disabilities by Sixty-first session of the General Assembly by resolution A/RES/61/106 of 12 December 2006 https://www.ohchr.org/en/instruments-mechanisms/instruments/convention-rights-persons-disabilities (accessed 29 April, 2024)

(35) トマス・グリッソ，P・S・アッペルボーム（北村總子・北村俊則訳）『治療に同意する能力を測定する ── 医療・看護・介護・福祉のためのガイドライン』（日本評論社，2000年）33-60頁。

としている。丸山教授によれば、「意思能力は『自らの行為の性質を判断することができる能力』と定義され、(中略) 同意能力は、同意の問題に関して定められた意思能力ということができる」[36]と述べている。

(a) 情報の理解

これは、論理的な選択の前提となる能力である。つまり、インフォームド・コンセントのプロセスの中で治療にかかわる医師が提示した情報を適切に理解する能力である。通常、患者は当該治療による身体への影響、治療法やそれに付随するリスク、副作用などの知識を十分に有していない。ゆえに、専門家である医師が説明を行うことで、患者は知識を補充する。つまり、具体的な経験を手がかりとして体験していないことについて仮説を立て、その仮説を十分に吟味して可能性をも考えて構成に組み入れることができることによって、初めて情報の理解ができたといえる。

(b) 状況の認識

これは、医療提供者側が提案した治療法などが患者自身にどのような影響をもたらすのかを患者が評価することができる能力である。自らの疾患の意味や状況を理解し、今後の経過や結果も含めて全体を評価できる能力である。治療を受けた場合の予測される結果、拒否した場合の予測される結果、代替治療によって起こりうる結果を明確に認識することが患者には求められる。

(c) 論理的思考

これは、患者が自らにかかわる医療情報を操作するために、合理的・論理的思考プロセスをとる能力を有しているか否かに関するものである。もし、患者が論理的思考により決定に到達できなければ治療法の選択肢のリスクやベネフィットを比較考量することはできない。法律上保障された自己決定の行使としての同意は、自らにとっての利益を自らの価値に照らして決定する可能性を含んでおり、この価値基準による判断プロセスが合理的であるか否かは個々によって異なる。

(d) 選択の表明

これは、患者自身が決定に至る際に選択をする能力を有しているか否かに

---

[36] 丸山英二「インフォームド・コンセント」松下正明・斉藤正彦編『臨床精神医学講座 第22巻 精神医学と法』(中山書店、1997年) 225-239頁。

関わるものである。医療同意は，自らの目的をかなえるための手段である。そのためには，同意をする者は意思決定を適切に表現できなければならない。ゆえに，自身の選好や選択を表現すること，意思を効果的に伝える能力が必要となる。医療行為が実施されるために選択した意思を伝達し，維持することができる能力が求められる。

2　高齢者の同意能力の評価方法

多数の同意能力評価方法が研究・開発されている。これらは，患者の理解力や認識能力を評価することで説明文書や説明方法を再検討するといった目的に合わせた活用が可能[37]となるとは思われる。しかし，同意能力のすべての構成要素が評価されるわけではない。そもそも同意能力は，「情報の理解」「状況の認識」「論理的思考」「選択の表明」をする能力であって，「特定の課題ごと」「時間の経過と共に」「選択の結果の重大性」に応じて変わるものである。ゆえに能力判定を行う場合，何らかの認知機能判定ツールによってのみで能力を一概に「あり」「なし」で決められるものではないと思われる。

患者に同意能力があるか否かという単純なものではなく，段階的な同意能力のレベルに応じた適切な対応が必要であると思われる。特に認知機能の低下しつつある高齢患者には各患者の認知能力の程度にあわせて意思決定に参加できるよう支援することで，患者の意思を可能な限り，医療行為に反映させることが必要であろう。

「高齢者のための国連原則（United Nations Principles for Older Persons）」に基づき，どのような人にも医療同意能力はあるとし，本人に関する情報提供の支援を親族や後見人等から受けることによって，医療従事者側も本人の考え方や背景への理解が深まるものでなければならない。

---

(37)　福田八寿絵「高齢者の同意能力評価 —— 患者の保護と自己決定の尊重」生命倫理 24巻1号（2014年）150頁。同論文にて，意思決定に関する評価ツールとしてのMac-CAT-T, CCTI, SICIATR, Vignettについて，同意能力評価ツールとして利用可能か否かの検討が148頁以下で詳細になされている。また，成本迅「認知症の人の医療選択に関する意思決定支援」精神神経学雑誌123巻5号（2021年）245-246頁にも評価ツールの検討が行われている。

3　学　説

　患者の同意能力を判断する基準について，我が国における学説の多くは，個々の患者の能力を個別ごとに判断しなければならないとしているが，一定の年齢を目安とすることを認めている[38]ものが多い。15歳以上とする説が有力であるが，刑法41条から刑事責任年齢が14歳とされていることから14歳以上とする説などさまざまである。しかし，医療行為における同意を行える能力について，民法上，刑法上の能力規定を直接適用することは不可能である。同意能力とは，医師が患者のための最善の医療を実現するために行う説明を患者が理解し，その説明の理解に基づいて判断し，決定する能力でもある。ゆえに，医療行為の種類・程度・危険などにより異なるので，一律に年齢で同意能力の有無を判断することは許されない。

　これは，認知機能が衰えてきている高齢者についても同様のことがいえる。なぜなら，傷病の程度によって求められる同意能力の程度に差があるからである。つまり，生死にかかわる医療行為か否かによって必要とされる同意能力のレベルは異なるからである。

　以上のことから，認知症の評価ツールや意思決定評価ツールをもって医療同意能力を一律に図ることは不可能であろう。年齢も含めてこれらのツールは，同意能力の判断をする際の1つの資料にすぎない。同意能力はあるかないかといった択一的なものではなく，段階的なものであり，また，患者本人の残存能力を引き出したうえで判断されなければならない。

V　お わ り に

　同意能力を有していない者が医療行為を受ける際には，誰かが本人に代わって医療行為に同意する必要があるのは明らかである。そもそも，医療行為に対する同意とは，身体の完全性への侵害の違法性を阻却するものであり，

---

(38)　民法961条から遺言できる年齢は満15歳と定められており，また，原動機自動車免許の取得年齢や義務教育の終了年齢，養子の同意年齢，臓器移植に関し臓器提供可能年齢を15歳としていることなどから導かれる（厚生省保健医療局臓器移植研究会監修「臓器の移植に関する法律関係法令通知集」（中央法規出版，1998年）28頁）。

自己決定権を行使することである。このことから，いかにして患者本人にとっての最善の利益を実現すべきであるかを考え，そのための道具として意思決定支援を捉えなければならない。

　同意能力を欠く場合には代理者が意思決定を代行する等で，患者を保護する必要も少なからず存在する。しかしこれは，医療提供者側と患者のみの関係性で捉えた考え方であり，患者本人のみではなく，家族や後見人等の支援，医療チームによる支援を含めて，患者本人の残存能力を最大限引き出した上で，患者の同意能力を評価すべきではないかと思われる。患者の価値観をよく知る人たちの評価，認知機能評価，治療にかかわっている医療チーム[39]の評価を総合的に取り入れた形での評価をすべきである。同意能力がないと判断されるのは，意識不明時やありとあらゆる手段を講じて支援を行ったにもかかわらず，本人が一切理解できない場合に限定されるのではないかと思われる。

---

(39) 医療チームは専門医療職と解される場合が多いが，患者が生活していく上で必要な職業（例えば宗教家や家族等）も医療チームのメンバーではないかと思われる。そもそも，患者側と医療提供者側とが別々のチームではなく，患者の傷病に対してのチームというのは，患者を含めた全ての人がチームであろう。ただし，本稿においては便宜上，医療提供者側のみを医療チームとしている。

6 高齢社会における在宅医療・訪問看護・介護の法的・倫理的課題

和泉澤 千恵

医事法講座 第14巻　高齢社会と医事法

Ⅰ　はじめに
Ⅱ　在宅医療と訪問看護
Ⅲ　今後の高齢社会における
　　医療・介護の課題
Ⅳ　結びにかえて

6　高齢社会における在宅医療・訪問看護・介護の法的・倫理的課題［和泉澤千恵］

I　はじめに

　わが国における 65 歳以上人口は，2020（令和 2）年現在の 3,603 万人から，2032 年に 3,704 万人へと増加後さらに加速して，2043 年に 3,953 万人でピークを迎える。その後も 65 歳以上人口割合は，向こう 50 年間は上昇を続けると予測されいている[1]。このような将来推計人口の状況に対して，国は，いわゆる団塊の世代がすべて 75 歳以上となる 2025（令和 7）年に向かって[2]，

---

(1)　65 歳以上人口がピークを迎える 2043 年は，第二次ベビーブーム世代（1971（昭和 46）年～ 1974（昭和 49）年生まれ）が 65 歳以上人口に入る年である。その後，65 歳以上人口は，減少に転じて，2070 年には 3,367 万人となるが，65 歳以上人口の減少よりも 0 ～ 14 歳人口および 15 ～ 64 歳人口の減少の方が相対的に大きく，65 歳以上人口割合は上昇を続けることとなる。なお，65 歳以上人口の総人口に占める割合（65 歳以上人口割合）は，2020（令和 2）年現在の 3.5 人に 1 人が 65 歳以上（28.6 %）から，2037-9 年には，3 人に 1 人の水準に達し，2070 年には 2.4-8 人に 1 人が 65 歳以上となる。なお，標準的な将来生命表に基づく平均寿命は，2020 年に男性 81.58 年，女性 87.72 年であったものが，2045 年には男性 84.03 年，女性 90.08 年に，2070 年には男性 85.89 年，女性 91.94 年となるとされており，さらなる平均寿命の延びが予想されている。（国立社会保障・人口問題研究所「日本の将来推計人口（令和 5 年推計）報告書」人口問題研究資料第 347 号（2023 年 8 月）（https://www.ipss.go.jp/pp-zenkoku/j/zenkoku2023/pp2023_ReportALLc.pdf［最終アクセス 2024 年 7 月 16 日。以下の URL の最終アクセスも同様である。］）4-5，45-49 頁）。

(2)　例えば「社会保障・税一体改革大綱」（平成 24 年 2 月 17 日閣議決定）（https://www.cas.go.jp/jp/seisaku/syakaihosyou/kakugikettei/240217kettei.pdf）では，「高齢化が一段と進む 2025 年に，どこに住んでいても，その人にとって適切な医療・介護サービスが受けられる社会を実現する」として「病院・病床機能の役割分担・連携の推進，在宅医療の充実等を内容とする医療サービス提供体制の制度改革」や「できる限り住み慣れた地域で在宅を基本とした生活の継続を目指す地域包括ケアシステム（医療，介護，予防，住まい，生活支援サービスが連携した要介護者等への包括的な支援）の構築」への取組が掲げられた。また，「高齢社会対策大綱」（平成 30 年 2 月 16 日閣議決定）（https://www8.cao.go.jp/kourei/measure/taikou/pdf/p_honbun_h29.pdf）では，「分野別の基本的施策」の中の「健康・福祉」において，「地域における包括的かつ持続的な在宅医療・介護の提供医療ニーズ及び介護ニーズを併せ持つ高齢者の増加に対応するため，地域において包括的かつ持続的に在宅医療及び介護が提供できるよう，医療・介護関係者の連携を推進するための体制の整備を図る。市町村が主体となり，医療と介護の関係団体と連携しながら，在宅医療と介護の関係者の連携を推進する事業に取り組

介護保険制度の創設や高齢者医療体制の整備などを行い，住民の地域生活を支える仕組みとして地域包括ケアシステムの構築・推進を図ってきた。さらに，高齢者人口がピークを迎える2040年頃に向けた85歳以上人口割合の増加や生産年齢人口の急減[3]という人口構造の変化，65歳以上単独世帯等の増加[4]，高齢化進展状況の地域差[5]による地域ごとのニーズの違いなど，

むとともに，都道府県においては市町村支援を推進することによって，医療と介護の連携を推進する」ことが掲げられている。
(3) 生産年齢人口とされる15～64歳人口は，戦後から1995（平成7）年の国勢調査での8726万人までの増加をピークとして，その後減少し続け，2020（令和2）年の国勢調査では，7509万人となっている。将来15～64歳の総人口に占める割合は，2020年現在の59.5％から減少を続け，2041年に55％を割り，2070年には50.9-53.1％となることが予想されている。2020年現在，現役世代2.1人で高齢者1人を支える状況から2038年には，1.7人で1人を支える状況へ上昇し，2070年には1.3人で1人を支える状況になると推計されている（前掲注(1)4-8頁）。
(4) 世帯主65歳以上の一般世帯総数に占める単独世帯の割合は，2020（令和2）年の35.2％から2050（令和32）年の45.1％へと大きく上昇すると予想されている。65歳以上の独居率は，2020年において，男性16.4％，女性23.6％であるが，過去の未婚率の上昇を反映して男性の独居率は，今後急激に上昇し，2050年には26.1％となり，女性の29.3％に近づくと予想されている。また，生活支援や看取りのニーズが高まる85歳以上についても，2050年には男性22.4％，女性32.2％がひとり暮らしになると見通されており，100歳以上であっても男性では25.9％が，女性では18.5％が，施設ではなく在宅でひとり暮らしになると予想されている。また，65歳以上の高齢単独世帯に占める未婚の割合は，2020年時点では男性33.7％，女性11.9％であるが，過去の未婚率の上昇を反映して今後は男女ともに一貫して上昇を続け，2050年には，男性59.7％，女性30.2％に達すると予想されている。現在の高齢単独世帯は，ひとり暮らしでも別居子がいる割合が高いことに加えて，本人の兄弟姉妹数が多く，生存近親者がいる可能性が高い。これに比べて，30年後の高齢単独世帯は，有配偶・死別・離別でも子どものいない割合が高まることに加え，本人の兄弟姉妹数の減少から，近親者の全くいない高齢単独世帯が急増すると想定されている。（国立社会保障・人口問題研究所「日本の世帯数の将来推計（全国推計）（令和6(2024)年推計）── 令和2（2020～32(2050)年）」（令和6年）(https://www.ipss.go.jp/pp-ajsetai/j/HPRJ2024/hprj2024_gaiyo_20240412.pdf) 10-14頁）

なお，2023（令和5）年6月1日現在における全国の世帯総数5445万2千世帯のうち，65歳以上の者のいる世帯は2695万1千世帯（全世帯の49.5％）であり，65歳以上の者のいる世帯のうち，高齢者世帯の世帯構造をみると，「単独世帯」が855万3千世帯（高齢者世帯の51.6％），「夫婦のみの世帯」が730万3千世帯（同44.1％）となっている。（厚生労働省「2023（令和5）年国民生活基礎調査の概況」（令和6年7月5日）

従来とは異なる社会環境の変化が見込まれており，これを見据えた，地域ごとの特性や実情に応じた地域包括ケアシステムの深化・推進の必要性が指摘されている。また，慢性疾患や複数の疾患を抱える患者，医療・介護の複合ニーズを有する患者・利用者の増加が見込まれることから，医療と介護の役割分担と切れ目ない連携，医療・介護の複合ニーズを有する者が，必要なときに「治し，支える」医療や個別のニーズに応じた介護を地域で完結して受けられるようにする社会を目指すことの重要性が指摘されるなどしている[6]。このようなポスト2025年のあるべき医療・介護の提供体制を見据え，2024（令和6）年度の診療報酬，介護報酬及び障害福祉サービス等報酬のトリプル改定では，限りある人材で増大する医療・介護ニーズを支えていくための，医療・介護提供体制の最適化・効率化を重視した改定がなされている[7]。

　本稿では，地域包括ケアシステムの要とされる在宅医療における訪問看護の現行提供体制について確認した上で，現状におけるこれら提供体制の課題

（https://www.mhlw.go.jp/toukei/saikin/hw/k-tyosa/k-tyosa23/dl/10.pdf））
（5）　大都市圏では，65歳以上人口の急増が予想されるものの，大都市圏における各都道府県の65歳以上人口割合は，相対的に低い水準にとどまる。一方，それ以外の地域では，65歳以上人口は減少するものの，65歳以上人口割合が40％を超えるものが，2050（令和32）年には25の道県で見込まれるなどしており，かつ，65歳・75歳以上人口割合の増加率やそのピーク年等は各地域において異なると予想されている。（国立社会保障・人口問題研究所「日本の地域別将来推計人口（令和5（2023）年推計）―― 令和2（2020）〜32（2050）年』（令和5年）（https://www.ipss.go.jp/pp-shicyoson/j/shicyoson23/1kouhyo/gaiyo.pdf）10-15頁）
（6）　社会保障審議会医療保険部会社会保障審議会医療部会「令和6年度診療報酬改定の基本方針」（令和5年12月11日）（https://www.mhlw.go.jp/content/12404000/001200476.pdf）1-2，5-7頁，社会保障審議会介護給付費分科会「令和6年度介護報酬改定に関する審議報告」（令和5年12月19日）（https://www.mhlw.go.jp/content/12306000/001180875.pdf）8-9頁。
（7）　2024(令和6)年改定に関して，診療報酬については，厚生労働省HP「令和6年度診療報酬改定について」（https://www.mhlw.go.jp/stf/seisakunitsuite/bunya/0000188411_00045.html）掲載の省令・告示等を，介護報酬については，厚生労働省HP「令和6年度介護報酬改定について」（https://www.mhlw.go.jp/stf/newpage_38790.html）掲載の省令・告示等を，障害福祉サービス等報酬については，厚生労働省HP「令和6年度障害福祉サービス等報酬改定について」（https://www.mhlw.go.jp/stf/seisakunitsuite/bunya/0000202214_00009.html）掲載の省令・告示等を参照のこと。

及び今後むかえる高齢社会の状況に照らして，どのような課題等があるかについて若干の指摘をしたいと思う。

II　在宅医療と訪問看護

1　在宅医療

　在宅医療は，例えば，医療法において，「居宅等における医療」[8]として，医療計画に定める事項の一つに掲げられている。医療計画は，厚生労働大臣が定める基本方針[9]に即して，かつ，地域の実情に応じて，都道府県が定めることとなっており（医療法30条の4第1項），2024（令和6）年度から2029（令和11）年度は，第8次医療計画の期間となっている[10]。各都道府県が在宅医療にかかる事項を医療計画に定めるに当たっては，医療連携体制の構築の具体的な方策について定めるなどの配慮が求められており（医療法30条の4第4項），厚生労働大臣が都道府県に対してすることができる医療計画の作成上の技術的助言（医療法30条の8）として，通知「疾病・事業及び在宅医療に係る医療体制について」[11]が発出されている。

---

(8)　医療法における「居宅等」とは，居宅，養護老人ホーム，特別養護老人ホーム，軽費老人ホーム，有料老人ホーム，その他医療法が定める医療提供施設以外の医療を受ける者が療養生活を営むことができる場所をいう（医療法1条の2第2項，同法施行規則1条）。

(9)　基本方針は，総合確保方針に即して，良質かつ適切な医療を効率的に提供する体制たる医療提供体制の確保を図るための基本的な方針である（医療法30条の3）。総合確保方針とは，地域において効率的かつ質の高い医療提供体制を構築するとともに地域包括ケアシステムを構築することを通じて地域における医療及び介護を総合的に確保するための基本的な方針である。地域における医療及び介護の総合的な確保の意義及び基本的な方向に関する事項や地域における医療及び介護の総合的な確保に関する医療法や介護保険法が規定する基本方針の基本となるべき事項などにつき，厚生労働大臣が定めることとなっている（地域における医療及び介護の総合的な確保の促進に関する法律（平成元年法律64号）3条1項，2項）。

(10)　医療計画は，原則6年ごとに見直しがなされる（医療法30条の6第2項）。第8次医療計画については，「医療計画について」（令和5年3月31日医政発0331第16号（最終改正：令和5年6月15日医政発0615第21号）厚生労働省医政局長通知）などを参照のこと。

当該通知の「在宅医療の体制構築に係る指針」において，次のようなことが示されている。

曰く，多くの国民が自宅等の住み慣れた環境での療養を望み，高齢化の進展に伴う疾病構造の変化によって誰もが何らかの病気を抱えながら生活をするようになる中で，「治す医療」から「治し，支える医療」への転換が求められている。在宅医療は，高齢になっても病気や障害の有無にかかわらず，住み慣れた地域で自分らしい生活を続けられるよう，入院・外来医療，介護，福祉サービスと相互に補完しながら，患者の日常生活を支える医療であり，地域包括ケアシステムの不可欠の構成要素である。また，在宅医療は，今後増大する慢性期の医療ニーズに対する受け皿として，看取りを含む医療提供体制の基盤の一つとして期待されている，と。

また，同指針は，在宅医療の医療提供体制に必要な事項として，①円滑な在宅療養移行に向けての退院支援が可能な体制として，入院医療機関と在宅医療に係る機関との協力による退院支援の実施を，②日常の療養支援が可能な体制として，多職種協働による患者・家族等の生活を支える観点からの医療提供，緩和ケアの提供及び家族等への支援を，③急変時の対応が可能な体制として，患者の病状急変時における往診や訪問看護等の体制及び入院病床の確保を，並びに④患者が望む場所での看取りが可能な体制として，住み慣れた在宅や介護施設等の患者が望む場所での看取りの実施を，在宅医療が円滑に提供される体制構築に際しての目指すべき方向として掲げる。そして，これら①から④の体制構築にあたり，地域における多職種連携を図りながら24時間体制で在宅医療が提供されることが重要であるとしている。

さらに，在宅医療における訪問看護については，退院に向けた医療機関との共同指導，看取りや重症度の高い利用者に対応できるよう，ターミナルケア等の機能や役割に着目した整備，事業所間や関係機関との連携強化，事業の機能強化や業務効率化等による安定的な訪問看護サービスの提供体制の整備が求められるとしている[12]。

---

(11) 「疾病・事業及び在宅医療に係る医療体制について」（令和5年3月31日医政地発0331第14号（最終改正：令和5年6月29日医政地発0629第3号）厚生労働省医政局地域医療計画課長通知）。

(12) 訪問看護の利用率は，年齢と共に増加し，訪問看護の利用者数の推計では，2025

2 訪問看護

高齢者に対する訪問看護は，後期高齢者医療制度または介護保険制度によって提供されている。原則として75歳以上の者に対する医療給付は，高齢者の医療の確保に関する法律（高齢者医療確保法）に基づく後期高齢者医療制度によってなされる（高齢者医療確保法47条，50条）[13]。また，「加齢に伴って生ずる心身の変化に起因する疾病等により要介護状態となり，入浴，排せつ，食事等の介護，機能訓練並びに看護及び療養上の管理その他の医療を要する者等」に対する保険給付等は[14]，介護保険法に基づく介護保険制度によって提供される[15]。

（令和7）年以降に後期高齢者の割合が7割以上となることが見込まれている。なお2024（令和6）年の医療保険と介護保険を合算した年齢階級別の訪問看護利用者数の将来推計における65歳以上の割合は73.6％，75歳以上の割合は85.3％である。（第4回在宅医療及び医療・介護連携に関するワーキンググループ資料「在宅医療の基盤整備について（その1）」（令和4年7月20日）(https://www.mhlw.go.jp/content/10800000/000966230.pdf)「訪問看護の必要量について」）

(13) 後期高齢者医療制度の被保険者には，所定の障害状態にある65歳以上75歳未満の者も含まれる（高齢者医療確保法50条2号，同法施行令3条，別表）。他方，75歳以上の者であっても，生活保護法による保護を受けている世帯に属する者などは，適用除外となる（高齢者医療確保法51条）。

(14) 介護保険法1条。

(15) 介護保険における被保険者は，①市町村の区域内に住所を有する65歳以上の者（第1号被保険者）と②市町村の区域内に住所を有する40歳以上65歳未満の医療保険加入者（第2号被保険者）である（介護保険法9条）。給付対象は，加齢に伴って生ずる心身の変化に起因する疾病等により要介護状態・要支援状態になった要介護認定又は要支援認定を受けた者であるが，第2号被保険者の場合は，所定の特定疾病による要介護状態または要支援状態に該当することが必要となる。特定疾病は，①がん（医師が一般に認められている医学的知見に基づき回復の見込みがない状態に至ったと判断したものに限る。），②関節リウマチ，③筋萎縮性側索硬化症，④後縦靱帯骨化症，⑤骨折を伴う骨粗鬆症，⑥初老期における認知症，⑦進行性核上性麻痺・大脳皮質基底核変性症・パーキンソン病，⑧脊髄小脳変性症，⑨脊柱管狭窄症，⑩早老症，⑪多系統萎縮症，⑫糖尿病性神経障害・糖尿病性腎症・糖尿病性網膜症，⑬脳血管疾患，⑭閉塞性動脈硬化症，⑮慢性閉塞性肺疾患，⑯両側の膝関節・股関節に著しい変形を伴う変形性関節症である（介護保険法7条，19条，27条，32条，介護保険法施行令2条）。なお，特定疾病に該当しない者や介護が必要でも40歳未満の者である場合は，介護保険の受給対象外となる。

訪問看護とは，疾病又は負傷により，居宅において継続して療養を受ける状態にある者に対し，その者の居宅において看護師その他所定の者が行う療養上の世話又は必要な診療の補助をいい[16]，後期高齢者医療制度にあっては，後期高齢者医療給付の訪問看護療養費に，介護保険制度にあっては，居宅サービス給付の一つに位置づけられる[17]。訪問看護を提供する看護師以外の所定の者は，保健師，准看護師，理学療法士，作業療法士及び言語聴覚士である[18]。訪問看護サービスの提供は，指定訪問看護事業所が行うが，これには，病院又は診療所である指定訪問看護事業所（指定訪問看護を担当する医療機関）と，いわゆる指定訪問看護ステーションがあり，前者は，介護保険のみの提供になる[19]。訪問看護の利用は，年齢や疾病，状態によって医療保険又は介護保険のいずれかの適用となるが，介護保険の給付が医療保険の給付に優先する[20]。訪問看護において医療保険と介護保険が重複する要介護者等のうち例外的に医療保険の給付による訪問看護が行われる場合があるが，これは，厚生労働大臣が定める①厚生労働大臣指定の疾患等である場合[21]，②急性増悪・終末期・退院直後等により一時的に週4日以上の頻

---

(16) 高齢者医療確保法78条1項，介護保険法8条4項。訪問看護を受けることのできる者は，主治の医師がその治療の必要の程度につき厚生労働省令で定める基準に適合していると認めたものに限られる。当該基準は，「病状が安定し，又はこれに準ずる状態にあり，かつ，居宅において」看護師その他所定の者が行う「療養上の世話及び必要な診療の補助を要すること」（高齢者医療確保法施行規則48条），又は，「病状が安定期にあり，居宅において」看護師又は所定の者が行う「療養上の世話又は必要な診療の補助を要すること」（介護保険法施行規則6条）である。
(17) 高齢者医療確保法56条1号，介護保険法8条1項。
(18) 高齢者医療確保法施行規則49条，介護保険法施行規則7条。
(19) 高齢者医療確保法78条1項，健康保険法88条1項，健康保険法施行規則69条，介護保険法70条，介護保険法施行規則106条，指定居宅サービス等の事業の人員，設備及び運営に関する基準60条。
(20) 高齢者医療確保法57条1項。
(21) 厚生労働大臣指定の疾患等は，末期の悪性腫瘍，多発性硬化症，重症筋無力症，スモン，筋萎縮性側索硬化症，脊髄小脳変性症，ハンチントン病，進行性筋ジストロフィー症，パーキンソン病関連疾患（進行性核上性麻痺，大脳皮質基底核変性症及びパーキンソン病（ホーエン・ヤールの重症度分類がステージ三以上であって生活機能障害度がⅡ度又はⅢ度のものに限る。）），多系統萎縮症（線条体黒質変性症，オリーブ橋小脳萎縮症及びシャイ・ドレーガー症候群），プリオン病，亜急性硬化性全脳炎，ライ

回の訪問看護が必要とされる場合，③精神科訪問看護療養費が算定される期間訪問看護を行う場合である[22]。なお，②の場合，主治の医師による特別指示書によって訪問看護がなされる。この特別指示書は，原則，1ヶ月に1回，例外的に①気管カニューレを使用している状態にある者，②真皮を超える褥瘡状態にある者については，1ヶ月に2回発行することができる。特別指示の期間は，連続した最大 14 日間，特別指示書が月 2 回の場合は，1 回あたり連続した最大 14 日間を 2 回[23]とし，特別指示期間のみ医療保険が適用され，その他の日は介護保険を適用することとなる。訪問看護の提供を受ける者が 65 歳以上である場合，介護保険の第 1 号被保険者に該当することから，原則として，介護保険制度による介護給付の居宅サービスの一つである訪問看護の提供を受けることになると思われる。この場合，被保険者は申請により要介護認定を受けた上で，その認定に対応する給付限度内のサービス給付を受けることができる。サービス受給に際しては，通常，介護支援専門員（ケアマネジャー）が本人の要介護状態等に加えて，本人や家族の希望，家族状況や住宅事情等を総合的に把握して立てた介護サービス計画（ケアプラン）を作成し，訪問看護を利用する被保険者が，自ら選択した訪問看護事業者との間で，訪問看護の提供に関する契約を締結することとなる[24]。

Ⅲ　今後の高齢社会における医療・介護の課題

国は，「できる限り住み慣れた地域で，これまでの日常生活に近い環境で暮らし続けたいという国民の想いに応えるため」，在宅復帰・在宅療養支援等を含む介護サービスや住まい，生活面での支援とともに地域で完結して提

　　ソゾーム病，副腎白質ジストロフィー，脊髄性筋萎縮症，球脊髄性筋萎縮症，慢性炎症性脱髄性多発神経炎，後天性免疫不全症候群，頚髄損傷，人工呼吸器を使用している状態である。「特掲診療料の施設基準等」（平成 20 年 3 月 5 日，厚生労働省告示 63 号）別表 7。

[22]　「訪問看護療養費に係る指定訪問看護の費用の額の算定方法」（平成 20 年 3 月 5 日，厚生労働省告示 67 号）通則 2，「訪問看護療養費に係る訪問看護ステーションの基準等」（平成 18 年厚生労働省告示 103 号）

[23]　連続した 28 日間である必要はない。

[24]　介護保険法 19 条，27 条，37 条，41 条など。

供される地域包括ケアシステム構築の必要性を繰り返し示している。こうしたシステムが構築されていることで，「例えば要介護になって在宅を中心に入退院を繰り返し（「ときどき入院，ほぼ在宅」），最後は看取りを要することになっても，生活の質（QOL）を重視しながら，必要な医療・介護を受けることができる」としている[25]。

　在宅療養者に対して提供される訪問看護は，生活の中で提供される医療であると同時に，恒常的に医療を必要としつつ「ときどき入院，ほぼ在宅」の生活を営む者の在宅療養生活支援でもある。訪問看護を担う看護師は，日常生活とは切り離された医療提供施設内における病気を主軸とした業務実施とは異なり，疾病等を抱えつつ日常生活を送る在宅療養者とその家族等を対象に，対象者の暮らしの場において，医師不在の単独でその業務を行うことになる。このため，疾病のみならず対象者の人物像や背景，取り巻く環境などを多方面に捉えて療養生活支援を行う必要がある。そして，訪問看護の中心的担い手である訪問看護師は，高齢社会にあって，生活に安心と希望，最後まで生き抜く力を与え支える看護を期待されているとして，単に必要な医行為や療養上の世話をすることによって在宅療養者の生活の質を維持するだけではなく，在宅療養者自身が望む生活の在り方を追求し実現できるよう，健康課題を医師と連携して改善しつつ，身近な希望から実現を支援することによって，在宅療養者の生活の質を向上させることをも視野にした看護を提供することが提唱されている[26]。よりよい在宅医療や訪問看護の在り方が模索されつつあるといえる。その一方で，先に見た通り，訪問看護の提供体制は複雑であり，かつ，介護保険が適用される訪問看護にあっては，要介護区分によって給付限度があることから，訪問回数や時間を超えた訪問がなされるなどの実態がある[27]。ニーズにあったサービスが柔軟に提供できる体制

---

(25)　「地域における医療及び介護を総合的に確保するための基本的な方針（総合確保方針）」（平成 26 年 9 月 12 日厚生労働省告示 354 号，最終改正令和 5 年 3 月 17 日）（https://www.mhlw.go.jp/content/12400000/001226213.pdf）。

(26)　川村佐和子編著『訪問看護師による在宅療養生活支援を可視化する希望実現モデル』（医学書院，2024 年）。

(27)　ケアプランで設定された訪問回数（訪問時間）を超えて利用者負担または事業所の持ち出し等により，別途訪問したケースの有無（2022 年 6 〜 8 月）について，利用者負担または事業所の持ち出し等による訪問が「あった」と回答した訪問看護事業所は

をさらに整えていく必要があるように思う。

　先にも触れたように，在宅医療の特徴は，本人の生活の場に医療を組み込むことであろう。そして，その生活の場に家族等が同居している場合には，本人のみならず同居する家族等の生活の場であることも忘れてはならない。在宅医療の対象者だけでなく，その家族の生活にも配慮しながら，いかに医療を組み込んでいけるのかが問われることになる。それと同時に，在宅医療においては，同居家族等は在宅医療を支える重要な役割も担っている。家族等は，在宅医療を支える存在である以前に，本人自身としての生活や役割等がある。そして，時に本人自身としての考えと支え手としてのそれが対立することもあろう。このような在宅医療における介助や介護を担う家族等のケアについても同時に配慮されなければならない[28]。実際に，例えば，がん以外の終末期における訪問看護の主な内容に占める割合の約半分は家族支援となっており，その必要性や重要性がうかがわれる。このことから，家族ケアの在り方についても検討していく必要があると思われる。

　また，世帯構造の変化により今後，単独世帯の増加が見込まれており，在宅医療において重要な役割の一端を担ってきた同居家族等による介助や介護[29]は望めない状況となることが予想される。在宅医療は，医療提供施設

　　27.2％（511/1,879事業所）で，訪問人数は「1人」が33.3％，「2人」が23.9％，「3〜4人」が16.0％の順に多く，平均4.4人となっている。なお，訪問を行った利用者の状態（複数回答）は，「がん以外の終末期」が179件（35.0％）で最も多く，認知症・BPSD等が149件（29.2％）などとなっている（日本看護協会「2024年度 診療報酬・介護報酬改定等に向けた訪問看護実態調査」（令和5年3月31日）（https://www.nurse.or.jp/nursing/assets/houmonkango-chousa2024.pdf）38-39頁）。

(28)　訪問看護事業者が訪問を行った利用者の状態（複数回答）は，「がん以外の終末期」が179件（35.0％）で最も多く，認知症・BPSD等が149件（29.2％）などとなっている。「がん以外の終末期」179件の訪問看護の主な内容（複数回答）は，「家族支援」が66.5％（119件），「呼吸苦等の緩和」が57.0％（102件），清潔ケア54.2％（97件），睡眠障害や排泄障害への支援40.8％（73件），疼痛管理30.2％（54件），せん妄への対応26.3％（47件）などである。利用者に対して実施した訪問看護の主な内容（複数回答）は，「呼吸苦等の緩和」が61.3％（49/80件）で最も多く，「家族支援」と「清潔ケア」が55.0％（44件），「睡眠障害や排泄障害への支援」が43.8％（35件），「疼痛管理」が27.5％（22件），「せん妄への対応」26.3％（21件）の順となっている（前掲注(27)51頁）。

(29)　「要介護者等」からみた「主な介護者」の続柄別構成割合は，同居が45.9％，別居

でのそれとは異なり，24時間常に医療スタッフ等が患者・利用者の近くにいる訳ではなく，必要な設備が整っている訳でもない。このため，医療行為を患者自身やその家族等が実施する必要が生じ，また，何らかの緊急時には，医療スタッフに連絡するなどして対応を求める必要がある。しかし，独居などで自身以外に頼る者がいないなどの場合には，緊急時の対応は見込めないこととなる。地域包括ケアシステムは地域完結型の医療等の提供を目指しているが，今後単独世帯の増加が予測される中で，緊急時の対応などについては，近隣居住者との関係性を常日頃から築くなど，地域でのつながりの在り方なども含んだ模索をする必要があるように思う。さらに，認知症などによる本人の判断能力の低下によって，本人の意思を推察するに際して，家族が本人のそれまでの意向等を踏まえて，本人の望むであろう治療や介護などの方針決定を行うなどの意思決定支援がなされているが[30]，家族等の在り方が多様化する中で，本人の意向をよりよく知っている者が家族であるとは限らず，本人の意向に沿った医療等を提供するに際して，キーパーソンとなる者が誰であるかを探ることがより重要となるであろう[31]。

の家族等が11.8％を占めており，主な介護者が家族等によって担われている。また，「同居の主な介護者」について，「要介護者等」からみた続柄をみると，「配偶者」が22.9％で最も多く，次いで「子」が16.2％となっている。「同居の主な介護者」の介護時間について，「要介護者等」の要介護度別にみると，「要介護3」以上では「ほとんど終日」が最も多く，要介護度が上がるほど介護負担が大きくなっている（厚生労働省「2022（令和4）年 国民生活基礎調査の概況」（令和5年7月4日）（https://www.mhlw.go.jp/toukei/saikin/hw/k-tyosa/k-tyosa22/dl/14.pdf）24-26頁）。

(30) 例えば，厚生労働省「認知症の人の日常生活・社会生活における意思決定支援ガイドライン」（平成30年6月）（https://www.mhlw.go.jp/file/06-Seisakujouhou-12300000-Roukenkyoku/0000212396.pdf），「成年後見制度利用促進基本計画」（平成29年3月24日閣議決定）に基づいて策定された「意思決定支援を踏まえた後見事務のガイドライン」（意思決定支援ワーキング・グループ，2020年10月30日）（https://www.mhlw.go.jp/content/000750502.pdf）などがある。

(31) 同居家族がいなかったり，同居者も必ずしも夫婦や親子といった本人に最も近い関係性の親族とは限らず，近年では，同居者がいても，あるいは同居していない生活上の意思決定に関わる近親者が，甥や姪，あるいは知人といったケースも見られるようになっている。このため，これまでのような「家族なのだから本人のことを尊重するだろう」という想定が通用せず，本人との関係性が希薄な関係者が本人の意思を十分に尊重できないケースも出てきた時に，本人の意思を尊重し，守れる者について，改めて検討

在宅療養者であっても，病状等によって医療提供施設に入院が必要となる場合が生じうる。入院等に際して，従前，多くの医療提供施設では，家族等がいることを前提として，判断能力が不十分な人の手術等について家族等に同意書へのサインを求める運用や，入院費等の支払い，緊急時の連絡等の役割を果たす，いわゆる「身元保証・身元引受等」を慣例的に求める実態があった。しかし，生涯未婚率の高まりなどにより，配偶者や子がなく，また，出生率の低下から兄弟姉妹等の親族もいないような場合には，入院等が困難になることも指摘されている[32]。このような状況に対応するサービス提供事業者も増加しつつあるが，当該事業を指導監督する行政機関は必ずしも明確ではなく，トラブルが生じており，このような事業を行う事業者にかかるガイドラインが2024（令和6）年6月に策定されている[33]。それでもなお，当該事業を所管する行政機関は曖昧なままであるという状況に変わりはなく，サービス内容などを含む契約の締結やその履行等の在り方は，サービス提供事業者よるところが大きい。今後も多くの需要が見込まれる可能性のあるサービスであることから，何らかの法的対応等を検討する必要があろう。特に，老齢により判断能力が低下している可能性のある者が締結することが想定される契約であり，かつ，その内容が本人の身体・健康・生活に密接に関わるものである以上，権利擁護に基づく，慎重な議論と運用が求められるといえる。この点については，今後の議論状況を注視したいところである。

　していく必要があると指摘されている（地域包括ケア研究会「平成30年度 老人保健事業推進費等補助金 老人保健健康増進等事業 地域包括ケアシステムの深化・推進に向けた制度やサービスについての調査研究 報告書」（2019（平成31）年3月，三菱UFJリサーチ＆コンサルティング株式会社）（https://www.murc.jp/wp-content/uploads/2022/11/houkatsu_01_1_2.pdf）14頁）。

(32) 「身寄りがない人の入院及び医療に係る意思決定が困難な人への支援に関するガイドライン」平成30年度厚生労働行政推進調査事業費補助金（地域医療基盤開発推進研究事業）「医療現場における成年後見制度への理解及び病院が身元保証人に求める役割等の実態把握に関する研究」班（2019年5月）（https://www.mhlw.go.jp/content/000516181.pdf）。

(33) 「高齢者等終身サポート事業者ガイドライン」内閣官房（身元保証等高齢者サポート調整チーム），内閣府 孤独・孤立対策推進室，金融庁，消費者庁，総務省，法務省，厚生労働省，経済産業省及び国土交通省（令和6年6月）（https://www.mhlw.go.jp/content/001262636.pdf）。

ところで，その深化・推進の必要性が指摘される「地域包括ケアシステム」とは，地域の実情に応じて，高齢者が，可能な限り，住み慣れた地域でその有する能力に応じ自立した日常生活を営むことができるよう，医療，介護，介護予防（要介護状態若しくは要支援状態となることの予防又は要介護状態若しくは要支援状態の軽減若しくは悪化の防止をいう。），住まい及び自立した日常生活の支援が包括的に確保される体制をいう（地域における医療及び介護の総合的な確保の促進に関する法律2条1項）。この地域包括ケアシステムの出発点は，2005（平成17）年の介護保険法改正において，同法1条に「尊厳の保持」の文言が付記されたことにあるとされているが[34]，それ以前から，重度の慢性疾患に加えて要介護度が高い高齢者であっても，「医療を含めた多職種連携による地域包括ケアが提供され，365日・24時間の安心が提供できているような地域であれば，かかりつけ医による訪問診療，訪問看護，訪問介護，ショートステイなどの医療保険・介護保険によるサービスを組み合わせることによって，ターミナルケアが必要な状態に至るまで在宅での生活を支えることが可能」であると指摘されるなど，その重要性についての言及がなされていた[35]。介護保険は，被保険者の要介護状態又は要支援状態（要介護状態等）に関して必要な保険給付を行うものであるが，その保険給付は，要介護状態等の軽減又は悪化の防止に資するとともに，医療との連携に十分配慮して行われなければならず，被保険者の心身の状況，その置かれている環境等に応じて，被保険者の選択に基づき，適切な保健医療サービス及び福祉サービスが，多様な事業者又は施設から，総合的かつ効率的に提供されるよう配慮して行われなければならない。また，保険給付の内容及び水準は，被保険者が要介護状態となった場合においても，可能な限り，その居宅において，その有する能力に応じ自立した日常生活を営むことができるように配慮されなければならないとされている（介護保険法2条）。

　地域包括ケアシステムは，地域の実情にあった仕組みを，その地域ごとに構築することが前提になっているという意味で，従前の全国一律的な医療や

---

(34)　前掲注(31)13頁参照。
(35)　高齢者介護研究会報告書「2015年の高齢者介護――高齢者の尊厳を支えるケアの確立に向けて」（平成15年6月26日）（https://www.mhlw.go.jp/topics/kaigo/kentou/15kourei/index.html）

介護の提供体制の在り方とは異なり，きわめて分権的な仕組みである。今後，高齢化進展状況に地域差が生じると見込まれており[36]，高齢化が急速に進む都市部や人口が減少する過疎地があるなど地域の高齢化の実情は異なることから，各地域によってその時々に抱える課題が異なると予想される。地域の実情が地域ごとに異なる以上，「地域ごとに住民が望む地域の姿を描き，そのための仕組みづくりやサービスづくりに参加し協働して地域づくりを進めること」（地域デザイン）が今後益々求められることとなる[37]。また，この地域デザインの一環に医療及び介護の提供体制の整備を位置付けて地域の将来にわたる在り方を検討していくことが必要となろう。現在，介護保険で利用できるサービスの一つに地域密着型サービス[38]がある。当該サービスには，通所を中心としながら，要介護者の様態や希望に応じて，随時訪問や宿泊を組合せることによって中重度となっても在宅での生活が継続できるよう支援するための小規模多機能型居宅介護[39]やこれと訪問看護を一体的に提供する看護小規模多機能型住宅介護[40]などがある。後者は，一つの事業所との契約で，訪問を中心に宿泊や訪問看護などのサービス利用ができる複合型サービスとなっており，訪問看護の組合せが予定されていることから，医療ニーズのある高齢者が利用しやすいものとなっている。今後，ニーズに合わせた地域密着型のサービスの拡充が期待されるところであるが，サービス提供を担う訪問看護事業所の確保等もあわせて図られる必要があろう[41]。

---

(36) 前掲注(5)を参照のこと。
(37) 前掲注(31)15頁。
(38) 介護保険法8条14項。
(39) 介護保険法8条19項。
(40) 介護保険法8条23項。
(41) 前掲注(27)96-98頁によると，看護小規模多機能型居宅介護の併設や転換にかかる回答について，訪問看護事業所全1879件中，併設済みが77件（4.1％），検討しているが86件（4.6％），併設・転換を検討していないが1581件（84.1％）と最も多くなっている。看護小規模多機能型居宅介護の併設・転換を検討していない理由（複数回答）としては，「看護職員の人材確保が難しい」が49.0％で最も多く，次いで「運営法人等の方針」が42.7％，「介護職員の人材確保が難しい」が38.8％，「開設用地や資金の確保が難しい」が36.7％となっている。看護小規模多機能型居宅介護等の充実した医療・介護サービスの提供のためには，医療や介護の担い手の人員確保等の課題を解消しなければならないことが分かる。

Ⅳ　結びにかえて

　高齢化の進展や少子化などの人口構造の変化だけでなく，生涯未婚率の増加や世帯構造の変化によって，従前の医療・介護が暗黙のうちに想定してきた「家族がある患者・利用者」に対する高齢者医療・介護の提供体制という在り方は，改変の必要に迫られているといえる。従来，高齢者の家族等が担ってきた様々な役割を，地域や社会がどのように担っていくのか検討を求められているといえよう。さらに，全体的な医療・介護サービス提供をニーズに合わせてより充実させるとともに，地域の実情に応じた各地域ごとの制度構築のさらなる深化が求められているといえる。人口減少が見込まれる中，医療・介護の担い手確保も大きな課題の一つであり，サービス提供機関等の機能分化と連携による効率的な提供体制の構築など検討すべき課題は多い。高齢になっても病気や障害の有無にかかわらず，住み慣れた地域で自分らしい生活を続け，最後は看取りを要することになっても，生活の質を重視しながら，必要な医療・介護を切れ間無く受けることができる社会が実現するよう，今後の動向に着目していきたいと思う。

7　高齢者医療・介護と医療事故・介護事故

小島　崇宏

Ⅰ　はじめに
Ⅱ　高齢者の転倒・転落事故
Ⅲ　高齢者の誤嚥事故
Ⅳ　その他の類型
Ⅴ　医療事故・介護事故で高齢者が
　　死亡した場合の慰謝料について
Ⅵ　まとめ

I はじめに

　人は加齢に伴い，食欲の低下，活動量の低下，筋力低下，認知機能低下，多くの病気をかかえるなどといった身体的変化が進んでくる。この身体的変化が特に進み，生活機能障害，要介護状態，そして死亡などの危険性が高くなった状態をフレイルと言われたりする。このように，人は，高齢化が進むにつれ，身体的にも精神的にも様々な機能低下を来たし，それに伴い，転倒・転落し骨折や脳出血等の怪我をするリスクや，食べ物を誤嚥し喉に詰まらせ窒息するリスクなどが若年者に比べ著しく増加する。転倒・転落や誤嚥は，日常生活の中でも当然に生じるが，高齢者は，病気や要介護状態になりやすいということもあり，病院に入院することや介護施設に入所することも多く，病院入院中や介護施設入所中にも，転倒・転落や誤嚥は生じる。ところが，医療従事者や介護従事者でない一般人にとっては，病院や介護施設では，医療や介護のプロが完璧に医療や介護を提供するものであるという誤信から，病院や介護施設で転倒・転落し骨折や脳出血等の怪我が生じたり，誤嚥による窒息が生じたりするというような事故が発生すると，医療や介護に問題があったのではないかということで，病院や介護施設に対し責任追及がなされることが少なくない。近時においても，高齢者が病院で転倒しくも膜下出血を受傷した事例（神戸地判令和4年11月1日）や，高齢者が介護施設でドーナツを喉に詰まらせ死亡した事例（東京高判令和2年7月28日）など，医療事故，介護事故として裁判になった事例も少なくない。このほか，人はいつか死ぬものであり，高齢者は様々な持病を有する中で病院に入院したり介護施設に入所したりしているが，家族にとって，想定していない経過を経て想定した疾患とは違う状況で高齢者が死亡したような場合には，病院や介護施設での医療や介護に問題があったのではないかと，病院や介護施設に対し責任追及がなされることもある。

　このように，高齢者に対する医療や介護の提供の現場においては，転倒・転落・誤嚥・その他様々なことをきっかけとして，本人・家族から法的責任を追及される場面が少なくない。本稿では，高齢者の医療・介護に関連した裁判例を紹介しつつ，高齢者の医療事故，介護事故の現状と問題点を指摘す

Ⅱ　高齢者の転倒・転落事故

1　はじめに

　高齢者は，加齢に伴い身体的・精神的・社会的機能が低下し，また様々な疾患に罹患することもあり，若年者に比べ転倒のリスクが高くなる。要介護者の介護が必要となった主な原因の13.9％は骨折・転倒とされており[1]，転倒・転落による年間死亡者数は2021年において10202人と交通事故による死亡者数3536人を大きく上回っている（交通事故も含めた不慮の事故は死因順位7位）[2]。また，転倒・転落による死亡場所としては庭も含めた家が圧倒的に多いとされる。このように転倒・転落は，特に高齢者においては日常で頻繁に発生しており，転倒・転落で怪我をすることは，介護が必要となるきっかけとなったり，死亡原因となったりしている。このような状況の中，病院や介護施設内において，転倒・転落事故が発生し，患者や利用者が怪我をしたり死亡したりした場合には，患者・家族から，病院や介護施設に対し，看護・介護に問題があったのではないかとして責任追及がなされることが少なくない。

　病院・介護施設での転倒・転落事故に関する裁判では，窓・ベランダからの転落，ベッドからの転落，病院内，施設内での生活中の転倒，送迎時，屋外での転倒などがあるが，いずれにせよ，当該患者・利用者の個別の心身の状態を前提として，転倒・転落の予見可能性があるのか，予見可能性があるとして転倒・転落を回避する義務を履行していたか否かが主に問題となる。また，これらが認められる場合には，損害と因果関係も争点となってくる。

　この点，予見可能性の判断に当たり考慮される要素としては，裁判例上，「年齢や健康状態，疾病の状況，薬剤の服用状況，日常生活における起居・移動の状況といった被介護者の内的要因と，施設建物の構造等の外的要因，

---

(1)　厚生労働省『国民生活基礎調査』（令和4年）。
(2)　e-Stat 政府統計［https://www.e-stat.go.jp/dbview?sid=0003411675］。

転倒歴や転落歴の有無，頻度，原因等や主治医の意見などがある」とされる(3)。しかしながら高齢者は，これらの考慮要素の多くを有していることが多く，高齢者の転倒・転落事故では，予見可能性が認められやすい傾向にあるのが現状である。

次に，結果回避義務についてであるが，いかなる内容・程度の結果回避措置が要求されるかについては，具体的に予見される転倒等の原因や内容のほか，病院や施設の規模や性質，職員の人数や配置状況などを勘案して判断されることになるが，転倒等を防止する措置として，監視措置，身体的抑制・拘束措置，転倒等による受傷の程度を軽減する措置，転倒等に対応する措置などが問題となる(4)。

2　高齢者が病院で転倒しくも膜下出血を受傷した事例（神戸地判令和4年11月1日）

本件は，認知症に罹患し転倒歴もあった患者（当時87歳）が被告の開設する病院（以下「本件病院」という。）に入院中に本件病院の廊下で転倒した事故（以下「本件事故」という。）について，患者の相続人である原告が，本件病院の看護師による患者の転倒を防止する義務の違反があり，これにより患者に外傷性くも膜下出血，頭蓋骨骨折の傷害が生じ，重篤な後遺障害が残ったと主張して，入院契約上の安全配慮義務違反による損害賠償請求権に基づき，後遺障害慰謝料等2575万3756円及び遅延損害金の支払を求めた事案である。

本件事故の概要は次のとおりである。午前5時頃に患者のベッドからの起き上がりを知らせるキャッチコールが鳴ったため，病棟内にいた看護師が患者の入院する個室を訪れると，患者からトイレに行きたいと排尿の介助を求められた。看護師は，病室内に設置されたトイレまで患者を誘導し，患者が便座に座ったことを確認してからトイレの扉を閉めた。患者の排尿中，別室の入院患者のナースコールが鳴ったため，看護師は，病室を出て，病室のは

---

(3)　福田剛久・高橋譲・中村也寸志『最新裁判実務大系　第2巻　医療訴訟』（青林書院，2014年）491頁-492頁。
(4)　同上。

す向かいにある別の病室に移動した。

同日午前5時20分頃，患者は病室の前の廊下で仰向けに転倒して後頭部を強打し，外傷性くも膜下出血及び頭蓋骨骨折の傷害を負った。

これについて，裁判所は，患者には複数回の転倒歴があることを病院が把握していたことから，病院は患者が一般的に転倒リスクの高い患者であったことは把握していたとした上で，入院中の患者の状況も踏まえ，患者には，ナースコールを押さず，勝手に立ち上がったり，起き上がったりする傾向があり，看護師の制止を守らず，動きも速く，意思疎通に支障が生じていたこと，それゆえ体幹ベルトを用いてベッドからの転落を防止していたところ，体幹ベルトを外して，杖や歩行器もない個室内の便座に単に座った状態に置いたものであるから，看護師が，この状態の患者から目を離せば，患者が便座から勝手に立ち上がり，トイレから歩いて出ようとして転倒するおそれが高いことは十分に予見できたことが認められるとした。

その上で，病室内のトイレの便座に患者を座らせたまま患者から目を離せば同人が転倒する危険性があったから，看護師においては，患者が排尿を終えて同人がベッドに戻るまで目を離さないか，他の看護師に見守りを依頼する注意義務があり，それにより患者の転倒の結果は回避できたといえる。それにもかかわらず，看護師はいずれの対応をとることもなく，患者をその場に残したまま，別室患者からのナースコールに応じてその場を離れたものであるから，看護師には結果回避義務違反が認められるとした。

以上のことから病院には安全配慮義務違反があるとされ，本件事故前の患者の状態も踏まえ後遺障害慰謝料400万円を含めた合計532万0464円の賠償が認められたものである。

3　検　討

上記裁判例（神戸地判令和4年11月1日）の様に，転倒・転落事故について医療機関及び介護施設の責任を認める裁判例は少なくない。しかし，上記裁判例は，看護師は，午前5時という夜勤帯の看護師が少ない体制の中で，他の患者のナースコールに対応するためにやむを得ず患者のいたトイレから離れたというものであり，限られた人員の中で看護を行っているという医療現場の実情について，裁判所がどこまで理解をしていたのかについては，疑

問を感じざるを得ない。

　上記裁判例が出されたことも踏まえ，医療，介護の現場から，転倒・転落事故についての社会の理解に対する危機感から，患者・利用者及び家族，そして法曹界を含めた社会に，医療・介護現場における転倒・転落事故の実情を理解してもらうことを目的として，「介護・医療現場における転倒・転落〜実情と展望〜 10 団体共同声明」（2023 年 11 月 17 日）も出されているところである。かかる提言では，「転倒・転落事故における訴訟においても，様々な制約下で行われている現実の医療・介護現場の実情を踏まえて判断することが重要であり，想像上の理想的な医療・介護現場を基に判断がなされることは，現場の萎縮，混乱を引き起こし，また，医療安全の名を借りた懲罰，責任追及の空気を再び呼び起こすこととなるため，厳に慎むべきである。そもそも，転倒・転落事故は，その背景が極めて複雑かつ多彩で，確実に予測・回避することは極めて難しいものの一つであり，かつ，臨床現場ごとに状況が異なるものであるから，例え第三者が事故調査を行ったとしても，実際の臨床現場を目にすることなく，想像で転倒・転落事故を論じた場合，事故原因の本質に迫ることができない。また，転倒・転落事故を減らす努力は当然必要であるが，転倒・転落事故をゼロにすることは不可能であるということ，現場に沿わない机上の検討と対策はかえって弊害すらあることを，患者・利用者及び家族，そして法曹界を含めた社会に理解してもらうことが重要である。本提言では，転倒・転落事故の現状と望ましい考え方について触れることとした。本提言が，今後の転倒・転落事故の考え方の一助となることを期待する。」[5]などとされている。

　また，2021 年には，一般社団法人日本老年医学会・公益社団法人全国老人保健施設協会から「介護施設内での転倒に関するステートメント」も出されており，その中では，ステートメント 1 として「【転倒すべてが過失による事故ではない】転倒リスクが高い入所者については，転倒予防策を実施し

（5）　日本医療安全学会・日本転倒予防学会・日本集中治療医学会・医療法学研究会・全国老人保健施設協会・日本慢性期医療協会・全国老人福祉施設議会・回復期リハビリテーション病棟協会・日本認知症グループホーム協会・日本リハビリテーション病院・施設協会『介護・医療現場における転倒・転落〜実情と展望〜 10 団体共同声明』（2023 年）。

ていても，一定の確率で転倒が発生する。転倒の結果として骨折や外傷が生じたとしても，必ずしも医療・介護現場の過失による事故と位置付けられない。」[6]との指摘がされている。

転倒・転落をゼロにするための究極の方法としては，投薬も含めた徹底的な身体拘束が考えられるが，身体拘束は重大な人権侵害でありかなり限定的な状況でのみ認められるとされており，転倒・転落をゼロにする方法としては取り得ない。むしろ，医療や介護の現場では，患者・利用者のことを思い，身体拘束による廃用の進行などの弊害を減らすために，できる限り身体拘束をゼロにする努力をしているのである。この努力の結果として，転倒・転落が生じた場合には，責任追及がなされるというのは，医療・介護の現場の思いに逆行するものであり，患者・利用者及び家族，そして法曹界を含めた社会と，医療界・介護界との相互理解を深めることが重要である。

Ⅲ　高齢者の誤嚥事故

1　はじめに

転倒・転落事故の項目でも述べたが，人は加齢に伴い身体的・精神的・社会的機能が低下する。中でも，脳血管障害に罹患したり，認知症になったりした高齢者については，誤嚥が起こりやすい。誤嚥といっても，非常に小さい物や唾液などの液体を誤嚥した場合には，誤嚥性肺炎になり，その経過の中で亡くなる患者もいるというような形で問題となるが，比較的大きな物を誤嚥した場合や状況によっては，窒息が起こり直ちに死亡或いは重大な脳障害が生じるというような形で問題となる。誤嚥性肺炎による死亡は，2021年においては転倒・転落を含めた不慮の事故（死因順位7位）よりも多く，死因順位6位となっている[7]。

転倒・転落事故同様，病院や介護施設内において，誤嚥事故が発生し，患

---

(6)　一般社団法人日本老年医学会・公益社団法人全国老人保健施設協会『介護施設内での転倒に関するステートメント』(2021年)。
(7)　e-Stat 政府統計・前掲注(2)。

者が誤嚥性肺炎になったり，窒息により死亡や重大な脳障害に至ったりした場合には，患者・家族から，病院や介護施設に対し，看護・介護に問題があったのではないかとして責任追及がなされることがあるのが現状である。

病院・介護施設での誤嚥事故に関する裁判でも，転倒・転落事故同様，予見可能性と結果回避義務が主に問題となる。

予見可能性については，「被介護者の，①年齢や健康状態（義歯の仕様の有無，嚥下障害の有無），②疾病の有無（脳血管障害患者，認知症の高齢者嚥下障害を有することが多い。），③薬剤の服用状況（嚥下障害の副作用をもたらすものか等），④普段の摂食状況，⑤過去の誤嚥事故又はその徴候の有無，内容，頻度，原因等のほか，⑥提供する食品の内容（例えば，餅，こんにゃく，かまぼこ，鶏のささみ，パン，さつま芋など，粘着質の食品，滑りやすい食品，パサパサした食品は，誤嚥が起こりやすいといわれている。）などの諸事情を勘案し，介護者側において，上記事情をどの程度認識し，又は認識し得たかを考慮して判断する。」などとされている[8]。

また，結果回避義務については，予見可能性のところで挙げた考慮要素から「具体的に予見される誤嚥の原因や内容のほか，当該施設の規模や性質，職員の人数や配置状況を勘案して，これに応じた回避措置をとるべき注意義務が要求される」とし，提供する食品に関する措置や食事の介助方法や監視体制に関する措置，誤嚥発生後の救急救命に関する措置などに分けることができるとされている[9]。

2 特養老人ホームにおけるドーナツ提供致死事件（長野地松本支平成31年3月25日[10]，東京高判令和2年7月28日[11]）

長野県の特別養護老人ホームに，准看護師として勤務し，看護業務のほか一部の介護業務にも当たっていた被告人が，平成25年12月に，同施設1階食堂において，同施設の利用者の一人である被害者に間食を提供する際に，

---

(8) 福田ほか・前掲注(3) 497頁。
(9) 同上。
(10) 判時2471号137頁，医療判例解説91号17頁。
(11) 判時2471号129頁，医療判例解説91号2頁，ジュリ別冊258号164頁（『医事法判例百選〔第3版〕』）。

提供する間食の形態の確認を怠り，ゼリー系の間食であるゼリーを提供することとされていたのにドーナツを配膳した過失により，被害者に窒息を生じさせ，結果，心肺停止に起因する低酸素脳症等により，同人を死亡させたことについて，業務上過失致死罪が問われた事件である。

第一審判決（長野地松本支平成31年3月25日）は，被害者に対する間食形態の変更は，看護師が勤務に当たる際に確認を求められていた申し送り・利用者チェック表に記載されており，これを確認していれば，被告人は間食形態の変更を知り得たのであり，義務違反と結果との因果性も認められるとして，業務上過失致死罪の成立を認め，被告人に求刑通り罰金20万円を言い渡した。これに対し，被告人が控訴した。

これに対し，高裁判決（東京高判令和2年7月28日）は，原判決には問題があるとした上で，被告人が間食の形態を確認せずドーナツを提供したことが刑法上の注意義務に反するとはいえないとして，過失の成立を認めた原判決を破棄し，被告人に無罪を言い渡した。

まず，高裁判決は，原判決が検討した予見可能性の内容は，被害者自身に対する窒息の危険性を抽象化し予見可能性を広げた点について，広範かつ抽象的な予見可能性では，刑法上の注意義務としての本件結果回避義務を課すことはできないとした。

その上で，被害者については，食品によっては丸飲みによる誤嚥，窒息のリスクが指摘されていたとはいえ，ドーナツは被害者が本件施設に入所後にも食べていた通常の食品であり，本件ドーナツによる窒息の危険性の程度は低かったこと，本件形態変更はあったもののその経緯，目的に窒息の危険を回避すべき差し迫った兆候や事情があって行われたわけではなく，間食について窒息につながる新たな問題は生じていなかったこと，看護職と介護職の間には各利用者の健康状態についての情報を共有する一定の仕組みがあったが，本件形態変更は被告人の通常業務の中では容易には知り得えない程度のものとして取り扱われ被告人が事前に本件形態変更を把握していなかったことが職務上の義務に反するとの認識は持ち得なかったことに照らせば，本件ドーナツで被害者が，窒息する危険性ないしこれによる死亡の結果の予見可能性は相当に低かったといえるとした。そして，このような予見可能性の内容，程度に加えて，被害者に対して食品を提供する行為が持つ意味も併せ考

えるならば，本件において被告人が間食の形態を確認せず本件ドーナツを提供したことが刑法上の注意義務に反するとはいえないとした。

3　検　討

上記，特養老人ホームにおけるドーナツ提供致死事件は，高等裁判所で無罪判決が出され終結はしており，また，本件は刑事事件であるところ，民事事件とは過失に対する判断が一般的にはより厳格なものではあるが[12]，予見可能性や回避義務という判断基準は共通するものがあり，本件第一審の有罪判決による医療界，介護界への影響は計り知れないものがある。そもそも，刑事犯は，故意犯処罰が原則であり，過失については例外的な取扱であるところ，特に，医療や介護というサービスを提供する側が患者や利用者を拒否する立場にない現場において，医療従事者や介護従事者の個人の刑事責任を追及するということは，医療従事者及び介護従事者を萎縮させることになり，より良い医療や介護の提供ができなくなる可能性もある。特に，医療従事者や介護従事者への刑事責任追及については，故意に匹敵するような重大な過失がない限り厳に慎まれるべきである。

誤嚥を減らすために，経管栄養を増やすということも考えられるが，むしろ，医療や介護の現場では，患者・利用者のことを思い，より適切な栄養管理を実現したいという思いや人の楽しみの一つである食事をできるだけ楽しませてあげたいという思いから，できるだけ一般食に近い食事をさせてあげたいと努力をしているのである。この努力の結果として，誤嚥が生じた場合には責任追及がなされるというのは，医療・介護の現場に対し無用な負担を与えるものになりかねない。

Ⅳ　その他の類型

その他，高齢者医療・介護において，特徴的な医療事故・介護事故として紛争に発展し易いものとして，高齢者は様々な持病を有する中で病院に入院したり介護施設に入所したりしているが，家族にとって，想定していない経

---

(12)　甲斐克則『医療事故と刑法』（成文堂，2012年）5頁。

過を経て想定した疾患とは違う状況で高齢者が死亡したような場合がある。例えば，骨折の治療のために高齢者が入院した様な場合には，骨折の治療が目的であるから，家族にしてみると，患者は何ヶ月かすれば元気に家に帰ってくると思っているのが通常である。しかしながら，骨折によりベッド上での安静を強いられると，特に高齢者は誤嚥性肺炎になり易いなど全身状態が悪化することが少なくなく，持病の進行や，老衰，誤嚥性肺炎などの合併症などにより，残念ながら，一定数は入院中に亡くなるのが現状である。裁判例としても，食欲がないということで入院した96歳男性の患者が，入院後約1ヵ月半で死亡したことについて（死亡診断書上の死因は老衰），患者家族が，医師が十分な栄養供給を行わなかった，経管栄養等の救護措置をとらなかったなどとして損害賠償請求を求めたもの（千葉地判令和元年6月14日医療判例解説81号143頁）などがある。かかる裁判例では，裁判所は，高齢者に対する栄養療法については，患者の摂食状況や全身状況を考慮しながら，段階的又は制限的に栄養投与量を確保していく必要があり，患者に対する食事内容を，より栄養量が多いものに変更しなかったことが不合理であるとは認められない，直ちに経管栄養を行われなければならなかったことを認めるに足りる証拠もないなどとして，請求を棄却している。

　このように，病院に入院中や介護施設に入所中に，持病の進行や，老衰など，通常の医療・介護を提供する中で，人が天寿を全うした場合でも，家族にとっては，医療・介護のプロが治療・介護をしてくれる病院や介護施設において，患者・利用者が突然死ぬのはおかしく，医療・介護に問題があったのではないかと考え，医療機関や介護施設に責任追及をしてくることが少なからずあるのである。たしかに，患者・利用者の家族にしてみると，患者・利用者に会うのは，お見舞や面会に来た際の短時間であり，患者・利用者が医療機関・介護施設で過ごす時間の大部分については，何が起きているのか知らない。更には，患者・利用者と疎遠でお見舞や面会にくることもなかった様ないわゆる遠くの親戚にとっては，患者・利用者の突然の死亡は，まさに寝耳に水の出来事である。特に，2020年に新型コロナウイルスが流行して以降，感染拡大防止のために，病院や介護施設では入院患者や利用者と家族の面会を厳しく制限してきたが，その中で，患者や利用者が新型コロナウイルスに感染したり，その他の疾患で死亡したりしたケースでは，紛争化し

ているものが少なからずある。

　こうした紛争事例を減らすためには，そもそも人はいつか死ぬものであり特に高齢者においては様々な疾患等により急変することも少なくないこと，医療・介護の現場は，健康保険制度，介護保険制度のもと，限られた予算の中で行われており人的・物的に限界があるということを社会が認識することが必要である。他方，病院・介護施設としても，患者や利用者の日々の状態や治療・介護の方針・見通しについて，できる限り詳細に患者・家族に日々伝えコミュニケーションを取っておくことも重要である。

V　医療事故・介護事故で高齢者が死亡した場合の慰謝料について

　医療事故や介護事故で，過失が認定された場合には，次に，損害，及び，過失と損害との間の因果関係が問題となるが，損害論については，多数の蓄積のある交通事故による損害賠償分野で議論が進んでおり，いわゆる「赤い本」と呼ばれる公益財団法人日弁連交通事故相談センター東京支部編『民事交通事故訴訟　損害賠償額算定基準』等が，交通事故に限らず，広く損害賠償の議論において，重要な基準を提供するものとして取り扱われており，医療事故や介護事故による損害賠償の議論においても同様である。しかしながら，上記算定基準は，基本的には，健常者が偶然の事故によって財産的・精神的損害を被った場合が念頭に置かれており，医療事故において想定される場面，すなわち，患者はもともと基礎疾患があるため，治療が功を奏しても平均余命をまっとうすることが期待できなきい者が含まれているということや，医療機関を選択し，その治療技術等を信頼して契約関係に入ったものであるという特質がある[13]ということなど，状況が異なっていることへの配慮も必要であるとされている。このように，医療事故・介護事故の損害算定の基礎としては，交通事故訴訟における基準を参考にしつつ，医療・介護の特殊性から若干の修正がなされることもある。これらを踏まえ，医療事故・介護事故で高齢者が死亡したとしても，交通死亡事故の慰謝料の基準の

---

(13)　福田ほか・前掲注(3)674頁。

最低ラインである 2000 万円かそれより若干低い金額での認定がなされているのが現状である。なお，医療事故よりも介護事故の方が低い慰謝料額となっている傾向があるともされる[14]。

　医療事故の際の死亡慰謝料について，杉浦徳宏元裁判官（元大阪地方裁判所医事部部総括判事）は，まさに嚥下障害のある患者が嚥下障害を悪化させる薬剤を誤投与され食材を喉に詰まらせ最終的に誤嚥性肺炎で亡くなったという参考事例を元に，交通事故の場合は，健康な者が突然交通事故の被害者になるのが一般である上，加害者と被害者の間には契約関係がないことを前提としているのに対し，医療訴訟の場合，被害者である患者はもともと何らかの疾患を有し健康を害している者であり，患者ないしその家族と医師又は医療機関との間では明示又は黙示の契約関係が存在するのが一般であるから，同じ基準が妥当するというのは疑問というべきであるとする。その上で，医療側に過失のない死亡事案での和解における解決金の最高額が 150 万円であったという自身の医療訴訟担当裁判官の経験から，過失がある場合の死亡慰謝料の最低金額を 200 万円とするとの提言をした[15]。

　これに対して，同じく大阪地方裁判所医事部部総括判事の経験のある大島眞一元裁判官は，慰謝料の金額について，200 万円を最低金額とするということは，後遺障害慰謝料や弁護士費用などと比べてあまりに低額であるとする。また，そもそも，そう遠くない時期に余命を全うするから死亡させても多額の賠償金を支払う必要はないというのは，生命の尊さを忘れたものであると思う，人の生命は，あらゆる保護法益の中で，最も重いことを忘れてはならないなどと批判する[16]。

　そもそも慰謝料というものは精神的損害に対する賠償をいうとされ[17]，精神的損害という数値に表すことの困難であるものを対象とするため，形式的に算定をすることが困難で，裁判所の裁量に委ねられている。そういった中で，特に交通事故の分野で，迅速かつ適切な事件処理及び慰謝料額の不均

---

(14)　杉浦徳宏「医療訴訟における高齢者が死亡した場合の慰謝料に関する一考察」判例時報 2402 号 136 頁。

(15)　同上

(16)　大島眞一「高齢者の死亡慰謝料額の算定」判例タイムズ 1471 号 15 頁。

(17)　甲斐克則編集代表『医事法辞典』（信山社，2018 年）22 頁。

衡の是正を目的として裁判所内で慰謝料の算定基準ができ，公表され，その後，公益財団法人日弁連交通事故相談センターが『交通事故相談における損害賠償額算定基準』いわゆる「青本」が作成されるに至った[18]。

　杉浦論文は極端であるにせよ，医療事故・介護事故における死亡慰謝料額を含めた慰謝料額について，事案の性質・背景事情が大きく異なる交通事故訴訟の基準をそのまま適用することは妥当でないと考える。この点，基礎疾患の重篤性の低度，余命期間の長さ，患者の行動の問題性等によって，慰謝料額が減額された裁判例があるとされる[19]。他方，「交通事故においては，事故以前に当事者間に何ら法律関係がないのが通常であるのに対し，医療事故の場合は，患者と医師の間に契約関係が存在し，患者は医師を信頼して身を委ね，身体に対する侵襲を甘んじて受け入れているのであるから，医師の注意義務違反によって患者の生命身体が損なわれたとき，患者には損害の客観的態様に基づく精神的苦痛に加えて，医師に対する信頼を裏切られたことによる精神的苦痛が生ずるものと考えられる。したがって，医師の注意義務違反の内容と程度及び患者側の受けた損害の内容と程度によっては，患者側の精神的苦痛に対する慰謝料の額が交通事故等の場合よりも高額なものとなる場合もあり得るというべきである」とする裁判例もある（東京地判平成18年7月26日判時1947号66頁）。

　この点，特に，高齢者の転倒・転落事故や誤嚥事故などで死亡したケースにおいては，そもそも日常生活においても起こりうるできごとであり，人が，高齢化し転倒・転落により骨折をし，寝たきり状態で誤嚥性肺炎になったり，嚥下機能が低下し誤嚥により肺炎になったり窒息したりすることは，本来，人が死亡する一つの自然経過と言っても過言ではない。そのように考えると，たまたま，病院や介護施設で発生した事故というだけで，交通事故同様の慰謝料が発生するということには再考する余地があるのではなかろうか。

---

(18)　古笛恵子「判例に見る高齢者の交通事故 —— 高齢被害者の損害と高齢加害者の責任」（日本加除出版，2020年）150頁。
(19)　大島・前掲注(16)9頁。

Ⅵ　まとめ

　もちろん，転倒・転落事故や誤嚥事故の中には，法的に注意義務違反があると認定されるような病院や介護施設に問題があるケースもある。しかしながら，特に高齢者において転倒・転落や誤嚥は日常生活の中で発生するリスクの高いものであり，人の死亡原因の一つに挙げられるものである。家の中を含めた日常生活の中で転倒・転落や誤嚥が発生し怪我や死亡といった結果が発生した場合にはやむを得なかったということになるのに，その場所が，病院や介護施設というだけで，看護や介護のプロが面倒を見てくれているのだからと，過剰な期待をしてしまうことは，感情としては理解できるものの，医療や介護の現場に不可能を強いるものになってしまう。

　そもそも，医療・介護の現場は，健康保険制度，介護保険制度のもと，限られた予算の中で看護師・介護士の人員を配置しているのであり，数十人の患者・利用者を数人のスタッフで見なければならないというのが現状である。高齢者の多くが転倒・転落や誤嚥のリスクが少なからずある中で，全ての患者・利用者が行動する際に，マンツーマンで看護・介助することは不可能である。

　もちろん，医療界・介護界が，事故が起こらないようにする努力を続けることも重要であるが，転倒・転落や誤嚥をし易いという高齢者の特性や，医療・介護現場の実態を，社会一般が理解し受けいれていくことも重要であると考える。

　また，家族にとって想定していない経過を経て想定した疾患とは違う状況で高齢者が死亡したようなケースでの紛争を減らすためには，特に高齢者においては様々な疾患等により急変することも少なくないこと，医療・介護の現場には限界があるということを社会が認識することが必要であり，病院・介護施設としても，患者・家族と入院患者・利用者の病状等について日々のコミュニケーションを密に取っておくことが重要である。

8　高齢者の終末期医療と医事法

新谷一朗

Ⅰ　は じ め に
Ⅱ　日本における治療中止に関する学説
Ⅲ　裁判例の展開
Ⅳ　各種ガイドライン等の検討
Ⅴ　高齢者の終末期医療と人工的水分・栄養補給法（AHN）について
Ⅵ　お わ り に

I　はじめに

「高齢者の終末期医療と医事法」というタイトルからは，映画「PLAN75」のような[1]，一定の年齢に至ったときに死を選択することが許容されるのか，という論点がイメージされるかもしれない。しかしながら，このような論点は「終末期医療」との関わりを必ずしも有するものではない。あるいは，末期疾患を抱えた患者について医師が致死薬等を処方する，いわゆる「医師による自殺幇助」の合法性が想定されるかもしれない。確かにこれを一定の条件のもとで許容する国々も存在する[2]。しかし，医師による自殺幇助という論点は高齢者に特有のものではない。事実，2019年に発生した，難病であるALSの患者の依頼を受けた医師が患者に薬物を投与して殺害した事案の被害者は当時51歳であった。いずれにせよ，このようなかなり進んだ論点よりも前に「高齢者の終末期医療」と「医事法」が関わる場面として，検討すべき問題が存在する。

この点，2012年に日本老年医学会が策定したガイドライン[3]に「関係者たちを悩ませる典型的な問題」として記されていたのは「何らかの理由で飲食できなくなった時に，人工的水分・栄養補給法を導入するかどうか」というものであった。そこでは「多くの医療者が『導入しないことに倫理的な問題を感じ』ているが，また『導入することに倫理的な問題を感じ』てもいるという」臨床現場における困惑が述べられている。

そこで本稿では，まずこのような人工的水分・栄養補給法（以下，これに対応する英語表現である"Artificial Hydration and Nutrition"の略記として「AHN」とする）に関わる具体的な問題点を論じる前に，そもそも生命維持

（1）　早川千絵監督，PLAN75，倍賞千恵子，磯村優斗，河合優実出演，2022。Happinet，2023（DVD）。

（2）　医師による自殺関与の論点については，神馬幸一「医師による自殺幇助（医師介助自殺）」甲斐克則編『終末期医療と医事法』（信山社，2013年）77頁参照。

（3）　一般社団法人日本老年医学会「高齢者ケアの意思決定プロセスに関するガイドライン ―― 人工的水分・栄養補給の導入を中心として」（2012年6月27日）https://www.jpn-geriat-soc.or.jp/proposal/pdf/jgs_ahn_gl_2012.pdf（最終訪問日2024年5月20日）。

に必要な医療行為を中止することの適法性に関して，現在までどのような議論が行われてきたのかについて概観したうえで（Ⅱ），裁判例の展開に触れることとする（Ⅲ）。そのうえで，治療中止に関連する各種ガイドラインを検討することで，治療中止と医事法が関わる問題点を明確化する（Ⅳ）。そしてこれらをふまえて，高齢者に特に関連する AHN の性質に触れたうえで（Ⅴ），高齢者の終末期医療において，治療中止に関する従来の議論を応用する可能性を検討することとする。

Ⅱ　日本における治療中止に関する学説

1　刑法202条と治療中止との関係

　刑法202条は「人を教唆し若しくは幇助して自殺させ，又は人をその嘱託を受け若しくはその承諾を得て殺した者は，6月以上7年以下の懲役又は禁錮に処する。」と規定し，死に至る行為を，同意を得て行うことを禁止している。それゆえ生命維持に必要な医療行為を中止することは，それが患者の死を結果する場合には，いくら患者の真摯な同意があっても刑法202条の構成要件に該当し得ることとなる。それでは医事（刑）法は，この問題にどのように対応してきたのだろうか。

2　治療中止を許容する根拠

　刑法学説においては，治療中止における患者の承諾が完全に自由な意思決定なのか，あるいは終末期という究極状況における自己決定がそもそも存在するのかに疑問を呈し，治療中止を適法とみることはできないとする見解がある[4]。この見解によると，治療中止を不処罰とするにしても，それは違法性の問題ではなく，あくまで責任の問題ということになる[5]。しかし，この論者が自認するとおり，責任阻却によってこの問題を解決するのでは，

（4）　曽根威彦『刑法総論〔第4版〕』（弘文堂，2008年）129頁，高橋則夫『刑法総論〔第5版〕』（成文堂，2022年）358頁。

（5）　期待可能性の減少と処罰の必要性の欠如による可罰的責任阻却とする見解として，山中敬一『刑法総論〔第3版〕』（成文堂，2015年）750頁。

結局，医師の治療中止行為が「違法」だというレッテルは貼られたままとなり，法的判断を不明確にしてしまう[6]。

そこで，終末期医療においては患者の自己決定を理由に，刑法202条の構成要件に該当した治療中止行為の違法性は阻却される，すなわち適法となる，と理解する見解が通説的となっている。もっとも，自己決定を治療中止の適法性の根拠とするアプローチには，法益主体の意思よりもその生命の保護を優先している刑法202条との整合性について疑問が提起されることとなる。しかしながらこの点については，患者には自らの身体への侵襲・介入としての治療を，それが生命維持に資するとしても拒否する権利があり，その限度で刑法202条の同意殺人罪の禁止は及ばない，という理解があり[7]妥当であると考える。治療中止の正当化根拠が，医療者側の「治療義務の限界」という言葉で表現されることもあるが，「患者の自己決定権」と「治療義務」との関係については以下Ⅲ2(a)(ⅱ)の川崎協同病院事件の第1審判決への検討で触れることとする。

3　治療の不開始と中止の法的差異

ここまでは，生命維持に必要な行為を中止する行為の法的評価について述べてきた。ところで，「はじめに」で触れたガイドラインではAHNを導入しないことと導入すること双方への困惑が指摘されている。それでは，そもそも医療行為を開始しないことと，一旦導入した医療行為を減量・中止することは，区別して考えるべきなのだろうか。このような中止と不開始の法的性質の相違については，刑法上の作為・不作為の論点と関連して，緻密な議論が繰り広げられてきた[8]。しかしながら，現在においては，例えば「患者に対し最初から呼吸器の装着を差し控える場合と，いったん開始した呼吸管理を中止する場合とは，法的に同列に置かれるべきである。それは治療

---

(6) 山中・前掲注(5)750頁。
(7) 井田良「治療中止をめぐって ── 立法による問題解決は可能か」判例時報2374号（2018年）110頁，甲斐克則『終末期医療と刑法』（成文堂，2017年）28頁，佐伯仁志「治療の不開始・中止に関する一考察」法曹時報72巻6号（2020年）1081頁。
(8) 武藤眞朗「生命維持装置の取り外し ── わが国の学説の分析」『西原春夫先生古稀祝賀論文集 第一巻』（成文堂，1998年）364頁以下参照。

（の継続）を求める命令規範への違背行為として，刑法上は不作為と見ることができる。[9]」として，不開始と中止について法的差異を認めない見解が多数を占めている。佐伯仁志は，「結局，治療中止の許容性を，作為と不作為の区別にこだわって論じるべきではない。治療中止と治療不開始の区別は合理性がなく，同一基準で処罰範囲を定めるべきである。[10]」と述べており，筆者も同様に考える。

Ⅲ　裁判例の展開

それでは，治療中止を許容する根拠およびそのための要件について裁判例はどのように判断してきたのだろうか。

1　東海大学医学部附属病院事件[11]

この事案の概要は以下の通りである。平成3年4月13日に，大学附属病院に勤務する医師であった被告人は，治癒不可能ながんに冒されて入院していた患者が余命数日という末期状態にあったとき，その苦しそうな息づかいを見た妻や息子から，やるだけのことはやったので楽にさせて欲しいと頼まれた。そこで最初は点滴を外すなど全面的な治療の中止を行ったが，さらに楽にさせて欲しいと頼まれたので，苦しそうな息づかいを抑えるため呼吸抑制の作用のある薬剤を注射した。しかし，なお苦しそうな息づかいが治まらず，息子から今日中に家につれて帰りたいなどと頼まれたため，患者に息を引き取らせることを決意して，心停止の作用のある塩化カリウム等を注射し，即時死亡させたというもので，この最後の直接死を惹起した行為について殺人罪で起訴されたものである。

このように，本件は患者本人の意思が不明なことに加えて，塩化カリウム等の注射によって患者を直接死亡させていることから，いわゆる治療中止の状況ではないが，横浜地裁は，一般論としての治療中止の適法化について次

---

(9)　井田・前掲注(7)108-109頁。
(10)　佐伯・前掲注(7)1089-1090頁。米村滋人『医事法講義〔第2版〕』（日本評論社，2023年）193頁以下も同旨。
(11)　横浜地判平成7年3月28日判タ877号148頁。

のように述べた。

(a) 治療中止が不処罰とされる根拠

まず横浜地裁は，治療中止が一定の場合に処罰されない根拠について次のように述べた。すなわち「こうした治療行為の中止は，意味のない治療を打ち切って人間としての尊厳性を保って自然な死を迎えたいという，患者の自己決定を尊重すべきであるとの患者の自己決定権の理論と，そうした意味のない治療行為までを行うことはもはや義務ではないとの医師の治療義務の限界を根拠に，一定の要件の下に許容されると考えられる」とした。「許容される」という表現から，治療中止の問題が違法性の問題であるという理論枠組みを提示したものと考えられる。そして，適法化の根拠としては「患者の自己決定権」と「医師の治療義務」という2つの要素を抽出した。両者の関係については後述の川崎協司病院事件の第1審判決への検討で触れることとする。

(b) 治療中止が適法化される要件

そして，このような適法化根拠のもとで充たされるべき要件として，まず患者がどのような状態にあるべきか，とする客観的な側面については次のように述べる。すなわち「患者が治癒不可能な病気に冒され，回復の見込みがなく死が避けられない末期状態にあることが，まず必要である。」と。そして，患者がこのような状況にあるとする判断については「複数の医師による反復した診断によるのが望ましい」とされた。なお，治療行為の中止の対象となる措置については「すべてが対象となってよい」とされており，後述するAHNとの関わりでは重要な言明である。

次に患者の意思，という主観的側面についてはどのような基準が設けられるべきなのだろうか。これについて本判決は「治療行為の中止を求める患者の意思表示が存在し，それは治療行為の中止を行う時点で存在することが必要である。」と述べる。治療行為の中止の適法性の根拠が，患者の自己決定権への尊重に求められる以上，当然の要件であろう。それでは患者の意思表示が存在しない場合にはどのように考えるべきか。横浜地裁はさらに以下のように述べる。「患者の明確な意思表示が存在しないときには，患者の推定的意思によることを是認してよ」く，「患者自身の事前の意思表示」は「患者の推定的意思を認定するのに有力な証拠とな」る，と。さらに，それが

「何ら存在しない場合」でもなお「家族の意思表示から患者の意思を推定することが許される」とする。すなわち，治療中止時の明示の意思表示が存在する場合にはそれが尊重され，治療中止時に意思決定能力がなくても，事前の意思表示が推定的意思を認定する有力な証拠となり，事前の意思表示すらなくても，家族の意思表示から患者の意思を推定することを許容する，という三段構えの構成を提示したのである。

2 川崎協同病院事件

東海大学医学部附属病院の次に，治療中止の問題が刑事裁判となったのが川崎協同病院事件であった。この事案の概要は以下の通りである。被告人は，医師として川崎協同病院に勤務していたところ，昭和60年ころから外来で被告人の診察を受けていた喘息患者が，平成10年11月2日，気管支喘息重積発作により心肺停止となって同病院に運び込まれた。同人は，救命措置によって蘇生し，気管内チューブを挿管したままではあるが自発呼吸ができるようになっていたものの，重度の低酸素性脳損傷による昏睡状態を脱することができず，重度の気道感染症や敗血症も合併していた。被告人は，同月16日，患者に自然の死を迎えさせるためとして気管内チューブを抜管し，その後に発現した苦悶様呼吸を鎮静化させるために，鎮静剤のセルシン及びドルミカムを投与し，さらに筋弛緩剤であるミオブロックを投与し，患者はその日のうちに死亡した。

このように，本件もまた先の東海大学医学部附属病院事件と同様に，患者本人の意思が不明なことに加えて，気管内チューブの抜管や筋弛緩剤等の投与によって患者を直接死亡させていることから，いわゆる治療中止の状況ではないが，地裁，高裁，最高裁がそれぞれ提示した治療中止に関わる論点とその解決策については検討する価値がある。

(a) **第1審判決**[12]

(i) 患者の自己決定権

弁護人らが，上の東海大学医学部附属病院事件の説示を援用し，本件抜管

---

[12] 横浜地判平成17年3月25日判タ1185号114頁。代表的な評釈として，甲斐克則「判批」ジュリスト1293号（2005年）98頁，辰井聡子「判批」重判平成17年度（ジュ

行為には違法性がない旨主張したのに対して、第1審判決は、同事件で示された「患者の自己決定権」と「医師の治療義務の限界」という許容要件を踏襲しつつ、これらがそれぞれ独立した要件であると述べ、それぞれの要件を明確化した。まず「患者の自己決定権」について、これを治療行為の中止時に確認できない場合が少なくないという問題に触れ、この問題に対しては、同居の家族等による患者の意思の推測を手がかりとして患者の真意を探求する方法を認めた。もっとも、同事件と同様に、患者の真意の探求においては「疑わしきは生命の利益に」の原則が指針となることを述べたうえで、医師は患者の生命保護を優先させ、医学的に最も適応した諸措置を継続すべきである、としている。

(ii) 医師の治療義務

注目すべきは「治療義務」に関する理解である。同事件が患者の自己決定と医師の治療義務を並列していたのに対して、第1審判決は、「治療義務の限界」に達すれば「患者が望んでいる場合であっても」有害あるいは意味がないと判断される治療を継続する、あるいはそれを行う法的義務はないとしている。それゆえ、II2で提起した2つの許容要件の関係については、医学的に有効な治療が限界に達し、客観的に治療義務が解除される段階が存在する一方で、それより前の段階であっても「患者の自己決定権」によって治療中止が許容される場合がある、という2段階構造として理解されることとなる[13]。

(iii) 患者の病状に関する要件

さらに第1審判決は、東海大学医学部附属病院事件で述べられた「患者が治癒不可能な病気に冒され、回復の見込みがなく死が避けられない末期状態」という要件を「回復不能でその死期が切迫していること」という表現に改めた。これについて複数の医師による判断を求めることは同事件と同様であるが、第1審判決では、この判断もまた「疑わしきは生命の利益に」の原則に服すべきものであるとしている。

リ臨増1313号)165頁を参照。
[13] 井田良「終末期医療と刑法」ジュリスト1339号(2007年)45頁。

(b) **第2審判決**[14]

(i) 治療拒否権の根拠

これに対して、第2審判決は「終末期において患者自身が治療方針を決定することは、憲法上保障された自己決定権といえるかという基本的な問題」が存在する、としてこの文脈における自己決定権そのものに疑問を呈した。そして「刑法202条により自殺関与行為及び同意殺人行為が違法とされていることとの矛盾ない説明」の必要性を説く。確かに、治療中止の憲法上の位置づけに関わる論点として、宗教上の信念に反するとして輸血を伴う医療行為を拒否する権利が挙げられるが、これについて最高裁は「自己決定権」という言葉は用いていない。むしろ最高裁は「人格権の一内容」として、これは尊重されなければならないと述べているのである[15]。もっとも、刑法学説においては、憲法論とは別に実定法上の権利として「治療拒否権」を位置づけ、刑法202条の適用は、これによって制限されるという見解も有力に主張されている[16]。

(ii) 自己決定という根拠に対する批判

そして個々の要件について第2審判決は、まず自己決定アプローチに対して「急に意識を失った者については、元々自己決定ができないことになるから、家族による自己決定の代行か家族の意見等による患者の意思推定かのいずれかによることになる」ことを指摘するが、前者には「終末期医療に伴う家族の経済的・精神的な負担等の回避という患者本人の気持ちには必ずしも沿わない思惑が入り込む危険性がつきまとう」として、「そのような事情の介入は、患者による自己決定ではなく家族による自己決定にほかならないことになってしまう」との懸念を示す。そして、後者は「フィクションにならざるを得ない面がある」として、自己決定の代行と患者の意思の推定というどちらの方法に対しても批判的な見解を示すのである。

---

(14) 東京高判平成19年2月28日判タ1237号153頁。代表的な評釈として、町野朔「判批」刑事法ジャーナル8号(2007年)47頁,橋爪隆「判批」重判平成19年度(ジュリ臨増1354号)169頁を参照。

(15) 最決平成12年2月29日民集54巻2号582頁。

(16) 佐伯・前掲注(7)1082頁。

(iii) 治療義務という根拠に対する批判

さらに治療義務の限界というアプローチに対しても「それが適用されるのは，かなり終末期の状態であり，医療の意味がないような限定的な場合であって，これを広く適用することには解釈上無理がある」として，「脳死に近い不可逆的な状況ということになれば，その適用の余地はかなり限定され，尊厳死が問うている全般的局面を十分カバーしていない」として，この根拠にも解釈上の限界があると述べる。

(iv) 立法・ガイドラインの必要性

これをふまえて「尊厳死の問題を抜本的に解決するには，尊厳死法の制定ないしこれに代わり得るガイドラインの策定が必要で」あるとして，「尊厳死を適法とする場合でも単なる実体的な要件のみが必要なのではなく，必然的にその手続的な要件も欠かせない」と手続きの重要性に触れたうえで「この問題は，国を挙げて議論・検討すべきものであって，司法が抜本的な解決を図るような問題ではない」とする。

(c) 最高裁決定[17]

このように第1審判決は，東海大学医学部附属病院事件で提示された正当化根拠および要件を理論的に洗練したと評価しうるが，逆に第2審判決は，その2つの正当化根拠，すなわち「患者の自己決定権」および「医師の治療義務の限界」双方に対して批判的な立場を示した。これについて，最高裁決定は「被害者が気管支ぜん息の重積発作を起こして入院した後，本件抜管時までに，同人の余命等を判断するために必要とされる脳波等の検査は実施されておらず，発症からいまだ2週間の時点でもあり，その回復可能性や余命について的確な判断を下せる状況にはなかったものと認められる。そして，被害者は，本件時，こん睡状態にあったものであるところ，本件気管内チューブの抜管は，被害者の回復をあきらめた家族からの要請に基づき行われたものであるが，その要請は上記の状況から認められるとおり被害者の病状等について適切な情報が伝えられた上でされたものではなく，上記抜管行

---

(17) 最決平成21年12月7日刑集63巻11号1899頁。代表的な評釈として，小田直樹「判批」重判平成22年度（ジュリ臨増1420号）165頁，武藤眞朗「判批」刑事法ジャーナル23号（2021年）83頁を参照。

為が被害者の推定的意思に基づくということもできない。以上によれば，上記抜管行為は，法律上許容される治療中止には当たらないというべきである。」として，一般的な根拠論および要件論に触れることはなく，あくまで事例判断に留めた。ただし，多岐にわたる上告趣意の中で患者の「回復可能性や余命」に言及し，家族からの要請が患者の「推定的意思」に基づいていないことを指摘していることは，逆にこれらを要件として法律上許容される治療中止が存在することを示唆するものである[18]。しかしながら，本決定では，治療中止が許容される根拠への言及はなく，この２つの要件の相互関係も明らかにされなかった。それゆえ，許容されうる治療中止の範囲もいまだ不明確なままとなっている。

3　小　括

川崎協同病院事件の第２審判決が指摘する，立法やガイドラインによるルール化の必要性は，とりわけ医療従事者の手続的保護という観点からも首肯できるものである。しかしながらルールが存在すればそれだけでよい，というわけではなく，そこにおいては第２審判決による第１審判決に対する批判を克服する理論的努力の積重ねが重要となる[19]。この点，厚生労働省や関連学会による種々のガイドラインはこの批判に配慮したうえでの手続きの明確化を志向するものと評価できるものであり，特に，本稿が主題とする高齢者の終末期医療に個別に言及したものも存在する。そこで次節では，これらのガイドラインや種々の提言を検討することとする。

Ⅳ　各種ガイドライン等の検討

上記川崎協同病院事件の第１審判決以後，各種学会や，厚生労働省といった公的機関もまた，治療中止に関わるガイドライン等を詳細に提示し始めた。なお，これらの検討[20]に移る前に，ガイドラインに頻出する３つの用語を

---

(18) 新谷一朗「判批」甲斐克則・手嶋豊編『医事法判例百選〔第３版〕』（有斐閣，2022年）194頁。
(19) 甲斐克則「判批」甲斐克則・手嶋豊編『医事法判例百選〔第２版〕』（有斐閣，2014年）199頁。

筆者なりに整理しておきたい。それが「リビングウィル」,「事前指示書」そして「POLST」である。

　治療拒否においては患者の自己決定権が決定的であるべきにもかかわらず，川崎協同病院事件の第2審判決が批判するように，急に意識を失った患者についてはその自己決定が何を意味するのか不明となる。そこで，意思決定能力を喪失した場合に備えて，事前に特定の医療行為を受け入れるか否かについての指示を与えておく文書としてアメリカで考案されたのがリビングウィルであり，1976年に同国ではじめて法的効力が与えられることとなった。しかしながら，その後リビングウィルに対しては，将来的に選択可能なすべての医療処置を予見することは困難である，という欠点が指摘され始めた。そこで，リビングウィルのように指示を与えるのではなく，能力喪失後の医療行為に関する権限を代理人に与える機能を有する，ヘルスケアのための持続的代理権（Durable Powers of Attorney for Health Care）を認める州が増大した。この持続的代理権とリビングウィルは相互に補完し合う関係にあり，双方を含む概念として事前指示書（advance directives）という言葉が用いられ始めたのである（それゆえ複数形が用いられている）[21]。

　このような中で，オレゴン州でその利用がはじまり2000年代から現在まで急速に普及している文書が，POLST（Physician's Order for Life-Sustaining Treatment）と呼ばれるものである[22]。事前指示書が患者自身の考えを記述するのに対して，POLSTの当初の目的は，病気や加齢のために予後が思わしくないと判断された患者について，医師・患者・家族間の会話を促進することであった。そして，患者の医療状況が変化するに応じて，その都度終末期医療の選択肢からの自己決定を行うことが企図されている。なお，先に触れた事前指示書とPOLSTとの関係は相互排他的なものではなく，相互補完

---

(20)　概括的には，甲斐克則「終末期医療に関する各種指針」甲斐克則・手嶋豊編『医事法判例百選〔第3版〕』（有斐閣，2022年）228頁を参照。

(21)　一連の議論については，新谷一朗「終末期医療における自己決定と事前指示について——アメリカ合衆国の議論を素材として」『曽根威彦先生・田口守一先生古稀祝賀論文集（上巻）』（成文堂，2014年）327頁。

(22)　POLSTの成り立ちについては，Keith Sonderling, POLST: *A Cure for the Common Advance Directive-It's Just What the Doctor Ordered*, 33 Nova L. Rev. 451（2009）を参照。

関係にあり両者を持つことが推奨されている。また POLST は，文書の性質として患者の指示ではなく医師の命令としての地位を有することにも特色がある。

1 日本医師会 生命倫理懇談会

(a)「ふたたび終末期医療について」の報告（2006 年）[23]

日本医師会第 X 次生命倫理懇談会は，2008 年に「終末期医療に関するガイドラインについて」という答申を発表した。これに先んじて，2006 年に同懇談会が発表した「『ふたたび終末期医療について』の報告」は，先の学説や裁判例で治療拒否の正当化根拠として挙げられた自己決定権と QOL の関係や，事前指示書の位置づけのみならず，高齢者の死や認知症の取り扱いについても述べられている。

まず同懇談会は，自己決定権と QOL の関係について，延命と QOL が両立しない場合には，患者の自己決定権に基づく「QOL の向上・保持を延命効果よりも優先的に考えることが適切である場合が多い」と述べている。そしてここにいう自己決定について「治療の決定に際して，患者自身の意思を尊重することと並んで，家族等も納得できるように話し合いを進めることは，このような配慮にもつながる。」として家族への配慮もなされていることには注目に値する。

次に同報告は事前指示書の重要性に触れる。すなわち「患者の意思を尊重する医療を進めるためには，患者に対応する力があるうちに，事前指示（対応する力を欠く状態になった場合に，起こり得るさまざまな状況に対して，どうして欲しいかという意思を表明しておくこと）をしておくという方法がある。事前指示には，起こり得る状況に対処する仕方を指示しておく方法（具体的な指示の他に，患者の価値観・人生観を述べる方法もある）と，代理人を指名しておく方法とがあり，両者を併用するのが適当である。」と。これには，リビングウィルと持続的代理権の相互補完を志向する事前指示書の発想が見られる。

しかしながら，事前指示書の存在が必ずしも決定的ではない，との配慮も

---

[23] 第 IX 次生命倫理懇談会答申「ふたたび終末期医療について」（2006 年 2 月）。

見られる。すなわち「重篤な疾患があることを知らされ、精神的に落ち込んでいる状態で入院した患者に」については、その将来に対する意思表明を求めることは酷になる場合があることに触れられている。そこで、事前指示書については「適切な作成の仕方が必要であり、またそれが絶対的なものではないということに留意すべきである。」との留保が付されている。

また、本稿の主題である高齢者について、最初の問題として、その死亡場所が挙げられている。多くの日本人にとっては「最期を迎えるためだけに入院を希望する人はいない」ために、「最期を迎えるのは自宅で、苦痛なく、家族に見守られて有終の美を飾ることができるようにわが国の環境を整備する必要がある。」と。後述のように、在宅介護におけるAHNの導入が問題となっていることに鑑みると、その中止・不開始の法的評価という側面からも重要な指摘である。

また、福祉施設で最後を迎えることを希望する場合にリビングウィルを提示する人が増えていることを指摘したうえで、これを「理解し支援する体制が求められている。尊厳死では、自分の死に様を決定する自己決定を求めている。医師は、尊厳死が重視され始めたことを、十分に理解する必要がある。同時に、医師は何がその患者にとって最善であるかについて、医師としての医療方針を放棄することなく患者との合意を目指すべきである。」と述べられている。医師と患者との間で医療方針の合意を目指すべきという主張は、近時の、もしものときのために、自らが望む医療やケアについて前もって考え、家族等や医療・ケアチームと繰り返し話し合い、共有するというアドバンス・ケア・プランニング（以下、「ACP」とする）や人生会議とも軌を一にするものである。

なお、認知症と終末期医療との関わりについては「患者の尊厳死をめぐっては、従来から『重度の認知症』を尊厳死の対象に加えて欲しいという希望の声が多い」ことを自認しつつも、「一方で『認知症の患者も一生懸命生きようとしており、不治・末期でない』、『健康者からみた認知症には偏見がある』」などの理由で反対する人も少なくないことから、認知症を終末期に含めることは見合わせられた。

(b) **終末期医療に関するガイドラインについて（2008年）**[24]

ここでは、まず「患者が終末期の状態であることの決定は、医師を中心と

する複数の専門職種の医療従事者から構成される医療・ケアチームによって行う。」と述べられている。これは東海大学医学部附属病院事件や川崎協同病院事件第1審判決の指摘を反映したものと考えられる。そして患者の意思については，まず「患者の意思が確認できる場合には，インフォームド・コンセントに基づく患者の意思を基本と」することが確認される。次に「患者の意思の確認が不可能な状況下にあっても『患者自身の事前の意思表示書』がある場合には，家族等に意思表示書がなお有効なことを確認してから医療・ケアチームが判断する。」として，「また，意思表示書はないが，家族等の話などから患者の意思が推定できる場合には，原則としてその推定意思を尊重した治療方針をとることとする。」と規定する。このような三段構え構造は，先の東海大学医学部附属病院事件で提示された枠組みを踏襲するものである。

(c) 今日の医療をめぐる生命倫理（2014年）[25]

ここでは，川崎協同病院事件の第2審判決が述べた法制化もしくはガイドラインの必要性を受けて，法制化に対して批判的な立場が表明され，その代わりとしてガイドラインを遵守させることが望ましいと述べられている。すなわち「終末期医療の法制化にはデメリットがある。法律によって許容される延命措置の中止を規定することは，医療の現場に，法律の規定する以外の行為は許されないという解釈を生じさせ，結果的に患者の権利が制約されるという結果をもたらす。もちろん，法律的には，明文で規定されていない行為がすべて許されないということではないが，臨床現場は可能な限り法的なトラブルを避けようとして，法律が明文で規定している範囲内でのみ延命措置の中止を行うという安全策をとることになるからである。」と。そして「日本医師会を含む関係機関が作成した適切な公的ガイドラインに従うことで現場の医師が免責を受けられることが望ましいと意見表明している。し

---

(24) 第X次生命倫理懇談会答申「終末期医療に関するガイドラインについて」（2008年2月）https://www.med.or.jp/dl-med/teireikaiken/20080227_1.pdf（最終訪問日2024年5月20日）。

(25) 第XIII次生命倫理懇談会答申「今日の医療をめぐる生命倫理 —— 特に終末期医療と遺伝子診断・治療について」（2014年3月）https://www.med.or.jp/dl-med/teireikaiken/20140402_3.pdf（最終訪問日2024年5月20日）。

がって日本医師会は、ガイドライン等の既存の公的規範の周知徹底と、現場でのその適切な運用に責任を持って取り組むべきことを会員に推奨している。」として、治療中止の基準としては、ガイドラインがその役割を担うべきとされている。

(d) **超高齢社会と終末期医療（2017年）**[26]

2008年のガイドラインでは、東海大学医学部附属病院事件で示されたように、患者の意思が明確な場合、推定できる場合、推定できない場合という3つの場合分けがなされていた。そしてここでは、独居高齢者の増加に伴い、「本人の意思を補足すべき家族もおらず、何の方策もとらないと対処困難事例の増加が予想され」ている。このような場合「実際には、医療倫理上、このようなケースでは患者の最善の利益を基準に、医療・ケアチームで判断する他はない」が、「このようなケースを増加させないため」に文書による事前の意思表示を利用することが検討されている。

しかしながらリビングウィルについては「日本尊厳死協会等の努力にもかかわらず、欧米に比べわが国で広まっているといえない。」とされる。2014年に公表された厚生労働省の意識調査に基づき、「リビングウィルのような事前指示書の作成に関し、約7割の人たちが賛成しているが、実際に作成している人はそのうち3.2％というデータがある」とされるのである。このデータについて「国民は終末期における事前の意思表示は必要と考えているが、実際に『その時』がいつなのかが分からないので用意しない、また、『死』を意識して事前準備することがはばかられる雰囲気があるので、先送りしているということである。」と結論づけられている。また、「リビングウィルは自発的意思表示書であり、まさに自分で決断する必要がある。先に述べたように、多くの人はそのような決断は先送りできるものなら先送りする傾向がある。また、日本の場合、法的効果が明確でないこと、臓器提供意思表示カードのような統一した書式がないこと」などが挙げられている。

そこで、「むしろ医療者がイニシアティブをとって、終末期の対応に関する希望を聞き、それをカルテに記録する動きが広まってきた。」とされ、こ

---

[26] 第XV次生命倫理懇談会答申「超高齢社会と終末期医療」（2017年11月）https://www.med.or.jp/dl-med/teireikaiken/20171206_1.pdf（最終訪問日2024年5月20日）。

こで紹介されているのが前述のPOLSTである。「高齢者と呼ばれるようになってから死亡するまでに20年から30年はある時代」においてこそ,「このようなPOLSTを含むACPの重要性」が強調されることとなる。

がん治療についても言及されており,「高齢者ががんにかかった場合でも,がん治療を今後どのように進めていくかという直近の治療選択に関する検討プロセスは,ACPのプロセスと別々ではなく,双方を『包括的』に進めるべき」とされる。ここで強調されるのは死までの長期的な視野ということになる。すなわち「直近の治療選択がそもそも医学的判断だけで決まるのではなく,それをベースにしつつも,本人の今後の人生にとっての最善を目指すという見地で決まるのである。したがって,ACPは単にAD（Advance Directive）やPOLSTを作成するためのプロセスではなく,今後の治療とケア全体をカバーするものとなっていくべきである。」とされるのである。

2　厚生労働省

厚生労働省は,2007年[27],2015年[28]そして2018年[29]と3回にわたって終末期医療に関するガイドラインを提示しているが,ここでは直近の「人生の最終段階における医療・ケアの決定プロセスに関するガイドライン」を検討の対象とする。

そもそも2018年にガイドラインが改訂された契機が「高齢多死社会の進展」であり,「在宅医療・介護の現場で活用できる」ためのものである。そこでまず,本人と話し合いを行い医療・ケアの決定を行うチームは「多専門職種の医療・介護従事者から構成される」として,これに介護従事者が含まれることが明確にされることとなった。そのうえで,患者の意思が明確な場

---

[27] 厚生労働省「終末期医療の決定プロセスに関するガイドライン」（2007年5月）https://www.mhlw.go.jp/shingi/2007/05/dl/s0521-11a.pdf（最終訪問日2024年5月20日）。

[28] 厚生労働省「人生の最終段階における医療の決定プロセスに関するガイドライン」（2015年3月）https://www.mhlw.go.jp/file/04-Houdouhappyou-10802000-Iseikyoku-Shidouka/0000079906.pdf（最終訪問日2024年5月20日）。

[29] 厚生労働省「人生の最終段階における医療・ケアの決定プロセスに関するガイドライン」（2018年3月）https://www.mhlw.go.jp/file/04-Houdouhappyou-10802000-Iseikyoku-Shidouka/0000197701.pdf（最終訪問日2024年5月20日）。

合，推定できる場合，推定できない場合という場合分けがなされているのは先の分類を踏襲するものであるが，とりわけ「時間の経過，心身の状態の変化，医学的評価の変更等に応じて本人の意思が変化しうるものであることから，医療・ケアチームにより，適切な情報の提供と説明がなされ，本人が自らの意思をその都度示し，伝えることができるような支援が行われることが必要である。この際，本人が自らの意思を伝えられない状態になる可能性があることから，家族等も含めて話し合いが繰り返し行われることも必要である。」として，本人の意思の可変性を認めたうえでの，繰り返しの話し合いの重要性が強調されている。

またここで注目すべきは「家族等」という表現である。これも高齢化に伴う単身世帯の増加を見越したうえで，親しい友人なども含めた意思推定を可能にする文言となっている。

3　日本老年医学会（2012 年）[30]

日本老年医学会では，医療・介護における意思決定のプロセスとして，まず医療・介護側の関係者が「医療・ケアチーム」として対応することを規定している。そのうえで本人の意思確認ができる場合とできない場合を区別したうえで，後者の場合には「家族と共に，本人の意思と最善について検討し，家族の事情も考え併せながら，合意を目指す」とされている。ここで注目すべきは「本人の表明された意思」や「意思の推定」があったとしても，これのみに依拠する決定は危険であると認識されていることである。本ガイドラインでは，意思や意思の推定のみならず，これらと「本人にとっての最善についての判断との双方で，決定を支える」とされており，これに際しては「家族の負担や本人に対する思いなども考慮に入れる」として，患者本人の意思を中心に据えたうえでの「本人・家族との双方向のコミュニケーションを通し」た，細やかな配慮が規定されており，その客観面においても本人の QOL の保持・向上を基礎とした慎重な判断が求められることが確認されて

---

[30]　一般社団法人日本老年医学会・前掲注(3)。これについては，飯島節「高齢者ケアの意思決定プロセスに関するガイドライン —— 人工的水分・栄養補給の導入を中心として」日本内科学会会誌 105 巻 12 号（2016 年）2386 頁を参照。

いる。なお，本ガイドラインでは，AHN に特化した留意点も記載されているが，これについては，以下の V3 で検討を加える。

4　各協会・学会のガイドライン

その他各協会・学会のガイドラインとして，全日本病院協会[31]は，事前に意思表示を明確にして文書に残すことおよび家族と話し合うことの重要性を強調し，日本臨床救急医学会[32]もまた，自己決定を基本として「傷病者の自律尊重」として「心肺蘇生等を受けない」ことが「かかりつけ医を含む多職種の関係者によって傷病者にとって最善の医療を行うために形成された合意の結果」である場合には尊重されるべきことが明記されている。

また，日本集中治療医学会，日本救急医学会，日本循環器学会からなる 3 学会からの提言[33]においては，まず，終末期の判断は「医療チームが慎重かつ客観的に判断を行」うことが明示されている。そして，意思決定能力がある場合，事前指示がある場合にはそれが尊重されることが明確にされ，また家族らによって患者の意思が推定できる場合にもまた，その推定意思が尊重されると述べられている。問題は，推定意思も確認できない場合であるが，家族らが延命措置の実施を希望する場合と，その中止を希望する場合，さらには家族らが医療チームに判断を委ねる場合の 3 つのシチュエーションを念頭に，それぞれ患者にとって最善の対応を検討することが規定されている。

5　小　括

川崎協同病院事件の第 2 審判決は，治療中止を患者の自己決定権によって正当化しようとするアプローチに対して，それが家族による代行になる場合には「患者本人の気持ちには必ずしも沿わない思惑」が入り，結局のところ

---

(31)　公益社団法人全日本病院協会「終末期医療に関するガイドライン」（2009 年 5 月）https://www.ajha.or.jp/voice/pdf/161122_1.pdf（最終訪問日 2024 年 5 月 20 日）。
(32)　一般社団法人日本臨床救急医学会「「人生の最終段階にある傷病者の意思に沿った救急現場での心肺蘇生等のあり方に関する提言」（2017 年 3 月 31 日）。
(33)　「救急・集中治療における終末期医療に関するガイドライン」（2014 年 11 月 4 日）https://www.jaam.jp/info/2014/pdf/info-20141104_02_01_02.pdf（最終訪問日 2024 年 5 月 20 日）。

「家族による自己決定」になってしまい，また患者の意思の推定を行う場合には，それは「フィクション」にならざるを得ない，という批判的な立場を示した。

しかしながら，本節で触れた各種のガイドライン等は，このような批判に耐えるための自己決定の充実化が志向されているものと評価しうる。多くのガイドラインにおいては，患者本人のみならず医療者と家族を交えた継続的な自己決定を目指されている。そして患者本人の意思が明確でなく，それゆえこれを推定せざるを得ない場合でも，本人の医療状況を医療・ケアチームが適切に判断したうえで，それに応じた本人の最善について，医療・ケアチームと家族との合意が形成されることが目標とされており，上記批判に適切に配慮された意思決定が目指されている。

V 高齢者の終末期医療と人工的水分・栄養補給法（AHN）について

1 事前指示書の重要性

2024年5月14日の報道によると，同年1月から3月に自宅で死亡した1人暮らしの人のうち，8割近くの1万7034人が65歳以上の高齢者であったとされている[34]。単純に推計した場合，独居する高齢者が年間約6万8000人死亡していることとなる。

ところで，先の裁判例においても厚生労働省や各学会によるガイドラインにおいても，本人の意思が不明な場合には，家族による意思の推定が認められていた。しかし上の報道は，このような家族による意思の推定が機能しない場面が増加することを示している。これは2017年の生命倫理懇談会答申がすでに危惧するところではあるが，独居高齢者の死亡の増加は，将来の医療行為に対する希望やそれを決定するために信頼に値する者を記しておく事前指示書の重要性を際立たせることになるであろう。さらに，がんなどの進

---

(34) 2024年5月14日毎日新聞 https://mainichi.jp/articles/20240514/k00/00m/040/104000c（最終訪問日2024年5月20日）。

行性の疾患に罹患している場合には，患者の気持ちが変わることも考慮に入れて ACP を行い，あるいは医療者側が主体となる POLST のような文書がさらに普及することが期待される。

2　AHN の特殊性

日本の刑法学説においては，治療中止は一定の場合に認められるとしつつも，AHN については，鎮痛や除痰とならぶ基本看護であり「これをつくす法的義務がある」[35]とか，これを中止することは「非人道的措置であり，容認できないように思われる。」[36]であるとか，あるいは，患者が不治・瀕死の状態にあることが明確である場合でも「栄養・水分の補給は継続して，死を待つ姿勢を維持すべきである」[37]とする見解が根強く主張されてきた。

実は，1980 年代のアメリカにおいても，AHN は常に提供されるべき医療である，という議論が行われてきた。その主張の根底にあったのは，AHN を中止することが患者にとって悲惨な事態を招くという理解と，「飢える者には食物を与えよ」というカトリック的な思想であった[38]。もっともその後は，AHN の中止が必ずしも悲惨な状態に至るわけではないという理解により，大統領委員会もその提供が常に正当化される医療行為はない，と宣言するに至った[39]。現在においてはアメリカにおいてもすべての州で AHN の不開始・中止が認められており[40]，先の東海大学医学部附属病院事件においても，横浜地裁は中止の対象となる医療行為は「すべてが対象となってよ

---

[35]　内藤謙『刑法講義総論（中）』（有斐閣，1986 年）575 頁。

[36]　山中敬一『刑法総論〔第 3 版〕』（成文堂，2015 年）750 頁。

[37]　浅田和茂『刑法総論〔第 2 版〕』（成文堂，2019 年）222 頁。

[38]　Callahan, Daniel, *On Feeding the Dying*, Oct. THE HASTINGS CENTER REPORT 22 (1983).

[39]　President's Commission for the Study on Ethical Problems in Medicine and Biomedical and Behavioral Research 1983: Deciding to Forego Life-Sustaining Treatment, at 19.

[40]　もっとも，アメリカにおいては AHN の拒否は認められているが，他の医療行為と比べて厳格な要件を用いる州が多い。これについては，新谷一朗「終末期医療における人工的水分・栄養補給法（AHN）の特殊性について ── アメリカ合衆国の議論と立法を素材として」山口厚他編『高橋則夫先生古稀祝賀論文集（下巻）』（成文堂，2022 年）525 頁参照。

い」と述べていることから，AHN を他の医療行為と特に区別する必要性は乏しいと考えられる。少なくとも，AHN を明確に拒否する本人の事前の意思表示があり，本人の意思を代行して判断する場合でも，本人の意思の推定に足る資料に基づいており，さらに医療従事者の専門的な判断において，AHN の拒否が非人道的な状況をもたらす場合にはその提供を要求する，という種々のセーフガードが設けられているならば，これが正当化される余地は十分にあるものと思われる。

3　認知症患者への AHN の導入

とはいえ，高齢者へのとりわけ認知症患者への胃瘻造設に対する家族の苦慮はすでに多くの文献によって指摘されているところである[41]。典型的には，認知症の患者について，重度の摂食・嚥下障害が存在するか，あるいは誤嚥性肺炎を繰り返しがちであるために AHN の導入が検討されている場合が挙げられる。ここで，先に触れた老年医学会によるガイドラインの AHN 導入に特に言及した部分の検討に移りたい。そこではまず，経口摂取による水分・栄養摂取の身体機能面での可能性が検討され，その上で本人・家族は AHN を導入しないことを含めた種々の選択肢を示され，さらに各選択肢が本人にもたらす益と害について知らされることとなっている。そしてこれが理解されたうえで，「本人の意思（推定を含め）と人生についての理解に照らして最善の道」が考えられるとされている。このような方針は，基本的には，ガイドラインへの検討の小括Ⅳ5でまとめたように，各種ガイドラインでみられた，医療チームによる適切な医療状況の評価および家族にも配慮した継続的な自己決定が AHN に適切に応用されたものと見ることができる。すでに多くの法律家が賛同しているように，本ガイドラインに基づく意思決定プ

---

(41)　会田薫子「認知症を有する人への人工的水分・栄養補給法の考え方」内科127巻2号（2021年）275頁，金山昭夫「重度認知症患者の終末期医療における代理意志決定の過程（プロセス）を読み解く」日本看護倫理学会誌7巻1号（2015年）36頁，水岡隆子＝藤波努「介護家族の意思決定プロセス —— 意思確認困難な高齢者への胃瘻造設」質的心理学研究13巻1号（2014年）238頁，古屋聡「人工的水分・栄養補給法を選択しないことの難しさ」治療102巻7号（2020年）837頁，宮本みき＝高橋秀人＝松田ひとみ「老年期の人工的水分・栄養補給法に対する事前の意思を決められないことに関連する要因」日本プライマリ・ケア連合学会誌39巻1号（2016年）2頁。

ロセスによってなされた選択の実行は，許容されるべきと考えられる。

Ⅵ　おわりに

　治療中止は，患者本人の真摯な同意が存在する場合であっても刑法202条の構成要件に該当する。そこで，医事法学はこれを正当化するための理論構成に取り組んできた。もっとも，川崎協同病院事件の第2審判決は，「患者の自己決定権」と「医師の治療義務」というどちらのアプローチに対しても批判的な立場を示した。しかしながら，その後に提示されたガイドライン等は，その医事法学における理論的積み重ねをもとに，上記批判を克服するかたちで，患者の自己決定を実現することを志向している。近時の厚生労働省による人生会議への取り組みもまた，これと軌を一にするものである。

　高齢者に特有の状況としては，まず，独居高齢者の死亡の増加が挙げられる。終末期医療との関係では家族等による本人の意思の推定が困難になるなかで，事前指示書の有効性のみならず，すでに進行性の疾患を有している場合には，医療チームを含めたPOLSTの利用の普及が課題となる。次に，在宅医療における認知症患者へのAHNの導入が挙げられる。これについてはAHNを導入する・しないことに対する医療チームによる適切な評価の伝達と，これに基づく本人，家族および医療チームによる継続的な意思決定プロセスが重要であり，各ガイドラインにおいては，この点が適切に配慮されているものと考えられる。

9　高齢社会における医療供給体制

佐藤　雄一郎

医事法講座 第 14 巻　高齢社会と医事法

  Ⅰ　はじめに
  Ⅱ　介護および福祉との連携
  Ⅲ　医療法の概説
  Ⅳ　高齢者医療をめぐる社会保障制度
  Ⅴ　高齢者医療制度の実際
  Ⅵ　指摘されてきた課題に「かかりつけ
   医機能報告制度」は対応できるのか
  Ⅶ　まとめに代えて

I　はじめに

　2014 年の医療法第 6 次改正で導入された地域医療構想は，周知のように，2025 年問題への対応を目したものであった。その 2025 年はもう目前であり，わが国の高齢化率は 2023 年 10 月 1 日現在で 29.0％となっている[1]。一方で，地域医療を支える開業医の高齢化も深刻であり，診療所医師の半数以上が 60 歳を超え，また，平均年齢も 60 歳を超えている[2]。このような，患者側および医療者側両方の高齢化の下，わが国の法制度は今後も持続可能な制度をどのようにしくみ，あるいはしくめていないのか。以下では，大枠としての医療・介護・福祉の連携，医療制度，社会保障制度，高齢者医療の特殊性，を検討し，現行制度が高齢者医療の特殊性にどの程度対応できており，あるいはできていないのかを検討する。

II　介護および福祉との連携

1　持続可能な社会保障制度の確立を図るための改革の推進に関する法律（社会保障改革プログラム法）

　同法は，母法となる社会保障制度改革推進法が，社会保険料負担の増大の抑制（基本的な考え方，第 2 条）や医療従事者・医療施設等の確保及び有効活用等（医療保険制度に関する基本方針，第 6 条）を規定する中で，さらなる具体的施策を定めているものであり，医療制度については，自助努力，健康の維持増進・疾病の予防及び早期発見，外来受診の適正化の促進，地域包括ケ

---

[1]　令和 5 年版高齢社会白書〈https://www8.cao.go.jp/kourei/whitepaper/w-2023/html/gaiyou/s1_1.html〉。

[2]　厚生労働省「令和 2（2020）年医師・歯科医師・薬剤師統計の概況」〈https://www.mhlw.go.jp/toukei/saikin/hw/ishi/20/index.html〉。この問題については佐藤雄一郎「イングランドにおける一般医をめぐる最近の動向」只木誠・佐伯仁志・北川佳代子編『甲斐克則先生古稀祝賀論文集（仮題）』（成文堂，2024 年 10 月刊行予定）においても検討している。

アシステムや地域医療の確保などを規定する（4条4項）。地域包括ケアシステムとは「地域の実情に応じて，高齢者が，可能な限り，住み慣れた地域でその有する能力に応じ自立した日常生活を営むことができるよう，医療，介護，介護予防（要介護状態若しくは要支援状態となることの予防又は要介護状態若しくは要支援状態の軽減若しくは悪化の防止をいう），住まい及び自立した日常生活の支援が包括的に確保される体制をいう。」とされ，さらに，これに必要な地域医療の確保策として，病床機能の分化および連携のための病床機能報告を規定する（同1号）。もっとも同法は，地域包括ケアシステムを，地域で必要な医療を確保するための目的として定めており，行うべき具体的な措置としては，先述した病床機能分化のほか，医療法人の合併，医療従事者の確保，業務の範囲と業務の実施体制の見直し，を規定するのみである（4条）。その地域包括ケアシステムの具体像は，後述するように，介護保険法において定められる。

2 地域における医療及び介護の総合的な確保の促進に関する法律（WAC法）

上述した社会保障改革プログラム法を受けて作られたのが本法である。これによると，厚生労働大臣は，地域において効率的かつ質の高い医療提供体制を構築するとともに地域包括ケアシステムを構築することを通じ，地域における医療及び介護を総合的に確保するための基本的な方針（以下「総合確保方針」という。）を定めなければならない，とされている（総合確保方針，第3条）。また，都道府県は，総合確保方針に即して，かつ，地域の実情に応じて，当該都道府県の地域における医療及び介護の総合的な確保のための事業の実施に関する計画を作成することができる，とされており（都道府県計画，第4条），この中には，地域医療構想の達成のための医療機関の施設又は設備の整備や，医療機関の分化および連携のため病床数の変更を伴う取り組みの推進などを含めることができる。また，市町村も市町村計画を作成することができるとされている（第5条）。

Ⅲ　医療法の概説

1　医療法の理念

　周知のように，上述した諸法律を受けてわが国の医療供給体制について具体的に規定しているのは医療法である。同法は，医療提供施設として病院および診療所などを定めるほか，さまざまな理念を規定する。

- 医療は，生命の尊重と個人の尊厳の保持を旨とし，医師，歯科医師，薬剤師，看護師その他の医療の担い手と医療を受ける者との信頼関係に基づき，および医療を受ける者の心身の状況に応じて行われる．単に治療のみならず，疾病の予防のための措置およびリハビリテーションを含む良質かつ適切なものでなければならない（第2次改正）
- 国民自らの健康の保持増進のための努力を基礎とする（第2次改正）
- 医療を受ける者の意向を十分に尊重する（第5次改正）
- 医療提供施設の機能に応じ効率的に医療を提供する（第2次改正）
- 福祉サービスその他の関連するサービスとの有機的な連携を図る（第5次改正）

　1992年のいわゆる医療法第2次改正においてはじめて医療提供の理念が定められ，その後の改正，たとえば2006年の第5次改正で追加がされているが，ここでは，機能分化がすでに1992年の段階で言われていたことに着目しよう。ただ，これを具体化するさらなる規定ができるまでには，もうしばらく時間がかかることになる。

2　機能分化のための具体的制度

(a) 医療者・医療機関などの責務

　まず，2006年の医療法第5次改正において，医師および歯科医師の責務として，機能分担および業務連携のために，医療を受ける者を他の医療機関に紹介することが規定された（1条の4第3項）。さらに，2014年の第6次改正においては，開設者および管理者の責務として，「良質かつ適切な医療を効率的に提供するため」に，病院においては機能分化および連携の推進への

協力が，病床を有する診療所については在宅移行・在宅医療・急変時の入院が，それぞれ規定された（30条の7第2項）。また，国民についても，医療施設相互間の機能の分担についての理解を深め，医療提供施設の機能に応じた適切な選択を行うよう定められた（6条の2第3項）。

(b) **医療機能の報告**

これまで，医療機能の報告は，たとえば，看護師数や手術数が診療報酬請求の要件として報告されるにとどまってきた。しかし近年は，医療法本体による報告制度が規定されるに至り，これにより，都道府県が医療提供施設の機能の把握を行うことができるようになっている。

① 病床機能報告（30条の13以下）

上述したWAC法で求められていたものであり，その詳細が2014年の医療法第6次改正で規定されている。それによると，病院，または診療所であって療養病床か一般病床を有するものの管理者は，厚生労働省令で定めるある日（基準日。報告を行う年の7月1日（施行規則30条の33の3））およびその日から一定の期間（2025年6月30日（同30条の33の4））が経過した日（つまり2025年7月1日）における病床の機能を，高度急性期，急性期，回復期，慢性期[3]に分けて報告することになっている。基準日病床機能については，例えば「急性期一般入院基本料」の届け出を行っておりかつ重症度，医療・看護必要度の基準を満たしているかなど，病棟ごとの診療実績も併せて報告させ，これが基準に満たない場合には高度急性期・急性期の選択ができないようになっている。さらに，これら二つの病床機能は一致することが

（3） 各機能は具体的には以下のように規定されている（規則30条の33の2の5）。

一 高度急性期機能 急性期の患者に対し，当該患者の状態の早期安定化に向けて，診療密度の特に高い医療を提供するもの

二 急性期機能 急性期の患者に対し，当該患者の状態の早期安定化に向けて，医療を提供するもの（前号に該当するものを除く。）

三 回復期機能 急性期を経過した患者に対し，在宅復帰に向けた医療又はリハビリテーションの提供を行うもの（急性期を経過した脳血管疾患，大腿骨頚部骨折その他の疾患の患者に対し，ADL（日常生活における基本的動作を行う能力をいう。）の向上及び在宅復帰を目的としたリハビリテーションの提供を集中的に行うものを含む。）

四 慢性期機能 長期にわたり療養が必要な患者（長期にわたり療養が必要な重度の障害者（重度の意識障害者を含む。），筋ジストロフィー患者，難病患者その他の疾患の患者を含む。）を入院させるもの

原則のようであり（つまり基準日後病床機能は基準日病床機能から変更がないことが原則），これらが異なる，つまり病床機能の変更を伴う報告をする場合には，都道府県知事は病院等の開設者または管理者に対しその理由等の書面の提出を求めることができ，これで足りないと認めるときには，協議の場に参加するよう求めるなどができる（最終的には変更しないという措置をとることもできる。30条の15）。これら両者を合わせると，下位の病床機能への誘導が図られていることになっているように思われる。さらに都道府県知事は，この報告の内容を確認するために必要があるときは，市町村その他の官公署に対して病院等の情報提供を求めることもできるとされている（30条の13第3項）。

この病床機能の報告結果は，地域医療構想における構想区域に関する「協議の場」において，地域医療構想の達成推進のための協議のために用いられる。協議の場については，先述の30条の15のほか，一般的な参加協力努力義務，実施協力義務が課せられている（30条の14第2項）。それでも協議が整わない場合には都道府県知事は病院等の開設者または管理者に対し一定の措置をとるべきことを指示（7条の2に規定する公的医療機関の場合）または要請（それ以外の病院等の場合）することもできる。後者の場合，要請に従わない場合には，勧告を経て，その旨の公表も予定されている（30条の17，18）。

② 外来医療機能報告（30条の18の2以下）

2021年の医療法改正で導入されたものであり，「医療資源を重点的に活用する外来」を報告させ，先に挙げた「協議の場」において外来機能の明確化・連携に向けて必要な協議を行うことで，他施設から紹介を受けて外来診療を行う「紹介受診重点医療機関」を明確化するために設けられているものである。この「医療資源を重点的に活用する外来」とは，①手術や麻酔などを行う一定の入院の前後の外来，②外来化学療法や外来放射線治療など高額の医療機器・設備を必要とする外来，③他院にて診療情報提供料Ⅰが算定された後の30日以内の外来（つまり紹介外来），のいずれかを満たすものである[4]。病床機能報告対象病院等のうち外来医療を提供するものの管理者は，

---

(4) 「外来機能報告等に関するガイドライン」〈https://www.mhlw.go.jp/content/001083262.pdf〉。

これらと，紹介受診重点医療機関となる意向の有無，その他の事項を都道府県知事に報告することとなっており（30条の18の2，規則30条の33の12），また，無床診療所の管理者も，これとほぼ同内容を報告することができる（30条の18の3）。これらのうち，①のすべておよび③の多くは健康保険の請求（ナショナルレセプトデータベース）や先述した病床機能報告から自動的に抽出され，②は医療機関が積極的に報告する。

　③　かかりつけ医機能報告（30条の18の4以下）[5]

　2023年医療法改正で導入された制度であるが，未施行であり，本稿執筆時点ではその詳細はあまり明らかでない。

　まずは，病院，診療所または助産所の管理者は，「医療を受ける者が身近な地域における日常的な診療，疾病の予防のための措置その他の医療の提供を行う機能（以下「かかりつけ医機能」という。）その他の病院等の機能についての十分な理解の下に病院等の選択を適切に行う」ために必要として厚生労働省令で定める事項を都道府県知事に報告する（6条の3，この部分は2024年4月に施行済み）[6]。この内容は，①医療機関の名称，診療科目やそれぞれの診療日，診療時間などの基本情報，②医療機関への交通手段等，③院内処方の有無や相談体制等，④選定療養等の費用負担，⑤診療内容等，⑥医療の実績・結果等，⑦その他，とされており（規則1条の2の2，別表第一），従前，各都道府県が行っていた医療機関情報システムの内容とほぼ同じである。これら膨大な項目の中の「地域医療連携体制」において，クリティカルパスの有無と並んで病院と診療所について「かかりつけ医機能」が挙げられている（別表第一中の「第二　診療サービス等」の「一　診療内容」のイおよびロのそれぞれ（15）(ⅱ)）。

　さらに，「慢性の疾患を有する高齢者その他の継続的な医療を要する者として厚生労働省令で定める者（第一号及び第二号において「継続的な医療を要する者」という。）に対するかかりつけ医機能の確保」[7]のために必要な病院

（5）　本制度については別稿（佐藤雄一郎「プライマリ・ケアへのアクセス──医事法学の立場から」年報医事法学39号）でも扱っており，一部重複がある。

（6）　この規定は，「医療に関する選択の支援等」の章の中の「医療に関する情報の提供等」の節で規定されている。

（7）　本稿執筆時の2024年5月時点において，ここにいう厚生労働省令で定める者の内

または診療所として厚生労働省令で定めるものの管理者は、以下の事項を都道府県知事に報告しなければならないとされている（30条の18の4第1項。医療機関からの手上げは必要とされておらず、厚生労働省令で定める要件を満たす医療機関の義務となっている）。

> 一　かかりつけ医機能のうち、継続的な医療を要する者に対する発生頻度が高い疾患に係る診療その他の日常的な診療を総合的かつ継続的に行う機能（厚生労働省令で定めるものに限る。）の有無及びその内容
> 二　前号に規定する機能を有するかかりつけ医機能報告対象病院等にあつては、かかりつけ医機能のうち、継続的な医療を要する者に対する次に掲げる機能（イからニまでに掲げる機能にあつては、厚生労働省令で定めるものに限る。）の有無及びその内容
> 　イ　当該かかりつけ医機能報告対象病院等の通常の診療時間以外の時間に診療を行う機能
> 　ロ　病状が急変した場合その他入院が必要な場合に入院させるため、又は病院若しくは診療所を退院する者が引き続き療養を必要とする場合に当該者を他の病院、診療所、介護老人保健施設、介護医療院若しくは居宅等における療養生活に円滑に移行させるために必要な支援を提供する機能
> 　ハ　居宅等において必要な医療を提供する機能
> 　ニ　介護その他医療と密接に関連するサービスを提供する者と連携して必要な医療を提供する機能ホその他厚生労働省令で定める機能
> 　ホ　その他厚生労働省令で定める事項
> 三　当該かかりつけ医機能報告対象病院等及び他の病院又は診療所が厚生労働省令で定めるところにより相互に連携して前号に規定する機能を確保するときは、当該他の病院又は診療所の名称及びその連携の内容
> 四　その他厚生労働省令で定める事項

その上で、都道府県知事は、この報告を行った医療機関のうち二号のイからホのいずれかの機能があると報告したものについて、その機能があることを確認したうえで、確認結果を公表する（同2、3項）。さらに、この確認を

容はまだ明らかでない（医療法施行規則に規定を確認できない）。なお、法改正の際、参議院厚生労働委員会は以下のような付帯決議を行っている：「かかりつけ医機能報告の対象となる…その他継続的な医療を有する者については、障害児・者、医療的ケア児、難病患者を含めるなど適切に定め、将来は、継続的な医療を要しない者を含め、かかりつけ医機能報告の対象について検討すること」。

受けた病院または診療所のうち，厚生労働省令で定める要件に該当するものは，患者に対して一定の事項を説明するよう努めるものとされている（6条の4の2（30条の18の4とともに2025年4月施行予定））。

(c) **機能の公開**

このような機能は，単に都道府県知事に報告され，協議の場において，構想地域ごとの医療のあり方について協議やその後の要請などに用いられるほか，一般国民にも公開される。病床機能報告については規則30条の33の8，外来機能報告については規則30条の33の14において，都道府県知事が，厚生労働大臣が定めるところにより，インターネットの利用その他適切な方法により公表しなければならないとされているほか，かかりつけ医機能については法本体によって当該医療機関において閲覧に供することになっている（6条の3。先述した通り，施行規則はまだ確認できない）ほか，前述した通り，加重された要件に関して報告された内容は都道府県知事によって公表される（30条の18の4第2項）。

Ⅳ　高齢者医療をめぐる社会保障制度

もちろん，高齢者に対する医療に関しては，医療法による現実の医療の供給だけでなく，社会保障制度としての側面も重要である。その概要を概観する。

1　医療の制度の変遷

(a) **老人保健法から後期高齢者医療制度へ**

わが国の健康保険制度は，職域保険としての健康保険（法）と地域保険としての国民健康保険（法）とに大別される。もっとも，前者であっても，退職後最大2年間は退職前の健康保険の被保険者となることができる（任意継続被保険者制度，健康保険法3条4項。1984年には，55歳以降60歳前に任意継続被保険者となったものについては加入期間は60歳までとされていたが，2002年改正によってそれ以前と同じ最大2年間までとされた）。しかし，ともかくもその後は，誰かの被扶養者とならない限り，地域保険である国民健康保険に移らざるを得ないことになるが，周知のとおり，国民健康保険の財政状況は芳し

くなく（税金が導入される時点でそもそも保険として成立していないともいえる），高齢者を国保で支えるのには限界があった。そこで，1982年に老人保健法が制定され，基本的には70歳以上の者について，市町村を運営主体とし，費用については医療保険者からの拠出金と公費，そして高齢者自身が負担する一部負担金によることとされた。しかし同制度については，供出金の分担について保険者ごとの高齢化率が反映されていないなどの問題があり，健保組合による拠出金不払い運動が起きたことなどから，新たな制度の必要性が提唱され，2006年の医療制度改革により，65歳から74歳までの高齢者（前期高齢者）については保険者間の財政調整を行うほか，75歳以上（後期高齢者）の場合には運営主体を独立させ，各医療保険者からの支援金および国費で賄う，後期高齢者医療制度が創設された。

(b) **後期高齢者医療制度にかかる診療報酬**

75歳以上の後期高齢者の制度を独立させるにあたっては，財務省・厚生労働省側に，一般の医療保険から独立した診療報酬体系を設けたいという意図があり，さらには参議院厚生労働委員会において「後期高齢者医療の新たな診療報酬体系については，必要かつ適切な医療の確保を前提とし，その上でその心身の特性等にふさわしい診療報酬とするため，基本的な考え方を平成18年度中を目途に取りまとめ，国民的な議論に供した上で策定すること。」という付帯決議がなされていたこともあって，例えば，2006年10月5日の社会保障審議会の「後期高齢者医療の在り方に関する特別部会」では，後期高齢者の医療に関する診療報酬として，医療費抑制のため，投薬や検査の回数にかかわらず病名に応じた包括払いを拡大することを検討することにしていた[8]。一方で，年齢のみを理由として異なる制度を設けることは「いのちを年齢で差別する」もので許されないとする反対も起こった[9]。結局は，2008年の診療報酬改定により，既存の診療報酬点数表を前提として，それに加えて後期高齢者医療に関して17項目の特別規定が設けられることとなった（この点については，Vの「高齢者の医療の特殊性」にて別途検討する）。しかしこれですらあまり請求されてはいないとの調査がなされており（請求

---

(8) 朝日新聞2006年10月5日朝刊。
(9) 朝日新聞2008年2月3日朝刊北海道版。

のための届け出を行った医療機関のうち,実際に算定したものは 1 割程度であったという)[10]。2010 年には早くも廃止されるに至っている。

2 医療と介護および福祉との連携

(a) 社会的入院

在宅医療・介護の不十分さや,介護にあたる家族のレスパイト・ケアの制度の不存在,また,有料老人ホームに入るよりも医療機関に入院したほうが安価になる(医療保険が使える)ことなどから,高齢者のいわゆる社会的入院という事象が広く見られた。また,わが国の病床区分は長い間,結核,伝染病(現在は感染症),精神の各病床以外のものを「その他の病床」と扱い,よって,現在でいう高度急性期病床と,特に医学的管理の必要のない「社会的入院」のための病床が混在していた。さらに,1973 年の老人医療の無料化(1982 年の老人保健法によりその翌年の 1983 年に廃止される)による財政負担も無視できないものになっていった。このため,老人保健法上の診療報酬として老人病院が区分されたほか[11],病床 1 床当たりの面積を広くする代わりに看護師の数を減らした療養型病床群(現在は療養病床)も 1993 年に制度化された。もちろん,このような医療をいつまでも医療保険の負担としておくことは許されず,介護保険法の成立後は,療養病床も,医療保険適用のものと介護保険適用のものに区分されてきたが,後者については介護療養型老人保健施設や介護医療院への転換が行われてきている。

(b) 介 護 保 険

Ⅱにおいても先述した通り,医療と介護・福祉を連携する必要から,2000 年に,それまでの老人福祉法によるものとはまた別に,新たに介護保険制度が導入された。これは,これまでの福祉(=行政による措置)としての居宅における介護や老人ホームへの入所等[12],あるいは,家族(しばしば「嫁」

---

(10) 中医協 2009 年 12 月 4 日資料「後期高齢者に係る診療報酬について」〈https://www.mhlw.go.jp/shingi/2009/12/dl/s1204-7a.pdf〉。
(11) このほか,医療法上の制度として,入院患者のうちの 65 歳以上の患者の割合が 60 %以上の場合には医師の人員が少なくともすむ(その代わり診療報酬も減額される)特例許可老人病棟も 1984 年に制度化された。
(12) 老人福祉法は居宅における介護等を規定しているが(10 条の 4),介護保険法施行

によってなされ，場合によると実父母と義父母の4人の介護が必要なケースがあることも指摘されている）による介護から，保険という仕組みを使った介護の社会化を狙ったものと説明される。もっとも，介護保険のサービス（というか介護給付）では十分ではなく，なお家族介護が必要なケースがあることは指摘せざるを得ない。

(c) **地域包括ケアシステム**

前述した社会保障改革プログラム法により，地域包括ケアシステムという概念が規定された。もっとも，先述したように，同法は誰かの義務として地域包括ケアシステムの策定を定めているわけではない。その具体的な姿は介護保険法5条4項に以下のように規定されている：国及び地方公共団体は，被保険者が，可能な限り，住み慣れた地域でその有する能力に応じ自立した日常生活を営むことができるよう，保険給付に係る保健医療サービス及び福祉サービスに関する施策，要介護状態等となることの予防又は要介護状態等の軽減若しくは悪化の防止のための施策並びに地域における自立した日常生活の支援のための施策を，医療及び居住に関する施策との有機的な連携を図りつつ包括的に推進するよう努めなければならない。

一般にわが国においては，介護や福祉は市町村，医療は都道府県が管轄するとされてきた。しかし，これらを包括的に提供する，しかも，「住み慣れた地域で」となると（ただし法律は，「住み慣れた地域において」は「自立した日常生活を営むことができるよう」としており，住み慣れた地域で医療を受けるとはしていない），その計画策定主体は市町村となる[13]。この地域包括ケアシステムの一例である新潟県長岡市は，人口28万人に対して13のサポートセンターを設置して，そのサポートセンターごとに，住まい・医療・介護・予防・生活支援などのサービスを組み合わせて一体的に提供しているとされている。別稿で示したイングランドの状況[14]と比較して，サービスセンター

　後は同法のサービスを受けることが著しく困難である場合にのみ介護等をおこなうとしており，介護保険法が優先されることになる。
(13) 地域包括ケアシステムの具体像として，〈https://www.mhlw.go.jp/content/12300000/001236368.pdf〉。
(14) 佐藤・前掲注(2)においては，イングランドにおけるプライマリケアネットワークは人口3万人から5万人ごとに存在していると紹介していた。

ごとの人口規模は同じぐらいであるが，医療（医療機関だけでなく調剤薬局も）との連携がどうであるのか，つまり，地域の診療所や調剤薬局がこの中にどのようにかかわっているのかは，疑問も残る（実際，長岡市の 13 のサポートセンターにおいては，診療所が入っているものは 1 か所のみ，調剤薬局が入っているものはないようである）。

　一方で，市町村は地域包括支援センターを設置することになっている（法律上は「設置することができる」規定となっているが（介護保険法 145 条の 46 第 2 項），2023 年 4 月末現在，全国すべての市町村に設置されており，合計数は 5,431 とされている[15]）。「地域住民の心身の健康の保持及び生活の安定のために必要な援助を行うことにより，その保健医療の向上及び福祉の増進を包括的に支援することを目的とする」とされているが（同 1 項），これも，市町村が設置主体とされているせいもあろうか，医療の関わりは薄いようであり，現に，その設置形態も，市町村直営の 1,051 を除く委託 4,285 のうち，社会福祉法人が受託しているもの 56 ％，社会福祉協議会の 18 ％，医療法人等の 18 ％となっている。

　さらに，地域包括ケアシステムの実現のためには，個人に対する支援の充実や困難事例の解決と，社会基盤の整備とを同時に進めることが必要であり，市町村ごとに地域ケア会議を設置している事例もみられる[16]。東京都国分寺市の事例にみられるように，市の全体会には市の医師会が加わって協議がなされることもあるが，医師会が強制加入でないこともあり，さらに，「かかりつけ医」が診療所に限られない方向で議論されていることもあり（病院の場合，おそらく院長（せいぜい部長）だけが医師会に加入するケースが多いであろう），医療の関わりは，ここでも，やや懸念が残る。

---

(15) 〈https://www.mhlw.go.jp/content/12300000/001236442.pdf〉.
(16) 〈https://www.mhlw.go.jp/content/12300000/001236558.pdf〉.

V 高齢者医療制度の実際

1 高齢者の医療の特殊性

　高齢者の医療は，高齢者以外，例えば壮年者の医療とどのように異なるのであろうか。本書においては臨床にあたられている医師による別稿があるし，また，筆者は医師ではないから専門外からの指摘になるが，おおむね以下のようになるのではないだろうか。

　日本老年医学会の「老年科専門医とは」というページには以下のような例が掲載されている[17]：内科専門医取得後2年の若手医師が85歳の高齢女性の外来診療にあたっている。患者さんは認知機能障害，視力障害，難聴があり，診断名としては，2型糖尿病，高血圧症，骨粗鬆症，慢性閉塞性肺疾患，陳旧性心筋梗塞（PCI後），心房細動に伴う慢性心不全状態，となっている。この若手医師は，それぞれの症状に対してガイドラインの基づいた治療法を選択しようとしている。しかし，このような治療法では投薬数は10剤を超え，しかも認知機能に問題がある患者が正しく服薬できているかはわからない。さらには，患者が心配していること＝求めていることと，医師が対処しようとしていることとには「ずれ」があるのではないか。

　このような問題は，先にも述べた後期高齢者医療制度の創設時から議論されていた。厚生労働省の社会保障審議会「後期高齢者医療の在り方に関する特別部会」の「後期高齢者医療の在り方に関する基本的考え方」（2007年4月11日）[18]においては，以下のようにされている。まずは心身の特性として，治療の長期化や慢性疾患をはじめとした複数疾患への罹患が見られる，多くの高齢者に症状の軽重は別として認知症の問題が見られる，ことを挙げ[19]，生活を重視した医療，尊厳に配慮した医療，本人および家族が安心・納得できる医療[20]，という視点に立つべきとしたうえで，以下のような課題があ

---

(17)　〈https://www.jpn-geriat-soc.or.jp/senmoni/ippan/index.html#rounenka〉.
(18)　〈https://www.mhlw.go.jp/shingi/2007/06/dl/s0618-7g.pdf〉.
(19)　このほか，③いずれ避けることができない死を迎えることとなる，も挙げられているが，論点先取という感じがし，ここでは取り上げない。

るという:複数の疾患を併有しており,併せて心のケアも必要となっている。慢性的な疾患のために,その人の生活に合わせた療養を考える必要がある。複数医療機関を頻回受診する傾向があり,検査や投薬が多数・重複となる傾向がある。地域における療養を行えるよう,弱体化している家族及び地域の介護力をサポートしていく必要がある。患者自身が,正しく理解をして自分の治療法を選択することの重要性が高い。

そのために,後期高齢者にふさわしい医療として,急性期入院医療中に治療後の生活を見越しておく必要,在宅(居住系施設を含む)の重視(この中には,訪問診療・看護等や在宅医療の提供,複数疾患を抱える後期高齢者を総合的に診る医師,医療機関の機能特性に応じた医療連携,が挙げられている),介護保険等他のサービスとの連携の取れた一体的なサービス,安らかな終末期を迎えるための医療(自己決定と疼痛緩和ケア),が挙げられており,「後期高齢者にふさわしい医療の体系を目指し,段階的に取組を進めていく視点も必要である。」と結ばれている。

2 主治医制と診療報酬

先のⅣの1の(b)でもざっとふれたとおり,後期高齢者医療制度においては,当初17種類の後期高齢者の診療報酬が定められていたがすぐに廃止された。この中身をここで少しだけ見ておこう。

2007年10月10日の社会保障審議会「後期高齢者医療の在り方に関する特別部会」では,「後期高齢者医療の診療報酬体系の骨子」が取りまとめられた。この中では,外来医療において主治医が担うべき役割として,①患者の病歴,受診歴や服薬状況,他の医療機関の受診状況等を集約して把握すること,②基本的な日常生活の能力や認知機能,意欲等について総合的な評価を行い,結果を療養や生活指導で活用すること,③専門的な治療が必要な場合には,適切な医療機関に紹介し,治療内容を共有すること,が挙げられていた。さらに同特別部会は,「社会保障審議会医療保険部会及び医療部会に

---

(20) 「いずれ誰もが迎える死を前に,安らかで充実した生活が送れるように,安心して生命を預けられる信頼感のある医療が求められる。」とされており,前掲注(19)との関係ではこれも問題なしとはできない。

おいては、後期高齢者を総合的に診る取組を行う主治医について、いわゆる主治医の『登録制度』を導入すべきという指摘や、患者のフリーアクセスの制限は適当でないという指摘があった。本特別部会としては、現在は総合的に診る取組の普及・定着を進める段階であり、主治医についても、患者自らの選択を通じて決定していく形を想定している。中央社会保険医療協議会におかれては、これらを念頭に置いて具体的な診療報酬案の検討が進められるよう希望する」とされており、主治医の登録制度については、両論併記ではあるがやや消極的な表現となった。これを受けた2008年からの診療報酬の改定では、加算としての指導料などのほか、後期高齢者以外とは異なる診療報酬がいくつか定められた。このうちの一つである後期高齢者診療料については、通常の外来について月1回600点（6000円）の包括払いとし、医学管理等、検査、画像診断、処置を「まるめ」た。さらに、算定できる医療機関を1か所のみとし、しかも原則としては診療所とし、病院が算定できる場合には半径4キロメートル以内に診療所がない場合に限っていた。

3　日本医師会の考える「かかりつけ医」

一方で、このような主治医登録制度には日本医師会は一貫して反対してきた（先の「両論併記」における反対意見は医師会からのものであろうか。もっとも、特別部会の委員の中に医師会からの代表はいなかった）。2010年に後期高齢者の診療報酬が廃止された後の2013年には、日本医師会は4病院会とともに、「医療提供体制のあり方」という文書をまとめ、「かかりつけ医」についても説明をしている[21]。それによると、「かかりつけ医」とは、「以下の定義を理解し、「かかりつけ医機能」の向上に努めている医師であり、病院の医師か、診療所の医師か、あるいはどの診療科かを問うものではない。そして、かかりつけ医は、患者のもっとも身近で頼りになる医師として、自ら積極的にその機能を果たしていく」とされている。その上で、かかりつけ医の定義としては、「なんでも相談できる上、最新の医療情報を熟知して、必要な時には専門医、専門医療機関を紹介でき、身近で頼りになる地域医療、保健、福祉を担う総合的な能力を有する医師」とされ、かかりつけ医の意義として

---

(21)　〈https://www.ajha.or.jp/topics/4byou/pdf/131007_1.pdf〉.

は,「かかりつけ医は, 日常行う診療においては, 患者の生活背景を把握し, 適切な診療及び保健指導を行い, 自己の専門性を超えて診療や指導を行えない場合には, 地域の医師, 医療機関等と協力して解決策を提供する。」「かかりつけ医は, 自己の診療時間外も患者にとって最善の医療が継続されるよう, 地域の医師, 医療機関等と必要な情報を共有し, お互いに協力して休日や夜間も患者に対応できる体制を構築する。」「かかりつけ医は, 日常行う診療のほかに, 地域住民との信頼関係を構築し, 健康相談, 健診・がん検診, 母子保健, 学校保健, 産業保健, 地域保健等の地域における医療を取り巻く社会的活動, 行政活動に積極的に参加するとともに保健・介護・福祉関係者との連携を行う。また, 地域の高齢者が少しでも長く地域で生活できるよう在宅医療を推進する。」「患者や家族に対して, 医療に関する適切かつわかりやすい情報の提供を行う。」とされている。

　よって, 基本的には患者が医師や医療機関を自由に選択し[22], その医師や医療機関（病院が入っていることも注目に値する。一方で, 紹介先として「専門医, 専門医療機関」も挙げられている）が, 患者の生活背景を把握しつつ, 地域的な協力により専門外診療や時間外診療を確保し, 医療に関するわかりやすい情報提供を行う, ということになろう。この「かかりつけ医」は当然ながら一医師, 一医療機関には限らず, よって, 患者の諸疾患を包括的に診るという視点もない。

VI　指摘されてきた課題に「かかりつけ医機能報告制度」は対応できるのか

　結局は後期高齢者特有の診療報酬は早々と廃止され, また, 両論併記とさ

---

[22] この後で紹介する「かかりつけ医機能報告制度」に関して, 以下のような報道がなされている。「日本医師会の松本吉郎会長は2日の記者会見で, 政府が制度整備を狙う「かかりつけ医」の機能について提言を発表した。新型コロナウイルス禍での医療逼迫時に患者が医療機関にかかれなかったことへの対応策をめぐり, 財務省などが求める医師の事前登録制の導入に反対した。地域の医療機関同士の連携で患者の受け皿を整備する対案を示した。松本氏は「かかりつけ医はあくまで国民が選ぶのが基本で, かかりつけ医を持つことを義務づけることには反対だ」と述べた。」（日本経済新聞2022年11月2日）

れていた主治医の登録性も進まなかった。一方で，特別部会が示した「基本的考え方」は，一般論としては首肯できるものも多い。では，2025年4月から施行されることになる「かかりつけ医機能報告制度」はこれらをどれだけ実現できるであろうか[23]。

2017年の日本医事法学会研究大会シンポジウム「高齢者医療を支える人と制度」の際に提示したモデルケース[24]を挙げ，当時の予想される受診形態と，老年医学会や特別部会の視点を入れた場合にどうなるかを考えてみよう。

> 80歳女性。83歳の夫と2人暮らし（こどもは独立して遠方に住んでいる）。夫は10年前に脳出血を起こし，現在軽度の麻痺が残っている（日常生活は可能だが，料理を含む家事は不慣れであることもあって普段はしていない）。本人は，不整脈と骨粗鬆症があるほか，3年前に自宅で転倒し骨折したため，総合病院の循環器内科と整形外科とリハビリテーション科にかかっている。3年前の骨折のため段差を乗り越えるのがやや困難であり，自宅をバリアフリーにすることを考えているがまだ実現していない。夫に初期の肺がんが見つかり，自身も緑内障で眼圧が高く，薬では下がらないので手術を勧められている。

(a) 当時の予想される受診形態

この80歳女性は，年齢を考えれば健康な方と思われるが（シンポジウムの際も「急性期の医療ニーズが高い事例ではなく」とされていた），それでも，不整脈のため循環器内科，骨粗鬆症とかつての骨折のため整形外科とリハビリテーション科にかかっており，おそらくは，眼科受診も必要になるものと思われる。1か所の総合病院を受診しているようだが，それぞれの担当医がどの程度情報を共有しているかは定かではない（電子カルテのしくみ方に拠るであろうか）。そのため，投薬についても各診療科で調整できているかも，必

---

(23) 特別部会の議論に主治医登録制度という隠れた結論が先にあったとすると，特別部会の考え方を，主治医登録制度を取らない（と考えられる）かかりつけ医機能報告制度の評価基準とすることは，厳しい結論になる可能性がある。本稿では，隠れた結論があったかどうかは判断の対象に入れず，特別部会の考え方が一定程度評価に値するものという前提の上で，以下の評価を行うものである。

(24) 「シンポジウム「高齢者医療を支える人と制度」総合討論」年報医事法学33号（2018年）171頁。

ずしも定かではなさそうである。さらに，この総合病院以外の病院・診療所を受診した場合には，それら情報共有・調整はなおのこと難しいことになるし，さらに，救急の場合，これら情報が搬送先の医療機関に共有されるかも定かではない。

(b) 老年医学会および特別部会の考え方から

① 老年医学会

老年医学会の「老年科専門医とは」からは，まず，病気を包括的に管理しつつ，本人が抱える健康問題に対して適切に指導ができるかが問題となろう（ここでは認知機能は年相応には問題がないものとして論を進める）。緑内障の手術の際に不整脈がどのように影響するかを評価することも必要であろう。さらには，自分以外の医師・医療機関における処方薬も含めた薬剤の管理を行うことも求められよう。

③ 特別部会の「基本的考え方」

後期高齢者の心身の特性のうち，治療の長期化，複数疾患への罹患が本件においても認められる。これを受けて，同部会のいう基本的な視点からは，「生活を重視した医療」が重要となるが，総合病院の医師に，介護サービスの有無も含めた「本人の生活や家庭の状況等」の把握をどの程度求めることができるであろうか。また，上述した老年医学会の項でも触れたが，複数医療機関の頻回受診による検査や投薬の重複は，異なる医療機関にかかっている場合はもちろんのこと，同一の医療機関内であっても診療科目が異なる場合，どのように調整・対応されるであろうか。さらには，「地域における療養を行えるよう，弱体化している家族および地域の介護力をサポートしていく必要」については，おそらくは総合病院の医師では対応ができず，患者本人が自ら行うか，家族や成年後見人等（成年被後見人等になっている場合）が行うことになろうが，独居，あるいは高齢者のみの世帯の場合，どのように行うことができるであろうか。

(c) 「かかりつけ医」には何が求められるか —— 後期高齢者医療制度の出発点に立ち戻って

では，「かかりつけ医」には何が求められるであろうか。この答えは，「主治医登録制度」を取るか否かでも異なってこようが，以下ではできるだけニュートラルに論じていくつもりである。

まずは，一人の医師による継続的な医療が重要であることは，基本的には高齢者に限らないということを確認しておきたい。わが国においては，中学生以下（場合によってはそれよりも長い場合もあるが）は小児科（医）が総合的に診療を行うことができるが，その年齢を超えると診療科目は細分化されていき，医師も複数人が関わることになっていく。しかし，高齢者でなくとも長期の診療を必要とする患者はおり[25]，この場合に医療の継続性が保たれることは患者の医療および精神的な安定に大いにメリットになるであろう。また，一見疾病を有していなそうな者であっても，隠れた疾病を見つけるには患者が特定の医師と継続的な診療関係を有することはメリットが大きいという指摘もなされている[26]。

さらに，高齢者の場合，老年医学会もいうように，複数の疾患を有し，しかもその診療は非高齢者とは異なるという特性がある。もちろん，複数の疾患ごとに専門医が診療にあたる必要がある場合があることは否定できない（特別部会のいう急性期の場合や，モデルケースのように手術が必要な場合がそうであろう）。しかし，これらを脱し，医療が日常生活の中に戻ってくると，複数の疾患を ── 場合によっては並列的に ── 診ていく必要がある。この場合，患者のためにも，機能分化を前提としたマスとしての医療提供制度という観点からも，高齢者医療を理解した医師が継続的に診ていくことが好ましいだろう。

さらに，通院の足という問題もある。総合病院であっても在宅医療を提供するところはあろうが，在宅医療のみでは検査等が十分に行えないことを考えると，やはり患者が医療機関に赴く必要がある場合が多いであろう。特に過疎地域であって公共交通機関が不便な場合，できれば，居宅に近いところで医療が受けられることが好ましいであろう[27]。もっとも，そのような地

---

(25) 前掲注(7)の付帯決議も参照のこと。
(26) 佐藤・前掲注(2)の基となった英国庶民院の報告書によれば，医療の継続性のない場合として，患者が6〜7人の医師を受診したが誰も異常に気付かない場合や，ある女性が，一般医クリニックにはかかっていたがそこでは4人の異なる一般医によって診られており，がんが見落とされ，27歳で亡くなった事例が挙げられている（pp. 23-24）。
(27) 秋山直美「地域包括ケアシステム時代に向けた高齢者ケアとは」年報医事法学33号115頁以下，特に122頁には，雪の多い地域において，通院だけではなく，買い物などのための移動手段の問題が指摘されている。

域においてどのように一次医療を確保するかは悩ましい問題である[28]。

Ⅶ　まとめに代えて

　このように，これから施行される「かかりつけ医機能」は，ある程度自律能力のある，つまり，自ら医療情報にアクセスし（かかりつけ医報告機能がまずは「医療に関する情報の提供等」に位置付けられていたことを想起されたい），その情報をもとに一つまたは複数の医療機関を選択し，それぞれで出された処方薬を調剤薬局の薬剤師の知識を借りながら（とはいえ，いわゆる門前薬局にバラバラにかかっている場合，その効果は半減するであろう）服薬する，ということを前提とするものであろう。しかしこれは，身近な地域で，福祉・介護・医療を包括的に行うという，地域包括ケアシステムの理念とは相いれないもののように思われる。

　この問題は，高齢者がどの程度自立的に活動できるのか，という，高齢者像の理解が前提となる。もちろん，都市部に住んでいるのか，いわゆる過疎地に住んでいるのか，によっても異なる。個人的には，多くの高齢者は，現状の形での通院が可能だし，また，それを望んでいるとも思うが，中には，移動手段がなく，地域の高齢者の中で比較的「若い」人が自発的に送迎役を買って出る，あるいは遠方からタクシーを呼ぶ，というように，現状の姿が限界に達している場合もあると思われる。いわゆる 2024 年問題などにより公共交通機関の維持が難しい地域が増加する中で，地域において一次医療をどう完結させるのか，このことは，生活圏をどのようにコンパクトにしていくかというより広い視点とも関連させて考えていく必要があるのだろう。

---

(28)　医療過疎地域の保健所と，そこから離れた医療機関とをオンラインで結ぶ診療の工夫などについて，古城隆雄「面で支える医療体制を実現するための法制度上の課題 ── 山口県の事例をもとに」年報医事法学 36 号（2021 年）16 頁以下。

10　イギリスにおける高齢者医療の法的問題の現状と課題
　　── 高齢患者の最善の利益の保障への取り組み

柳 井 圭 子

医事法講座 第14巻 高齢社会と医事法

Ⅰ　はじめに
Ⅱ　病院から地域へのシームレスな移行と法
Ⅲ　意思能力法による脆弱な高齢者の権利保障
Ⅳ　高齢患者の最善の利益に適う医療・ケア
Ⅴ　まとめにかえて

10　イギリスにおける高齢者医療の法的問題の現状と課題［柳井圭子］

I　はじめに

　イギリスの高齢者の医療の課題として，本稿では，この国が取り組んできた政策により，法的問題となった3点を取り上げ検討する。

　一つが，イギリスにおける地域包括医療制度の構築に係る課題である。

　2010年，イギリスの入院患者の65％が65歳以上の高齢者を占めるまでとなり，2024年，イギリスの高齢者は，総人口の2割弱程度であるが，2050年には，4人に1人が高齢者となると予測されており，イギリスにおいても，高齢化社会の到来は深刻な問題である[1]。しかも，患者の平均年齢は着実に上昇している状況にあり，長期的な疾患を有する人々の数は今後25年間で23%増加すると予想されている。さらに，2025年には，100万人を超えると予想されている高齢者の医療対策は，認知症患者の増加を踏まえ対応に苦慮している[2][3]。

　そこで，イギリスにおいても，高齢者医療に対応する制度設計として，医療と福祉（「社会サービス」）と協働する地域包括医療制度を構築するに至っている。しかし，目的も手法も異なる医療と福祉とを連携する制度の整備が安定するまでの過渡期に，患者が受けるケアの責任はいずれにあるかということで，患者に混乱を招いてしまった。継続的に医療的な管理を必要とする高齢者を退院させ，地域において，継続的な医療を提供しつつ福祉サービスとなるケアを提供することを想定したこの政策では，該当する患者を医療提供施設から地域や在宅にシームレスに移行させなければならない。ところが，このような移行により，当該患者は，福祉サービスである介護（ケア）については，NHSによる無償の医療から資産調査（ミーンズテスト）を受け応能

---

[1]　医療経済研究機構編「イギリス医療保障制度に関する調査研究報告書2021年度版」人口・人口動態（医療経済研究・社会保険福祉協会出版，2023年）161-176頁参照。
[2]　Alzheimer's Society, (2014), Dementia UK (Second edition): Overview. 2051年には200万人を超えると推計されている。https://eprints.lse.ac.uk/59437/1/Dementia_UK_Second_edition_-_Overview.pdf
[3]　井上恒男「英国における高齢者ケア政策 ── 質の高いケア・サービス確保と費用負担の課題」（明石書店，2016年）参照。

負担を支払わなければならないこととなる。これに納得がいかない患者が，不満や苦情を訴え，裁判所に法的救済を求める事案もあった。このような経験を経て，今日，患者が退院するにあたって，福祉サービスの費用に関する相談窓口が設置され，患者と医療福祉の実施者との地域包括医療が進められている。そこで，本稿でまずは，本制度の中心となる高齢患者の医療制度における議論として取り上げる。

二つが，高齢患者の意思決定問題である。

高齢者医療では，治療処置にあたって，合併症や治療に伴う副作用などのリスク管理等通常の医療に加え，身体の機能低下に伴う転倒や嚥下事故等安全に関するリスク管理，また，認知機能の低下する患者の意思決定を求める際に，医療実務家は，意思能力の確認に時間や手間を要する。高齢患者の医療・ケア（以下，本稿では，医療を要する健康管理となる看護と日常生活の支援となる介護，両者を必要とするケアを「医療・ケア」とする。）を検討するにあたり，経済的基盤，住居地，家族関係，孤独等，日常生活の基盤の整備等を考慮した提案をし，当該患者の意思確認が必要である。認知症患者が増加する状況において，本人の意思決定を保障するための意思能力の確認が必要である。

そこで，意思能力に欠けたと判断された患者に施される医療・ケアの適切性を担保することも重要である。そのため本稿の三つは，意思能力に欠けた高齢患者の最善の利益を適切に決定するための法的課題について検討する。

以上，これら3つについて，裁判で争われた事案を取り上げ，課題について論じることとする。なお，本稿の「高齢患者」とは，65歳以上で治療を要する健康問題を抱えた者をいう。また本稿の「イギリス」は，主にイングランドの法制度である。

II　病院から地域へのシームレスな移行と法

1　医療か福祉か

イギリスの地域包括医療制度が構築される際に，患者の費用負担の課題は，次のことから生じた。発端は，1999年の王立委員会による高齢者の長期ケ

アにかかる費用につき高齢患者の医療と介護とを区分し,生活の必要度を評価することで,NHSによる無償による医療ではなく福祉サービスとして応能負担を導入すべきだと提案したことによる[4]。これを受け,2001年,保健省は,医療と社会サービスとを一体化し高齢者の医療と福祉サービスを改善する計画(10ヶ年)[5]を発表し,従来のNHSによる医療に,生活に関わる問題については自治体が福祉ケアサービスを提供する制度と施策を整備していくこととなった[6]。費用に関することは,基本法となる1990年NHSおよびコミュニティケア法(National Health Service and Community Care 1990)に,在宅介護費用については自治体が賄うことが明記された。まずは,NHSによる継続ケアが必要な者には,ケアの必要度の評価を,NHSから地域の自治体による設定基準によりその適格性が判断されることとした。医療から福祉へとシームレスな移行と連携を目指す政府は,病院に対し療養生活が中心となる者に退院を促す2003年コミュニティ退院(遅延退院)法(Community Discharge (Delayed Discharges) Act 2003)を制定した。本法の内容は,病院には,地域ケア・サービスを必要とする入院患者の退院日を自治体に通知するなど,隙間のないケアの提供を行うというものであった。さらには,自治体には,退院後の受け入れを強化するよう特別補助金を与え,病院側には,患者の退院を引き延ばそうとしないようNHSに退院の遅延の理由等のデータ公表を義務付け,退院患者を受け入れようとしない自治体には罰金を科すという強権的なものであった。

　この改革は,財政のみで評価できるわけではない。医療と福祉の共同による医療・ケアの影響を受けるのは,患者である住民・国民である。王立委員会が,先の報告書による勧告において,NHSによる看護ケアおよび身上ケアについては,引き続きNHSが支払うべきだと提唱していたにもかかわら

---

(4) Royal Commission, With Respect to Old Age, Stationery Office, London, March 1999.
(5) Department of Health, National Service Framework for Older People [DH, 2001. https://assets.publishing.service.gov.uk/media/5a7b4f16e5274a34770ead1c/National_Service_Framework_for_Older_People.pdf
(6) Department of Health Social Services Inspectorate, Improving Older People's Services, DH, 2001.

ず，これまで無償であったケアに費用徴収されることに対する不満や不安の声が苦情処理に寄せられ，このことに納得のいかない患者が，下述のように裁判所に当該決定の違法性を訴え裁判を提起するという混乱がみられた。その対応として，病院や自治体は，相談窓口を設定し，個別の患者に対応する支援を検討することで，患者の納得のいく医療提供を行うよう努めてきた。

2006年には，保健法（Health Act 1999）に，NHSと自治体共同資金により合意したサービス提供をおこなうパートナーシップ措置を取り入れたことで，責任問題は一応の解決を得ることができたのである。事業実施権限を一方に移管するため，ケアトラスト事業実施権限の移管から組織統合としてNHSは，地方自治体から社会ケア関係の機能を委託され，医療と介護，メンタルケアを統合して自治体に供給することを定め，保健省は，先の遅延退院法による監督強化政策から，医療・ケアの実務家に，共同で行う上での指針を提示し，患者の自立を支援し，健康を促進するためのサービス，症状を有する対象への専門的サポートに向けた各基準を設定し公平にサービスを提供するよう[7]，かつ高齢者と介護者を支える等を指導するよう明記されたのである[8]。こうして，患者や住民に地域医療の理解による制度の定着がはかれたところで，この改革のもっともターゲットとなる高齢患者に対する施策を整備するとして，保健省は，地域設備サービス，在宅介護支援，関連サービスの改善と併せて，多くの高齢者が自宅で自立した生活が維持できるようにする中間ケアを充実させ，個別の事案に柔軟に対応し，現実的な措置を提供する政策を展開してきたのである。

このようにして高齢患者の医療・ケアが展開しているが，その背景には，費用負担となる継続医療の責任の所在について争われた事案の判決が影響しており，このことを振り返っておく。

2 継続医療・ケアは，看護か介護か

コフラン事件は，20年程前の交通事故により四肢麻痺や呼吸障害等を有

---

(7) Department of Health, Raising the Profile of Long-Term Conditions Care: a compendium of information, DH, 2008.
(8) Department of Health, A New Ambition for Old Age: next steps in implementing the National Service Framework for Older People, DH, 2006.

しており，NHSの費用で老人ホームに入居していたコフランが，イーストデボン保健当局より生涯老人ホームで医療・ケアを提供すると告げられていたにもかかわらず，当該保健当局より，彼女のニーズを再分類したところ，社会ケアにあたる部分の応能負担と他施設に移転するよう求められ，提訴した事案である。

裁判の争点は，慢性疾患患者の長期ケアを提供する責任の所在についてである。高等法院では，看護ケアの提供について責任があるのは，NHSであるとされ[9]，控訴院では，自治体も看護ケアを提供しうると判示された[10]。控訴審の判断は，争点となる看護ケアは自治体が提供する入所施設において提供される付随的なものであり，社会サービスを提供する責任のある自治体に提供される性質であれば，必ずしもNHSのみに責任があるのではなく，適切な状況においては，社会サービスとして自治体によって提供されるものであるとする。ゆえに患者は，その資産に応じて，ケアの費用を支払う責任を負うものだとした。これに対し最高裁は，彼女に対する医療・ケアが健康上必要性のある場合には，彼女が自治体により提供された住居に置かれる場合においてもNHSに責任があるとした[11]。長期ケアの内容に，看護と介護がある場合に，全てのケアをNHSに責任があるとする最高裁判決には，実務の観点から福祉専門家の領域を狭めているという批判的意見があるが，これも医療と福祉の連携と共同の難しさを指摘する一つである[12]。

このコフラン事件判決で採用した基準は一次医療ニーズと呼ばれ，NHSの方針転換により介護費用を捻出することに苦慮する患者に朗報となった。同様の争いでもあるグローガン事件では，多発性硬化症また付随する様々な状態や転倒リスクを抱えた65歳の女性グローガン夫人が，（当時）NHSによる全額資金提供と申請を行ったところ，彼女のニーズは介護ニーズである

---

(9) R v. North and East Devon Health Authority ex parte Coughlan [1999] EWCA Civ 1871.
(10) R v. North and East Devon Health Authority ex parte Coughlan [2000] 2 WLR 622.
(11) R v. North and East Devon Health Authority ex parte Coughlan [2000] 3 All ER 850.
(12) Luke Clement: https://caretobedifferent.co.uk/primary-health-need-made-simple-what-does-it-really-mean/

とされ，社会サービスの対象とされた。彼女は，自宅を売却し介護施設費用等を支払うこととなった。ケアトラストは，適格性審査において，サウスイーストロンドン保健当局が導入した資格基準を適用し彼女には，NHS給付の資格なしと決定したのである。グローガン夫人は，先のコフラン原則を根拠に，自身のニーズは，一次医療ニーズであると主張し，裁判所は，彼女の訴えを認めるとした[13]。グローガン事件判決後改正された2006年保健法により，2007年にようやくNHS継続医療資金評価ガイドラインが示されることとなったのである。もっとも鍵となる「一次医療ニーズ」の定義については，ガイドラインには，NHS継続医療資金の適格性の判断基準とされた用語であるとするのみで，結局のところ，一次医療ニーズとは，個人の主なニーズが，社会ケアではなくNHSが提供することが適当とされる医療である場合の決定を支援するものであり，両者を明確に区分するものではない。

なお，2007年のガイドラインには，介護を受けている者で，急変時，臨死期にはいる状態である者は，NHS継続医療となるため，当該患者の状態については，適切に記録に留めるように記されている。ただ，コフラン事件で裁判所は，病状が安定した慢性患者の評価において，医療ニーズの適格性を欠くとして自治体の責任となることがありうると指摘している。医療か社会ケアか，すなわち，看護か介護かを区分するこの基準には，グローガン事件判決で指摘されるように，自治体が給付するケアとNHSが提供しなければならないケアとは，重複するところもありうる。ケア資金をNHSと自治体で共同するパッケージより支払われることもある。政府は，ガイドラインの見直しを重ね，NHS継続医療とNHS資金による看護ケアに関する手引きを発し[14]，患者が退院時にNHSによる継続医療の受給資格を確認できる情報提供を行なうことで，この問題に対処している。

医療と福祉の共同する包括医療政策により，互いのタスクシェア，専門性の発展等看護と介護の業務区分の問題が指摘されたが，それぞれの目的を考慮した専門的な役割を明確しているところである。他方，政府による合理的

---

(13) R (Grogan) v. Bexley NHS Care Trust [2006] EWHC 44; (2006) 9 CCL 188.
(14) https://assets.publishing.service.gov.uk/media/64b0f7cdc033c100108062f9/National-Framework-for-NHS-Continuing-Healthcare-and-NHS-funded-Nursing-Care_July-2022-revised_corrected-July-2023.pdf

な予算配分を図る政策にかかる重要な課題が，年齢格差による不適切な医療・ケアである。

3 脆弱な成人に対する医療・ケアへの配慮

イギリスにおける年齢格差は文化だと皮肉られるよう[15]，イギリスの最も一般的な差別形態[16]だといわれる高齢者への偏見を克服することは容易でない。限られた予算内で，効率的な医療供給を検討する臨床では，治療効果や予後等とともに年齢も考慮されているのではと疑われることもあった[17]。そこで医療実務の教育機関は，雇用における差別を禁止することを主とする平等法（Equality Act 2010）に基づき，差別を引き起こす特徴には年齢，障害があり，このような特徴が顕著である者を脆弱な成人とし，通常の成人と同等に取り扱う教育に力を入れてきた。もっとも配慮を要しなければならないことは，本人の自由意思を尊重し，尊敬をもって対応するということである。インフォームドコンセントである患者の（同意）意思を尊重することは，医療倫理の基本であり，法的には，同意を得ない医療の提供を行う場合にはバタリー（暴行），また説明が不十分であり真の同意ではないとしてネグリジェンス（過失）として不法行為責任を問われる。脆弱な成人に対する医療・ケアも同様に対応することが求められる。脆弱な成人への配慮として，説明の際には，年齢による視力や聴力の機能の低下に応じたコミュニケーション方法を考慮し，意思を確認しなければならない。認知機能の低下に対しては，時間をかけ，適宜，説明と意思確認を行う必要がある。この手続きを疎かにし，安易に理解力不足や知識不足と評価することにより，当該患者を意思能力のない者と評価してはならない。実務家の丁寧な説明と意図を理解してもらえず，提案する医療・ケア行為を拒む場合は，実務家の偏見が進み，誤った評価を行うことに留意しなければならない。

---

(15) Ageisim and Age Equality 2013, www.ageuk.org.uk
　　65歳以上の患者を冠動脈治療室ではなく，高齢者介護病棟や一般病棟に搬送するように救急車が指示される，蘇生処置を年齢により検討，年齢を理由とする手術をしないとする等の事例が報告されていた。
(16) www.ageuk.org.uk
(17) Ageisim and Age Equality 2013, www.ageuk.org.uk

また，当該患者の意思能力のない者と判断し，実施予定の医療・ケアに拒否的態度，反発，さらに攻撃的な態度に対抗するために行う抑制は，違法な手段による行動とされ，刑事罰に問われることとなる。とりわけ，イギリスではアルツハイマー病の患者が多く，認知症患者が増加する中，社会的に問題となったのが，看取りケアに適用されたリバプール・ケア・パスウェイの適用である。高齢患者に機械的に手順として適用することで，認知機能の低下する患者は，不当に長期に入院することとなり，栄養失調や脱水となる不適切な医療・ケアを施されているという衝撃的な事件が問題となった[18]。

　この事件を引き起こす要因が，高齢患者に対する偏見となる年齢格差である。医療・ケアの実務家にとっては，高齢患者の意思を尊重したケアを提供するという専門職意識があっていても，高齢患者のなかには，意思能力の評価が難しく，また本人の意思決定がなされた場合であっても，患者の世話を行う養護者との利害や依存関係に影響を受けていることもあり，このことに気づいた実務家が患者の保護を行おうとすることで，両者の争いとなることもある。一方で，このような医療・ケアの実務家の善意に基づく行為が，患者や患者の関係者との対立を招き，結果として，患者の信頼，患者の尊厳を損なう事態も生じる。地域や在宅で医療・ケアを提供する医療・ケア実務家には，患者の居宅という私的な領域に介入することから対応を誤解されることもあり，助けを求めることのできない状況のなかで，不当に攻撃を受け，また暴力を受けることへの危険性について対処が必要であるが，まずは年齢による偏見を排し，患者の尊厳を護るケアの基本となる患者の意思を尊重することを第一に考えなければならない。そこで，高齢患者の意思能力の評価には，2005年意思能力法（Mental Capacity Act 2005）[19]によることになる。

---

(18)　保健省の独立調査委員会による調査結果を受け，NHSは，緩和ケアを行う実務家に，パスではなくより善いケアとするよう指針を発出している。NHS England, More Care, Less Pathway, 2014.
(19)　新井誠監訳『イギリス2005年意思能力法・行動指針』（民事法研究会，2009年）参照。

Ⅲ 意思能力法による脆弱な高齢者の権利保障

1 意思能力法の概要

　意思能力法とは、本人の意思決定を求める事柄について、意思能力のない者の最善の利益による意思決定を行う手続きを定めた法であり、医療、福祉、財務上等、意思能力喪失者の意思決定を行う単一の法として2007年より施行されている。イギリスの意思能力法は、脆弱な成人の意思決定を適切に行い、意思能力がないと判断された場合にあっても代諾を求めるのではなく、意思決定の主体である本人にとって最善の利益となる決定を重視する法として、制定当時より評判の高い法である。

　その特徴は、本法の第1章にある本法の趣旨を示す諸原則に示されている。特に、すべての者に意思決定能力があることを前提とする意思能力推定禁止原則（第1条1項）にはノーマライゼイションを掲げるこの国の理念でもある意思能力のない者も他者と平等な立場で法的権利を享受すると定めている。また意思能力の評価を行うにあたっては、法の定める自己決定の支援を行うことにより、可能な限り潜在的な能力を引き出す支援を行うこと、支援者の選定、また意思能力喪失者と評価された者に対し他の者が最善の利益のために決定すること、さらに将来能力を失うかもしれないことを想定した手配について定めを置く等本人の自己決定を尊重することを保障すると示している。意思能力を誤って評価された者の救済としては、意思能力決定者に評価の根拠を示すよう異議を申し立てることができ、それでも解決ができない場合には、裁判所に提訴することができるとされている。意思能力を証明する責任は、本人にはなく、意思能力決定者であり、提訴は、本人に代わる者でよい。医療・ケアについて意思能力法に付された行動準則には、医療やケアにおいて懸念される課題について苦慮する臨床の実務家にとり、重要な行動指針となるものである。

　重要なことは、意思能力の適切な評価であるが、その手順は、次のようになる。

2 高齢患者の意思決定能力の評価

1 意思決定能力の評価手続き

　意思能力評価は，偏見による評価をなくすよう客観的でなければならない。意思能力法は，第一の評価項目として，精神若しくは脳の損傷または機能障害という医学的診断を採用する。第二として，意思能力を測る四つの能力の確認をあげている。これら四つのうち一つ以上に欠けていれば，意思能力がない者と評価される[20]。この能力のうち四番目は，意思疎通ができない者をいう[21]。AK事件[22]のように，運動神経疾患により人工呼吸器を装着し意思疎通が難しい患者であっても，眼球運動により意思を疎通が可能であり，手段を尽くしても意思疎通ができないことを確認するまで意思能力なしと評価してはならない。伝える意思の評価となるのが，一から三の能力である。

　一つには，提示された情報を理解する能力，二つには，その情報を適切に保有（記録や記憶）する情報取り扱い能力，そして三つには，関係する様々な情報について比較衡量する判断能力である。これらが意思決定過程に要する能力であることは，すでに承認されている[23]。

　そこで医療・ケア実務家は，これら能力を適正に評価することが求められる。説明にあたっては，患者の理解しやすい言葉と方法で行ってはいるが，高齢患者にあたっては，情報保有の時間が短期間，短時間であるかもしれず，

---

[20]　Mental Capacity Act 2005, S4(8),(9); Mental Capacity Act 2005 Code of Practice.4.1.4.2.

[21]　自分の決定を伝える能力（口頭，手話，その他の手段を用いて）として，閉じ込め症候群といわれる状態，例えば橋梗塞やALS等また何らかの原因によりするものである。技術発展による眼球運動の動きによる意思疎通手段があることが明らかになると，この技術を用いた意思疎通方法の確認が求められる。意思能力の評価者は，決定を求められる事柄によるが，日常生活であれば，本人に関わる家族，友人，身寄りがなければ，また複雑な事柄であれば弁護士が，健康や社会ケアに関することであれば，医療者，介護者等が評価をし，意思能力喪失者と評価がなされると，意思能力評価者は，決定後も求められる事項について最善の利益を考慮した決定を行うこととなる。

[22]　AK (Adult Patient: medical treatment: consent) Re [2001] 1 FLR 129.

[23]　Re C (Adult: Refusal of Treatment) [1994] 1 WLR 290, 295. 本件では，意思決定過程を3段階として，第一に，医療行為の情報を理解し保持すること，第二に，それを確信すること，第三に，情報を比較衡量できることとされた。

そのことが，情報分析能力に影響することがあろう。分析に時間を要することもある。意思能力法には時間に関する制限はないが，適宜意思確認を行うことが求められる。これらは，実務において通常行っている配慮であり，意思能力評価において，過ちをおかすリスクはさほど大きくはない。もっとも注意をしなければならないことが，実務家が患者の利益になるとして提案する行為に同意せず，当該患者にとって様々なリスクがあると想定されることを選択する場合である。意思能力法には，意思能力法の対象が下す賢明とはいえない判断であっても，そのことが意思能力に欠けることにはならないと原則に掲げられている。次のKK事件[24]は，その例である。

2 賢明でない選択と意思能力評価 ── KK事件

　老人ホームに入所しているパーキンソン病，脳血管性認知症，左半身麻痺等慢性疾患を有する82歳のKKは，夫の死後，バンガローを借用し1人で生活をしている。ただ，夜間，何度となくライフライン通報を発しており，当局は，彼女を独居で生活させるわけにはいかないとし，老人ホームに入所させた。入所後，KKは，自宅に帰ることを切望するが，当局は，彼女を意思能力がない者として老人ホームに留めていた。KKは，老人ホームの退所を求めて裁判所に提訴した。争点は，彼女の意思能力の評価の適切性と老人ホームへの入所措置の適法性である。

　注目は，意思能力の評価には，当局より提出された医学的な証明により評価されるのではなく，KKの言動を含めすべてのことから最終判断を下すのは裁判所であると判示されたことである。保健当局は，KKが1000回を超すライフラインの呼び出しを行なっていると主張したが，判事は，KKの助けを求める行動を意思能力がないという証明にはならないとした。確かに，KKは助けが必要なときに助けを求める行動を取ることができる自己管理能力を証明していると捉えることができよう。意思能力の評価は，一般的な，また絶対的なものではなく，特定の問題に対する意思決定としてなされるものである[25]。判事は，意思能力とはすべての問題に判断できる能力ではなく，

---

(24) KK v. STCC [2012] EWHC 2136.
(25) LBL v. RYJ and VJ [2010] EWHC2665 (COP), [2010] COPLR Con vol 795, [25].

解決すべき問題について判断できる能力であるとして，KK には，ニュアンスやすべてのことを詳細に理解し，情報を比較検討することはできないが，住居地の決定に関しては，1 日 4 回介護福祉士の訪問が必要なこと，食事の管理が必要なこと，孤独でただ話し相手にライフラインコールを行うこと，夜間の身体リスクが高くなること等を理解し，それでも自宅で過ごすことを考慮しており[26]，KK には居住地を決定する能力があるという結論を下した。保健当局は，当該判決に従い，在宅にて必要となるニーズを検討しながら，彼女を自宅に返すことにしたのである。

3 意思能力の評価と提供する情報

当該判事は，保健当局が，意思能力の評価を誤ったことについて，当局の説明内容の不十分さを指摘する。意思決定を求めるには，必要となる情報が提供されなければならないことを理解していない医療の実務家はいない。提供される情報について意思能力法は，本人が決断するための情報として，「関連する情報」を提供するよう求めている。本件で KK が決断しなければならないことは，居住地での生活が可能であるかということである。判事は，意思能力法による情報の理解とは，「それぞれ全てを詳細に理解し，検討する能力を示す必要はなく，顕著な要因を理解」[27]できればよく，KK には，当局の情報から自宅で生活する不利益となるであろう状況を「顕著な特徴」として理解しており，KK の意思能力を全体として，一定程度の洞察力があり，結果を考えず帰宅を望んでいるのではないと評価した。判事はまた，当局が情報分析として比較検討している彼女自身の感情のニーズを考慮していないと指摘する。その上で，判事は，当局が KK に提供しなければならない情報とは，居住地として「老人ホームかバンガローかというのではなく，（支援のある）老人ホームに留まるか，帰宅し全て実施可能な支援を受けるか」[28]であったと指摘した。KK は，判事に，帰宅することによる不自由さや危険性を理解し，それを自らが引き受けるという意思を示していた。本件

---

[26] Supra (24), [65].
[27] Supra (25), [64].
[28] Supra (24), [68].

では,医療・ケアの提供者には,このような意思確認を行う情報提供と,患者がたとえ賢明とは思えない判断を行ったとしても,その意思を尊重する態度が求められていると解される。しかし,医療・ケアの実務家としては,脆弱な患者を帰宅させる危険性を回避する義務がある。患者の身体や生命を損なう蓋然性が高くとも,患者の希望する意思を尊重することが優先されうるかという課題がある。

　この点について判事は,意思を尊重するよう判示する。判事は,保健当局が,「意識的か無意識かではあるが,脆弱な者を保護する義務を優先させた」[29]と指摘する。KK の自宅生活を支援してきたケアの実務家が,夜間,呼び出しにより駆けつけると話し相手をするのみの対応を頻回に繰り返す KK に,独居で生活する能力に疑念があり,老人ホームへの入居を進めたのであろう。判事は,老人ホームへの入居する支援は KK にとって,最善の利益であるとする当局が,KK の退去の希望を情報の理解と情報の比較検討を行う能力がないと評価したことが誤りだと指摘する。意思能力評価に際し,評価者の価値観や予測について,意思決定過程で対象が重視せず決定したことを理由として,情報の比較検討能力がないと解してはならない。

　脆弱な成人の保護,すなわち安全を図ることを職責とする医療・ケア実務家には,このような錯誤を起こしうるということである。そのため,当局には,脆弱な成人を保護する必要から過度な関与をしないよう保護の必要性と意思能力の評価とを区別し,意思能力の評価を客観的に行わなければならないということである。

3　意思能力法の最善の利益

1　影響をあたえる関係者の意思

　意思能力法の原則より,たとえ賢明とは思えない決定について本人の意思を尊重するとしても,脆弱な成人である高齢患者が決断する際に,本人の利害関係者の意思による影響を受けている場合がある。医療行為に関する意思決定については,コモンロー上,意思能力のない者の臓器提供,強制不妊手術等重大な医療行為[30]には,事前に裁判所の宣言判決を求めるべきである

---

(29)　Ibid, [65].

と指摘されていた。意思能力法の制定により，意思能力の評価の難しい事案，また意思能力のない場合に，裁判所は，財産状況及び身上のケアについて最善の利益となるよう法定代理人の任命，不適切な法定代理人や永続代理権代理人の解任を行う決定を下すこと，本人に対する行為について差し止め宣言を，また関係者の接触禁止命令等を発することができることとなった。さらに意思能力法には，意思能力の判断に困った際の最終決定機関として，保護裁判所が設置されている。保護裁判所は，意思能力法の制定により，医療機関及び身上福祉事項に関する意思決定行為を含む意思決定能力に関係するあらゆる事項について最終判断を下す機関として，高等法院と同様の権限を有する機関である。

　高齢者の医療・ケアに関する事例には，家族や関係者が関わる意思決定の評価を裁判所に求めるものがある。UF 事件も介護施設から帰宅することを望む 84 歳の女性の事案である。当該女性は，中等度の血管性認知症による行動異変があり，施設側は，独立した立場のソーシャルワーカーの意見書，本人の「家」というものの理解の質と程度が十分でなく，行動には一貫性がなく現状認識の混乱があることから，意思能力がないと評価しており，介護施設に留まることが彼女の最善の利益だと考えていた。ところが，彼女の娘が自宅で同居し支援することを申し出たことから，彼女の最善の利益について，裁判所にて審査を行うこととなったのである。施設側の懸念は，彼女の娘の家族間で彼女との同居に関する意思統一ができていないことであった。裁判所は，彼女の安全性と自宅に帰ることにより彼女の自由を損なう危険性を考慮し引き続き介護施設にて今後必要となる社会ケアを受けることが彼女の最善の利益であると判示した[31]。

　医療・ケア実務家であれば，家族にケアを委ねることの適切性について，患者の利益を判断し対処することは，合理的な実務である。しかし，当該家族が患者本人の代理人でなく，家族との調整が上手くいかない際には，医療・ケア実務家と家族との主張について，保護裁判所が公正かつ客観的な判

---

(30) 遷延性意識障害（PVS）にある患者の人工的栄養水分補給補法（ANH）の差し止め及び中止，意思能力に欠ける者の臓器提供，強制不妊手術等。
(31) UF v X County Council and others（No. 2）[2014] EWCOP 18

断を下すこととなる。

　他方，家族が本人の決定に負の影響をあたえる場合として，精神的に不安定な患者に恐怖や過度に不安を与えるような情報による決定であれば，真の意思決定とはいえない[32]。しかし，高齢者と養護者とが共依存関係にあることで，明らかな脅迫や暴力的な方法でなくても，養護者の意図を考慮した意思決定がなされることがあり，担当する医療・ケア実務者は，これを本人の真の意思決定としてよいかという疑問の生じることがある。このような場合にも，保護裁判所が活用される。それが，レッドブリッジ事件である。

2　誰が最善の利益を判断するか ── レッドブリッジ事件

　94歳の女性Gは，住み込みの介護人Cを本人に代わって医療・ケアの決定を行う永続的代理人として登録している。意思能力法には，医療や福祉に関する永続的代理権（Lasting Powers Attorney:LPA）を規定しており[33]，代理人を通じて本人の意思を反映させることとなる[34]。レッドブリッジ・ロンドン特別区当局は，Gが，Cとともに住み込んでいる夫Fとにより支配されているとして，保護裁判所に，Gに意思能力の評価とCに対しGの家からの退去命令を発するよう求めた。Gに意思能力がないとされる場合には，Gの行った永続的代理人は無効となる。本件裁判のラッセル判事は，Gを意思能力がなかったとし，CとFに退去命令と今後Gとの接触を禁じるとした。

　争点は，保護裁判所に，CとFの退去と接触禁止命令およびLPAの解任を行いうる権限があるかということである。判事は，Gの一貫性のない発言や感情表出等より，意思能力法による意思能力のない者としたが，LPAの登録を無効とする前提となるのは，GがCを代理人に登録する当時のGの意思能力の評価である[35]。判事は，当時のGに意思能力がなかったと証明する資料を得ることはできなかった。しかし，判事は，当時の意思能力について評価することはできなくとも，現状として，Gは自由を制約され，強制

---

(32)　Re T [1992] EWCA Civ 18, [1992] 3WLR 782.
(33)　The Mental Capacity (Deprivation of Liberty: Appointment of the Relevant Person's Representative) Regulations 2008, SI 2008/1315
(34)　永続的代理権に登録し後見庁に申請し登録する。
(35)　Mental Capacity Act 2005, S9.

や不当な影響によって意思能力を奪われている脆弱な成人であり，意思能力法に基づき，裁判所による保護を受ける権利があるとした。判事は，Gの意思決定においてCによる過度の圧力がある可能性が高く，意思能力法による，受益者であるCがGの最善の利益ではない方法により行動をおこなったと判断できる場合には，とりわけLPAに関連している場合には，裁判所が取り消すことができるとした。その上で，Gの最善の利益として判事は，Cらと暮らし続けることがGにとり最善の利益ではないとして，Cらに対しGへの接触禁止[36]，退去命令[37]を命じた[38][39]。

本件は，認知機能の変化する高齢患者の意思の有効性を判断する際に，現状の判断を優先するという示唆を与えている。

認知機能の低下を自覚する高齢患者の多くが，事前に自身の意思を擁護する者として，永続的な後見者としてLPAを活用する。これは，意思能力法に本人の代替による意思決定を認めるものであるが，ここでも意思決定に求められているのは，最善の利益である。代理人が全てを決定するのではなく，本人が何を望んでいるのかについて，その者の感情，価値観，信念等を関係者や介護者と協議を行い本人にとって最善の利益となるよう決定することが期待されている。本件のGのように独居でケアを受ける者に利害を求めた者が意思能力のない者を自身の不適切な管理下におくこともありうる。このことに気づいた医療・ケア実務家が，どこまで介入しうるかという欧州人権規約第8条の私生活の自由との調整が必要であるが，本件は，意思能力法により実務家の行為の正当性の証明を得るために裁判所を活用したものである。

3　虐待か保護か ── 自由を保護する安全措置(LPS)の活用

高齢患者のケアにおける危険性には，転倒転落，誤嚥，入浴事故等があり，

---

(36) Mental Capacity Act 2005, S17(1)(c).
(37) Mental Capacity Act 2005, S16(1)(a), S16(2)(a) ; Mental Capacity Act 2005, S47(1).
(38) 本件は，Cらは裁判所が財産権を奪うことだとして，判決後，市民運動への参加，マスコミを煽動し，Gの報道の自由を訴えるなど新たな問題でも参考とされる事案である。London Borough of Redbridge v G and others [2014] EWCOP 959.
(39) Mental Capacity Act 2005, S22(b)(i).

合理的な注意義務違反により事故を引き起こした場合には，医療・ケアの実務家または管理者は，過失責任を問われることとなり，これら事故の責任の所在については，通常の過失（ネグリジェンス）訴訟により判断される。ただ，脆弱な高齢患者に対する医療・ケアにおいては，患者の同意を得られずリスク管理の難しい状況がある。転倒転落や誤嚥防止策を講じるには，スタッフが潤沢でない医療・ケアの場で，必要となる医療・ケア保護として患者の安全目的で行われる処置のあり方が，しばしば法的な議論となる。

関係者の代理人の選任に関するLPA規則とともに施行されたのが，自由剥奪における安全措置（Deprivation of Liberty Safeguards: DoLS）規則[40]である。

意思能力法では，患者が医療[41]やケアの実務家に業務上，同意が必要となる行為について，意思能力のないこと，かつ本人の最善の利益に適うと客観的に確認されることにより，法的責任を免除される[42]。DoLSは，2004年HL事件の欧州人権裁判所判決において，イギリスの法制度の欠陥を指摘されたことから導入された意思能力のない者の身体の自由を保障するものである。意思能力法に規定することで，精神保健法による精神障害者のみ適用されてきた危害から保護するため最善の利益となる必要かつ相応の対応とみなされる者に限定的に抑制を認めることを，ケアホームや一般病院においても適用するよう対象を広げるものである[43]。要件は，意思能力評価者が本

---

(40) The Mental Capacity (Deprivation of Liberty: Standard Authorisations, Assessments and Ordinary Residence) Regulations 2008, SI 2008/1858.

(41) 意思能力法第5条には，免責対象となる行為をケアと治療に関する行為とするが，治療に関する行為には，診断その度に血液採取や理学療法など治療に際して行うものも含んでいる（Mental Capacity Act 2005 Code of Practice, 6.4.）。

(42) 欧州人権裁判所による自由を奪われない医療・ケアとして精神保健法の処遇に対する改善を行うものであり，この法を，意思決定支援を規定するNCAに定めたことについて，異なる法的及び哲学的な出てきた二つを簡単にまとめたために理解を難しくしている。

(43) R v Bournewood Community and Mental Health NHS Trust ex p L [1998] 3 All ER 289; [1999] AC 458. ボーンウッドギャップといわれるものである。学習障害のある成人の精神保護病棟に入院していたが，家族による退院の希望と病院側の入院継続の対立において，貴族院は，NHSトラストの主張を支持し，コモンローにより意思能力を欠く者を精神科病院に収容しケアを行うことができると判示した。しかし，その後，

人に危害（harm）が及ぶのを防ぐために必要であると信ずることが相当であること，あるいは，本人に危害が及ぶ可能性が高く，かつその危害が深刻であることである[44]。ただし，抑制を行うには，その程度が問題であり，想定しうる危害に見合う対応であること，徘徊する等問題行動のある高齢者を監禁や椅子に縛り付ける等は虐待や暴力行為であり，非人道的，また品位を損する場合には，欧州人権規約第3条に違反する行為として処罰を受けることとなる[45]。また医療・ケアの実務家は，認知の混乱により問題行動のある高齢患者の対応として，安全配慮義務となる抑制を行う前に，当該患者に予見しうる危害（転倒転落等）の回避策を講じなければならない。夜間のベッド柵の使用や監視マットレス，カメラ撮影等の使用を行う際には，意思能力のある場合には意思確認を，意思能力を喪失していると評価する場合に限り，最善の利益として抑制を行うことになる。抑制の形態には，身体拘束だけでなく，意思能力法の要件を満たしていれば薬物を用いる場合がある[46]。その際にも，欧州人権規約第5条にて保障される自由の権利を侵害する可能性があれば，DoLSの適否を検討しなければならない。薬剤投与を拒否する患者のなかには，副作用症状や不快感の場合もあれば，認知機能の混乱による場合もある。本人の意思能力が明白であればその意思を尊重せず，投薬することは，不法行為（トレスパス）にあたりうる。

このようにDoLSは，意思能力のない者の自由と安全を保障するための措置を定めたものであるが，実際には，DoLSの認許申請数が政府の予想を遥かに下回っていたことを憂慮した政府は，申請方法等を見直す検討を行なった。実務側には，抑制の根拠法の区別がわかりづらいということがある。精神障害者の場合には精神保健法により，そうでなければ意思能力法による

　欧州人権裁判所により，1998年人権法別表1に定められた欧州人権規約第5条1項により，身体の自由と安全を奪う措置には，法律の定める手続きによるものだとされた。1983年精神保健法には，意思能力に欠ける者に抑制の規定がないことが指摘されている。
(44)　Mental Capacity Act 2005, S6(1), (2), (3).
(45)　欧州人権規約第3条実務によるとして，医療・ケアの実務では，スタッフの数，徘徊のある患者への電子タグ装着等対応策を検討する等対策がとられている。
(46)　2007年の調査では，介護施設では15万弱の認知症患者が，不必要な抗精神病薬を投与されていたことが報告されている。ケア担当大臣は，GPや病院の医師に抗精神病薬の処方の監査を行う全国臨当局長（ディレクター）を任命した。

DoLS となるので，認知症患者や精神症状を有する慢性患者にいずれの法であるかと判断できず申請を怠ることになる[47]。また DoLS の認許を得るには複雑な手続きを得なければならないことも申請を控える要因となっていた。その結果，政府の意図と異なり，多くの者が不法な抑制を含む不適切なケアを受けていたことが指摘されている[48]。

　政府は，2019 年，2005 年意思能力法を改正し，DoLS に代えて新たに「自由を保護する安全措置（Liberty Protection Safeguards: LPS）」を導入する 2019 年意思能力（改正）法を制定した。これにより，根拠法がいずれであっても抑制の必要性があれば，申請を行うこととし，抑制の適否に関する判断を行う審査では，当事者に関わりのない者による審査を義務付け，本人が収容や身体拘束に異議があれば，専門家による事前審査を行うこと，また認許後に定期的な審査による検証，保護裁判所の認許に対する異議申し立ての保障等に加え，対象者の身体の自由を守るよう努めるとする[49]。意思能力のない者の医療・ケアにおける身体拘束や虐待問題の防止としてその効果が，引き続き注目されるところである。

IV　高齢患者の最善の利益に適う医療・ケア

1　最善の利益となる医療・ケアの質

　意思能力のない者の最善の利益については，家族や医療・ケアの実務家の意見のみで判断せず客観的に最善の利益を決定しなければならない[50]。

---

(47)　GJ v The Foundation Trust [2009] EWHC 2972 (Fam).
　　また重度の脳損傷による意思能力に欠ける者のアルコール依存症の治療とケアについては，意思能力法によるケアホームに収容できるとした判決などがある。A Local Authority v A (A Child) & Anor [2010] EWHC 978.
(48)　Francis Report of the Mid Staffordshire NHS Foundation Trust Public Inquiry 2013.
(49)　芦田淳「【イギリス】精神能力法の改正 ── 自由保護セーフガードの導入」外国の立法（2020 年）No.282-1. https://dl.ndl.go.jp/view/download/digidepo_11423771_po_02820106.pdf?contentNo=1
(50)　Re J (A Minor) (Wardship: Medical Treatment) [1991] Fam 33, 44, 46-47, 55. Re

上述の医療・ケア実務家による虐待問題には，医療・ケア実務の劣悪な状況を示すものがある。一つの事例が，高齢の認知症患者の食事ケアである。人の基本的ニードであり，生命の源である食事は，単に栄養を摂取すれば良いというわけではない。食べるための機能を維持し，生きる希望となることから，可能である限り，経口で食事を摂ることが望ましいが，嚥下機能の低下による誤嚥による肺合併症の危険性を考慮しなければならない。この危険性を回避するとともに食事介護ケアの手間を省くよう多くの介護施設で，認知症患者の食事を安易に経管栄養法に切り替えていることが問題となっていた[51]。看護師の三人に一人は，家族による不適切な食事介助による誤嚥，食事介助放棄等，ネグレクトも含む高齢者への不適切なケアに気づいていながら，改善のための行動を控えていることも指摘とされている[52]。医療・ケアの質向上のため政府や自治体は，医療・ケア実務家のケアを管理し，方法を監督することとなる。認知症患者の治療にあたる医療の場に対し，政府は，認知症専門ケアを提供する施設の登録制度を導入し，地域のメンタルヘルスチームに人材を割り当てるよう求めているが，そもそも施設の人員不足問題が改善されないことから，認知症患者に対する医療・ケア不足により病状の悪化を招き，いつまでも退院できないことになる事案が多く生じていた。患者の最善の利益の検討において，医療・ケア実務家を支えるための財政や人員の確保という政策とかかわる課題を提示する次の事案は，食事同様，人の基本的ニードである排泄のケアに関する医療・ケア実務家が患者の意思を尊重したケアを行おうとすることに対し，自治体よりケア方法の変更を求められたことによるものである。

　独居の67歳女性Mは，転倒し股関節を骨折した。Mは，脳卒中後の神経因性膀胱障害による夜間，トイレに行く際の付き添い介助を求めていた。

　E（A Minor）（Wardship: Medical Treatment）[1993] 1 FLR 386, 392.
(51)　Sam Lister, Care home patients given feeding tubes 'to save on staffing', The Times, 6 January 2010.
(52)　2013年，保健と社会福祉情報センターによると，高齢者の虐待通報件数が増加しており，高齢者虐待を児童虐待と同様に厳格に対処する法律制定が求められていた。2014年ケア法は，自治体に虐待の危険に晒される成人を保護する義務を課す規定を定めた。

地方当局は、これを「夜間に洗面台を使用する支援」と評価し、介護者を派遣してきたが、自治体のケアサービス審査会により、当該支援を停止し失禁パッドの供給にする決定を下した。Mは、失禁ではないにもかかわらず失禁パッドの使用を求めるのは尊厳を傷つけることだと主張し、当該決定を違法だとして裁判所に提訴した。

争点は、当該決定の適法性であった。本件最高裁判決は、審査会の決定について、手続に瑕疵があったことを認めたが、サービスを撤回するのではなく失禁パッドを支給したことから支援がなされており、欧州人権協約第8条による私生活を尊重する権利には当たらないと判示した。欧州人権裁判所もまた、サービス変更について当局はMに相談し、納得のいくよう説明する努力を行っており、Mのニーズを可能な限り尊重していること、失禁パッドの支給は1995年障害者差別法第21D条(5)による「正当な目的を達成するための比例した手段」であるとしてMの主張を退けた[54]。

本件判決は、患者の意思を尊重するとしても、提要する医療・ケアの方法は、全体の予算と提供者の状況を考慮し、合理的で妥当なものでなければならないことを示している。限りある資源を有益に活用するとして、生命に直結する医療においても同様の判断となりうるのか、更なる検討が必要となるのが、次の事案である。

2 人生最後を迎える場 —— 両者のバランス

67歳の女性Re（仮名）は、意思能力がないと判断され、糖尿病の管理のため、DoLSによりケアホームに入所している[55]。しかし、Reは、入所後、帰宅することを切望し、うつ状態に陥り自傷行為をおこしたため、NHSトラストが、DoLSの継続の是非について裁判所に審査を申し出た。裁判所は、

---

(53) 2010年11月に発表されたNational Confidential Enquiry into Patient Outcome and Death（患者の成果と死亡に関する国家機密調査）によると、高齢患者の3分の1しか病院で適切な治療を受けておらず、5分の1は手術が回復を損なうほど遅れていた。
(54) McDonald v. UK（Appl cation no 4241/12）European Court of Human Rights, The Times Law Report, 13 June 2014; McDonald v. UK Chamber judgement [2014] ECHR 492.
(55) Re M（Best interests: Deprivation of Liberty）[2013] EWCOP 3456.

Reを自宅に帰し実施可能な支援を行うよう判示した。

　争点は，実務家の医療・ケアを行う義務と本人の最善の利益との比較衡量により検討された。判事は，医療・ケア実務家に課された個人の生命の権利を保護する国家の義務は絶対的なものではないとし，本件では，生命の保護を優先することが彼女の生活の質を犠牲にしてまで正当化できるものではなくDoLSから標準ケア計画に修正するよう判示した[56]。

　本判決は，前述のKK事件判決を想起させる。Reの最善の利益について，判事は，強制的にケアホームにて健康管理を行うことではないと認めたのである。彼女には意思能力がないとしても，支援を尽くせば自宅にて自己管理ができるかは，継続的に検討しなければならず，医療・ケア実務家にとり彼女を帰宅させることは，彼女の健康維持にとっては，賛成しがたいことであろう。しかし，現実的に実施可能なケア計画を実施し，自宅で過ごすことが彼女にとってそれが最善の利益であるという裁判所の判断であるならば，彼女を帰宅させなければならない。裁判所による判断に従うことについては，医療・ケア実務家は，計画による合理的な行動をとるとしても起こりうるケアの過失や懈怠に対する責任追及，また自傷等問題行動を防止するための行為に対して虐待疑いによる刑事手続や懲戒処分等の責任を問われることのないとする確認を得ることが求められる。その点，本件では，Reの病状の悪化や死亡した際の責任は裁判所にある[57]とした。

　近年，看取りの場に病院を選択する者は4割強と減少し，自宅やケアホームを希望する者が増えている[58]。高齢患者にとって，医療・ケアの提供の場として居住する場を希望するのには，人生最後を迎える場を想定していることがある。前述のKK事件で当該判事は，自宅に帰る意思確認の質問に対し，KKが「床に倒れたら床で死ぬ」[59]と応えたことを，本人の意思能力であると評価した。意思能力のない者の人生最後の迎え方として，先例となる

---

(56) Supra (54), [38].

(57) Ibid, [41].

(58) https://www-gov-uk.translate.goog/government/statistics/palliative-and-end-of-life-care-profiles-december-2023-data-update/palliative-and-end-of-life-care-profile-december-2023-update-statistical-

(59) Supra (24), [73].

事故による意識障害の患者の生命維持治療中止について争われたブランド事件判決[60]では，最高裁は，生命維持治療の中止の是非判断に合理的医師基準を採用した。しかし，認知機能の低下した高齢患者の終末期にも同様に，医師の判断で行うことが最善の利益といえるかは，検討が必要となる[61]。

次のエインツリー事件は，生命維持治療を続ける病院での生活が，これまで生活を楽しむよう努めてきた者の最善の利益であるかを問う生命維持治療の継続の是非についてである。倫理的道徳的でも議論のある事案であるが，本稿では，高齢の意思能力のない患者における最善の利益について検討する。

3　意思能力法に基づく生命維持治療の中止 ── エインツリー事件最高裁判決

68歳Ｊは，癌治療で入院後，徐々に病状が悪化し最小意識障害となり，生命維持治療（心肺蘇生，人工心肺，腎機能代替療法）により延命していた。Ｊの入院先のNHSトラストは，生命維持治療を継続することは無益であり，Ｊに苦痛を与えるだけの治療を中断することについて裁判所の宣言を求めた。しかし，Ｊの家族は，Ｊが以前の生活を取り戻すほど回復することはないであろうが，現在の生活が続くことを望んでいると主張し，両者は最高裁まで争った。

Ｊには意思能力がないという評価については，いずれの裁判所において同一の見解である。意思能力法には，治療が無駄であり，患者に過度な負担がかかる場合には，あるいは，回復の見込みがない場合，生命維持治療を行わないことが最善の利益となりうると規定されている[62]。争点は，生命維持治療を中断することがＪの最善の利益になりうるかについてであり，そこで判断を画するのが，本法の「回復」の意味解釈であった。

---

(60)　Airedale NHS Trust v Bland [1993] 1 All ER 821.
　　千葉華月「遷延性植物状態患者に対する生命維持治療の打切り ── イギリスにおける司法と医プロフェッションの役割」古村節男＝野田寛編『医事法の方法と課題』（信山社，2004年）91-107頁参照。
(61)　田中美穂・児玉聡「英国の終末期医療における意思能力法2005の現状と課題 ── 任意後見である永続的代理権と独立意思能力代弁人の意義をめぐって」生命倫理24巻1号（2014年）96-106頁。
(62)　Mental Capacity Act 2005 Code of Practice, 5.31.

保護裁判所は，J本人が価値のある生活を続けることも「回復」であり，Jの生命維持治療を無駄でないとし，生命維持治療中断の宣言は適切でないとした(63)(64)。対して，控訴院は，家族によるJの闘病時に見せる家族やスタッフへの感謝や周囲への気遣いから，Jが家族への愛と家族による歓びに応えるためにできるだけ長く生きたいと願っていた事実を認めるとしつつ，回復とは健康状態を意味するものであり，Jに無益で過度な負担を生じさせる生命維持治療中断の判断において，患者の希望は決定的な要因ではないとした(65)。その上で，控訴院は，Jの最善の利益について，Jが絶望的な状態であることを理解すれば，医学的な判断に従うであろうと判示した(66)。本判決10日後，Jは死亡したが，Jの妻による上訴によって最高裁判決が下された。このため本件は，意思能力法に基づく意思能力のない者の生命維持治療を差し止めや中断の判断について，初めて最高裁判決が示された事案(67)となった。

　最高裁は，まず，これまでの議論だった「回復」また「治療の無駄」ということでなく，生命維持治療を継続することが患者の最善の利益でない場合には，生命維持治療を中断することを合法であるとした。そのうえで，本件事案で検討すべきは，治療の中断が最善の利益になるかではなく，生命維持治療が患者の最善の利益になるかであるとする。最高裁は，人は生存し続けることが最善の利益であると推定しうるが，個々の事案は独自の事実に基づ

---

(63)　NHS Trust v DJ and others [2012] EWHC 3524 CoP.
　　　ブランド事件判決では，治療中断の判断として，いかなる類の治療目的のない場合には，治療は無駄であり中止とすることができるとする。
(64)　治療の定義6つのうち，本件判事は，Jにとって特に重要な点として，(3)「患者の苦痛の大幅な軽減につながらないとしても，死を遅らせることが目的である可能性がある」。(5)「目標は，患者が自分で設定した目標（または希望）を達成できるようにすることである可能性があります」。(6)「目標は，患者の治療上の利益を確保すること，つまり，治療が単独で，または他の医療と併用して，生命を脅かす病気または患者が苦しんでいる病気を治癒または少なくとも緩和する真の見込みがなければならない」を挙げている。
(65)　Aintree University Hospitals Foundation Trust v. James [2013] EWCA Civ 65.
(66)　Ibid.
(67)　Aintree University Hospitals NHS Foundation Trust v James [2013] UKSC 67, [2014] 1 AC 591, [2013] COPLR 492.

いて判断されるべきであるとする。最高裁は，これを前提とし，最善の利益とは，代替人の判断ではなく，意思決定者が医学的だけでなく，合理的に確認できる限り，「意思能力があった当時の患者の過去と現在の希望と感情，決定に影響しうる信念と価値観，当該患者がこのような状況で考慮するであろう他の要因を考慮しなければならず，介護者や患者の福利について関心のある者と患者の最善の利益について相談しなければならない」[68]として，患者の関係者と協議の上で，決定すべきだと改めて示したのである。

すでに本件では，Jは死亡しているにもかかわらず，最高裁は，最善の利益について，生命維持治療の中断を議論するのではなく，継続する視点で検討するよう示したのである。ヘイル判事長が，意思能力のない者の最善の利益を判断する者が同情心であっても患者を死に向かわせたいという願望で意思決定に関わってはならないと強調するのには，ブランド事件判決以降，生命維持治療の差し控えや中断において合理的な医師の判断を尊重し続けた臨床の実務の状況に対する裁判所の姿勢を示したということである。本人の価値観や信念を踏まえた最善の利益の判断を医療実務家だけでなく家族に求めることをどのような法の評価となるかは，今後も注視していかなければならない。

V　まとめにかえて

以上，イギリスにおいて高齢患者が抱える法的問題について，取り上げてきた。制度の改変，様々な裁判例とその判決を振り返ると，意思能力の有無に限らず，個人として尊重される医療・ケア，イギリスの言葉を借りると，中心にあるのは患者であるということが，ときに忘れられている事態が散見されることに驚かされる。しかしながら，患者が声を発し，それを取り上げるための法が作られ，裁判所が道を示すということにより，イギリスの高齢患者に対する意思を尊重する地域包括医療が形作られていることを確認することができよう。法の見直しや，それぞれの事案の判決について，さらに詳細な検討が必要である。ただ，高齢患者の増加する社会において，目的や手

---

(68) Ibid, [39].

法の異なる医療と福祉を共同する制度の構築だけでなく，医療・ケアを提供する医療・ケアの実務家による年齢による偏見や差別ではなく，脆弱な成人として適切に配慮を行い，限られた予算で，患者の望む場で生活をつづけながら，健康管理と医療提供を行うことが求められていることは，本稿で示されたところであろう。問題解決を裁判所に委ねるイギリスの課題解決方法についても，賛否両論あろう。しかし，本稿で取り上げた事案は，イギリスにのみ起こりうるものではなく，医療・ケア実務家にとっては，法的責任や倫理問題の議論において興味深いものである。これらを素材に，我が国における高齢患者の医療・ケアの課題に示唆が得られることを期待したい。

11　フランスにおける高齢者医療の現状と課題
── 意思決定のあり方に関する一考察

小 林 真 紀

Ⅰ　はじめに
Ⅱ　法的保護下にある高齢者の意思決定支援
Ⅲ　医療の現場における高齢者の意思推定
Ⅳ　終末期に固有な問題（事前指示書の拘束力）
Ⅴ　おわりに

I　はじめに

　本稿の目的は，フランスにおける高齢者医療について，その現状と法的な課題を抽出することにある。まず，検討対象を明確にしておこう。フランス法上，「高齢者医療」とは具体的に何を意味するのであろうか。フランスでは，高齢者のみが対象となる固有な医療制度はもうけられていない[1]。すなわち，国民皆保険制度のもと，すべての75歳以上の者を後期高齢者医療保険に強制加入させている日本とは対照的に，フランスには高齢者のみを別枠に入れることを前提とした「高齢者医療」制度は存在しないのである。フランスの現行法には，「高齢者（personnes âgées）」を法律用語として明確に定義している規定は見当たらず，そもそも何歳からを「高齢者」と定義するのかという点も明らかではない[2]。実際には，場合によって高齢者の意味は異なりうる。たとえば，公的介護制度では，高齢者が在宅サービスを利用できるよう支払われる個別自立手当（allocation personnalisée d'autonome）の対象者は60歳以上の者である[3]。あるいは，年金制度という視点からみるならば，2023年4月14日の社会保障財政法律[4]により，老齢年金の受給資

---

(1) Aline Vignon-Barrault, «Les droits fondamentaux de la personne âgée», *Journal de Droit de la Santé et de l'Assurance Maladie*, n° 31, 2022, p. 8.

(2) たとえば，日本では，法律ではないものの，日本老年学会および老年医学会による提言のなかでは，65～74歳を准高齢者（准高齢期），75～89歳を高齢者（高齢期）および90歳以上を超高齢者（超高齢期）と定義づけられている。日本老年学会・日本老年医学会「「高齢者に関する定義検討ワーキンググループ」報告書」(2017年) 8頁，https://www.jpn-geriat-soc.or.jp/proposal/pdf/definition_01.pdf（最終閲覧日：2024年月8日）

(3) 法律の規定にもとづき，全国自立連帯金庫（Caisse nationale de solidarité pour l'autonomie：CNSA）の主導のもと，高齢者とのその介護者に向けた情報提供もおこなわれているが，そこでも対象は60歳以上である。Pour les personnes âgées | Portail national d'information pour l'autonomie des personnes âgées et l'accompagnement de leurs proches| Pour les personnes âgées（pour-les-personnes-agees.gouv.fr）（最終閲覧日：2024年月8日）なお，フランスにおける公的介護制度の近況については，健康保険組合連合会「公的介護制度に関する国際比較調査報告書」(2020年) 38頁以下に詳しい。

(4) Loi n° 2023-270 du 14 avril 2023 de financement rectificative de la sécurité sociale pour 2023　この2023年4月14日の社会保障財政法律第2023-270号の制定は，

格年齢は 64 歳に設定されている。これら以外にも，国立統計経済研究所（Institut National de la Statistique et des Études Économiques：INSEE）の統計データを見ると，60 歳以上が高齢者として扱われている[5]こともあれば，65 歳以上を高齢者として捉えて行われている調査[6]もあり，データによって年齢設定にばらつきがあることがわかる。いずれにせよ，全人口のうち 65 歳以上が占める割合が 1990 年には 14% であったのに対して，2021 年には 21% まで上昇しているという事実が示しているように，フランスでも社会の高齢化は確実に進んでいる[7]。

以上のように，フランス法上，「高齢者」を定義することは困難であり，日本の後期高齢者医療保険のようなシステムも創設されていない以上，高齢者医療とは何かという問いに対して明確に答えることは難しい[8]。他方で，

　同法による年金受給年齢引き上げに反対する国民がフランス全土でデモやストライキをおこない，同法の公布を阻止しようとする野党が合憲性審査を憲法院に付託するなど，フランス社会に大きな波紋を起こした。

(5) INSEE, Davantage de personnes âgées en perte d'autonomie à domicile dans les départements les plus pauvres, https://www.insee.fr/fr/information/7726198（en ligne）〔consulté le 6 mai 2024〕

(6) INSEE, Tableaux de l'économie française, https://www.insee.fr/fr/statistiques/4277619?sommaire=4318291（en ligne）〔consulté le 6 mai 2024〕

(7) INSEE, Pyramide des âges au 1er janvier 2024, https://www.insee.fr/fr/outil-interactif/5014911/pyramide.htm#!v=2&c=0（en ligne）〔consulté le 6 mai 2024〕

(8) フランスの医療保険は伝統的に職域保険をベースに発展し複雑な構成になっていたが，1999 年法によって構築された普遍的医療保障（couverture universelle：CMU）制度を経て，2016 年社会保障財政法により普遍的医療保護（protection universelle maladie：Puma）の制度が設けられてからは，フランス国内で就労しているか，安定的かつ合法的に居住する人はすべて，医療保障の対象となっている。医療保障とフランスの医療制度を詳細に分析する主たる研究としては，稲森公嘉「フランスの医療制度 —— 医療の自由を尊重しつつ保障の普遍化をめざす」岩村正彦・嵩さやか・中野妙子編『社会保障制度 —— 国際比較でみる年金・医療・介護』（東京大学出版会，2022 年）91 頁以下；伊奈川秀和「フランスの医療制度および改革の動向」健康保険組合連合会『独仏の医療保険制度に関する調査研究・フランス報告書』（2018 年）がある。なお，後期高齢者医療保険のような制度はもうけられていないものの，社会保障の財源のあり方や手本とされているモデルの類似性を根拠に，日本の医療保険制度と共通点が多いとする指摘もなされている。詳細は，柴田洋二郎「フランス社会保障財源の議論と動向」社会保障法研究 19 号（2024 年）65 頁以下参照のこと。

高齢者の範疇をいかなる年齢で区切ろうとも，加齢にともなう認知能力や理解力の低下は，フランスに限らずどの国の高齢者であっても直面する問題である。とりわけ医療の場面に限定すれば，医療行為を受ける際の同意，医療情報へのアクセスあるいは終末期における意思表示といった点で，高齢者はとくに脆弱性を抱えており，その補完は必須である。そこで，本稿では，フランスにおける高齢者医療の現状と課題を明らかにするために，高齢者を含む，脆弱性を抱えた成年者に対する意思決定支援の制度（Ⅰ）と，当該医療行為に関わる高齢者本人の意思を推定するための制度（Ⅱ）を区別し，それぞれの制度の概観を示す。そのうえで，近年，これらの制度をめぐって裁判上問題となっている論点を終末期に限定して紹介し（Ⅳ），最終的にフランス法に固有な特徴を抽出することにしたい。

Ⅱ 法的保護下にある高齢者の意思決定支援

高齢者が医療の場面で直面する課題はいくつかあるが，なかでも最も問題になりうるのが，加齢とともに認知能力や理解力が低減していく高齢者が，医師から提案された医療行為を受けるかいなかについて，自身の意思をいかに表明しうるかという点であろう。フランスでは，公衆衛生法典（Code de la santé publique，以下CSPと略す）により，すべての患者に対して，尊厳を尊重され（CSP L1110-2条），自身の健康状態について情報を与えられたうえで（CSP L1111-2条1項），自らの健康に関する決定をくだす権利が認められている（CSP L1111-4条1項）。当然に，これらの権利は高齢の患者も享受できる。実際には，高齢であれば必ず判断力や事理弁識能力が直ちに欠けるというわけではないから，自分で意思決定し，それを表示できる高齢者であれば問題はない。しかし，高齢であることによって認知能力が著しく低下したり，高度に専門的な医療情報を的確に理解できなかったりする場合には，第三者による支援が必要となる。公衆衛生法典の規定によれば，高齢者であるかどうかにかかわらず，患者は，自らの健康に関して，「医療従事者とともに」決定をくだすことが前提とされている（CSP L1111-4条1項）。医学的な知識を十分にもたない患者が過度に他者に依存したり第三者からの影響を受けたりすることなく自律的に意思決定できるためには，医療者や専門家に

よって十分に支援されることが必要であると考えられているといえる。患者が高齢である場合，病理学的な疾患を抱えているという脆弱性に加えて，老化に伴う判断力や体力の減退ゆえ他者への依存度が高くなるという脆弱性ももつから，さらなる支援が必要となることは明白である。

　この点に関して，大きな脆弱性を抱える高齢者が医療の現場で法的な支援を受けようとすれば，フランスでは，まずは法的保護（protection juridique）の制度を利用することが考えられる。これに加えて，とくに終末期医療に関しては，一般的な法的保護の枠組みとは区別される制度が別途整備されている。以下では，これらのフランス法に固有の制度の特徴について，とくに高齢者が医療を受ける際におこなう意思決定の場面に限定して現状を分析し，特徴を導き出すことにしたい。

1　法的保護制度

　原則として，フランス民法では，人（personne）には「自然な能力（capacité naturelle）」があることが前提とされている[9]。しかし，一定のカテゴリーに属する脆弱な人々については，この原則を基盤にしつつも，民法415条以下にて成年被保護者（majeurs protégés）として法的な保護が与えられる。当然に，高齢者も，この法的保護の条件を満たす場合には当該制度の対象となる。具体的には，「医学的に確認された，精神的な能力（facultés mentales）の悪化，あるいは意思の表明を阻害する性質をもつ身体的能力（facultés corporelles）の悪化によって，自らの利益に十分配慮することができない人」（民法425条）が法的保護の射程に入る。法的保護の制度としては，後見（tutelle）および保佐（curatelle）（民法440〜476条）と，裁判上の保護（sauvegarde de justice）（民法433~439条）が用意されている[10]。原則として，被

---

[9]　Annick Batteur, Laurence Mauger-Vielpeau, *Droit des personnes, des familles et des majeurs protégés*, 11ᵉ éd. LGDJ, 2021, p. 551.

[10]　実際に，後見については，高齢になるにつれ制度利用者が増えるという特徴が顕著である。たとえば，2022年のデータによれば，とりわけ平均寿命が長い女性に関しては，年齢が上がるほど被後見人となる高齢者が増えることが分かる。Cf. https://www.justice.gouv.fr/sites/default/files/2023-07/RSJ2022_6_2.pdf（en ligne）〔consulté le 6 mai 2024〕

保護者であっても，その状況が許す限り，本人に関わる決定は本人がくだす（民法459条1項）。この場合，法的保護者には，まずは被保護者自らが適切な意思決定をおこなえるよう「支援する」ことが求められるにとどまる。あくまで，こうした支援では不十分である場合に限り，法定の一部の行為を除き，法的保護者に代理権が付与される（民法459条2項）。

　まず，裁判上の保護に関しては，民法425条に該当する場合に，一時的に法的な保護が必要か，あるいは一定の行為の遂行について代理される必要がある場合に裁判官によって宣言されるものである[11]。これは一時的な措置であることから適用される期間が限定されている（民法439条1項）。この裁判上の保護では十分でないと判断される場合には保佐へ（民法440条2項），さらに保佐でも不十分であると判断される場合には後見へと移行する仕組みになっている（民法440条4項）。保佐は，被保佐人が自ら行動することができないわけではないが，一定の行為については第三者による助言や監督が継続的に必要となるような場合に用いられる（民法440条1項）。保佐人は，保護係争裁判官により指名される。医療に関していえば，保佐人は，被保佐人に代わって医療行為に同意することはできず，あくまでも本人による意思決定を支援するにとどまる。

　これに対して，後見とは，継続的に代理される必要がある成人を対象とした制度であり本人に代わって後見人（tuteur）が決定をくだすことができる（民法440条3項）。原則として，本人あるいはその家族（配偶者を含む）が後見裁判官に後見を申し立てる必要があり，裁判所にこの申立てがなされると，後見裁判官が，医師が作成した診断書をもとに，本人の健康状態，理解力，意思表明力，さらに場合によっては罹患している疾病の病状を考慮した上で後見人を指名する。このとき，後見人は，まず本人の親族のなかから指名されるが，該当者がいない場合には第三者が指名され，この者は有償でその役を引き受けることができる。

　なお，後見制度よりもより柔軟な委任が可能となるのが親族授権（habilitation familiale）の制度[12]であり，これを高齢者が利用することも可能である。

---

(11) 裁判上の保護に関しては，後見や保佐の申立てがなされている間に一時的に宣言されることもある（民法433条1項，2項）。

親族授権の場合，これを受けることができる者は家族（親，子，兄弟姉妹，配偶者，パックスあるいは事実婚のパートナー）に限定され，家族の合意がなければ授権はおこなわれない（民法494の1条）。常に後見裁判官による統制のもとにおかれる後見とは異なり，親族授権の場合は，問題が起きない限り，委任をうけた家族がその判断で動くことができる。

2　医療の場面における法的保護

話を医療の場面に戻そう。原則として，高齢者がこうした後見あるいは親族授権の下に置かれている場合であっても，基本的には，本人の状態が許す範囲において本人に関わる決定は自分自身でくだすことができる（民法459条1項）。したがって，医療行為に関してもこの原則が適用される。

具体的には，第一に，必要な場合には法的保護者の支援を得て，自身の意思を表明しうる状態にあれば（CSP L1111-4条8項第1文）[13]，法的被保護者も，ある医療行為について，十分な情報を与えられた中で自由に同意し，また一度おこなった同意をいつでも撤回しうる権利をもつ（CSP L1111-4条4項）。こうした規定がおかれているのも，民法459条の規定にもとづき，成年被保護者といえども可能な限り本人の意思が尊重されるべきであるという考え方が医療の場面でも徹底されているためである[14]。言い換えれば，フランス民法には，本人がどのような法的保護のもとにおかれているかにかかわらず，成人にはみな「自然な能力」が備わっているという概念が通底しているといえる[15]。保佐の場合を例にとるならば，保佐人は，被保佐人の意

---

(12) 近年の改正を踏まえた最新のフランスにおける親族授権の動向については，山城一真「フランス成年後見法に関する管見 ── 法廷後見の構想をめぐって」成年後見法研究19号（2022年）9-11頁に詳しい。

(13) ただし，この公衆衛生法典L1111-41条8項に関して，必要な場合とはどのような場合で，その場合に当たることを誰が判断するのかといった点が法文上明らかになっていないことから，法的被保護者の医療同意について公衆衛生法典は十分な規定を備えていないと批判する見解もある。Muriel Rebourg, «La distinction de la mesure et des pouvoirs de la personne en charge de la protection: réflexion sur la protection de la personne», in *Mélange en l'honneur de la Professeure Annick Batteur, Regards humanistes sur le droit*, LGDJ, 2021, p. 518.

(14) Amélie Gogos-Gintrand, «La décision d'arrêt des traitements pour les majeurs protégés», Dalloz, 2018, p. 81 et s.

思決定を補佐するにとどまるから、治療に同意するかどうかの最終決定は被保佐人の判断に委ねられる。

　ただし、後見や親族授権のもとにおかれている被保護者で、本人が決定を下したり同意の意思表示をしたりすることができない場合には、状況はやや複雑になる。一方で、民法の規定にしたがうと、本人が自分に関わる事項について決定をくだすことができないときには、それが本人の身体的統合性を著しく侵害しうる行為（つまりは、医療行為を含む）であったとしても、親族授権を受けた親族あるいは後見人が本人にかわって決定することを、裁判官は許可することができる（民法459条2項）。言い換えると、この場合、後見人や親族授権の受任者は、裁判官の許可を得たうえで決定するということになる。他方で、公衆衛生法典は、あらゆる医療行為は、原則として、被保護者であっても本人の同意を得なければ実施できず、例外的に本人が意思表示できない場合に限って、代理権を有する法的保護者が本人の意見を踏まえたうえで同意をすることができるとしている（CSP L1111-4条8項第2文）。ここでは、上述の民法459条のような裁判官が介入する手続が想定されていないため、法的保護者は、被保護者本人の意見を踏まえてさえいれば、裁判官による許可を得ずに医療行為に同意することができる[16]。一見したところ、民法と公衆衛生法典の規定との間に齟齬があるようにみえるが、民法459条の1が公衆衛生法典の民法に対する優位性を規定しているため、この場合は、公衆衛生法典L1111-4条8項第2文の規定が適用され、裁判官の許可なしに、代理権を有する法的保護者が同意をすることができる。なお、医師は、法的保護下の患者本人にとって重大な結果をもたらすと考えられる場合には、法的保護者が拒否していたとしても、被保護者たる本人にとって必要な医療行為をおこなうことが認められている（同条）。以上のケースに以外にも、医療の分野に関しては、法的保護下におかれている成年の意思決定あるいは同

---

(15)　Nelly Florence Gueu, Gabrielle Kervrain et Etéonore Lefevre, «Les droits du majeur protégé lors des décisions touchant à sa fin de vie», in François-Xavier Roux-Demare (sous la direction de), *La santé des personnes vulnérables*, LGDJ, 2020, p. 43.

(16)　ただし、本人と法的保護者の間で見解が食い違う場合には、裁判官が、いずれの者が決定を下すことが適当かを判断する（民法459条2項、CSP L1111-4条8項第3文）。

意について，民法と公衆衛生法典の間で調整が必要となるケースが少なくなかったことから，両法典の調整問題を解決するために2020年3月11日のオルドナンスが定められるに至った[17]。

なお，近い将来，精神状態の悪化や身体的理由から意思表示できないなど民法425条が定める状態になることを予測して，将来保護委任（mandat de protection future）の制度を利用し，必要になる法的保護を受けられるよう，あらかじめ特定の人物に委任しておくことも可能である[18]。民法477条によれば，あらゆる成年あるいは（後見から）解放された未成年は，「将来，能力を喪失した場合に備えて，あらかじめ，代理となる受任者（mandataire）（1名またはそれ以上）を指名」することができる。ただし，委任する際に，本人が後見あるいは親族授権のもとにおかれていないことが条件となる。委任者がもはや自身の利益を守れるような健康状態にないと受任者が判断した場合には，医師の証明書にもとづき，委任を開始する手続（裁判所への書類の提出）をとることができる。委任が開始されるまでは，委任者はすべての法的能力を維持するが，いったん委任が始まると，法定の理由がないかぎり受任者を解任することはできない。

---

(17) Ordonnance n° 2020-232 du 11 mars 2020 relative au régime des décisions prises en matière de santé, de prise en charge ou d'accompagnement social ou médico-social à l'égard des personnes majeures faisant l'objet d'une mesure de protection juridique, NOR : JUSC2003918R, JORF n°0061 du 12 mars 2020.）による改正以前は，被後見人が意思表示できかつ決定をくだすことができる場合には（医師）本人の同意を得なければならないと定められていたに過ぎなかったが，同改正により場合分けがなされ，明文の規定がおかれた。詳細については，Jean-Jacques Lemouland, «Droit des majeurs protégés», *Dalloz*, 2020, p. 1485 et s. 参照のこと。これに対して，2020年3月11日のオルドナンスをもってしても，問題はすべて解決されていないとして批判する見解もある。Annick Batteur, «Régime des décisions médico-sociales relatives aux personnes protégées: une ordonnance affligeante !», *Dalloz* 2020, p. 992 et s. がある。

(18) 実際には，障害を持った子を有する親が，もはや自分たちが世話をすることができなくなった場合を想定して，あらかじめ当該障害児の世話に関して第三者に任せるようなケースで用いられることが多い。A. Batteur, L. Mauger-Vielpeau, précité note 9, p. 594.

Ⅲ　医療の現場における高齢者の意思推定

　前節で論じた法的保護の制度は，判断能力や理解力が低下した成年の意思決定を，法的に権限を与えられた第三者が支援したり，本人に代わって決定をおこなったりするという制度であり，本来は，医療の場面よりも，財産管理や預金管理といった，個人の身体や健康に関わらない事項がその射程の中心となる。論点を医療の現場に限定するならば，フランスでは，第三者による意思決定あるいはその支援という視点とは別に，本人の意思をいかに推定し，医療行為の実施に反映させるか，という点が重視される。具体的には，医師は，第三者を通じて，あるいは文書をもとに，可能な限り患者本人の意思を推定することを法的に求められる。こうした立法者の姿勢は，とくに患者本人がみずから意思を表示できない状態にあっても，本人の意思をくみ取り，医療行為に対する同意を得た後でなければ医的介入は認められないとする原則に顕著に表れている[19]。具体的な制度としては，本人による事前指示書（directive anticipée）の作成と，信任者（personne de confiance）の指名がこれに該当する。以下において，これらの２つの制度の特徴を検証する。

1　信任者制度

　信任者については，2002年３月４日のクシュネール法[20]によって挿入され，2016年２月２日のクレス・レオネッティ法[21]により改正された公衆衛生法典L1111-6条のなかで定義されている[22]。それによれば，信任者とは，

---

(19) Commentaire de la décision n°2022-1022 QPC du 10 novembre 2022, https://www.conseil-constitutionnel.fr/sites/default/files/as/root/bank_mm/decisions/20221022qpc/20221022qpc_ccc.pdf (en ligne)〔consulté le 6 mai 2024〕

(20) Loi n°2002-303 du 4 mars 2002 relative aux droits des malades et à la qualité du système de santé, JORF du 5 mars 2002.

(21) Loi n°2016-87 du 2 février 2016 créant de nouveaux droits en faveur des malades et des personnes en fin de vie, JORF n°0028 du 3 février 2016.

(22) 信任者制度創設のきっかけとなったのは，患者の意識が明瞭でなかったり，判断能力が不足していたりする場合における「医師－患者」関係の促進を提言した国家倫理諮

「本人が意思を表明できず必要な情報を得られない場合に，意見を聴取される」者である。言い換えると，信任者は本人の意思（volonté）を踏まえてその内容を証言（témoignage）する人であり，信任者の証言は他のいかなる人の証言よりも優先される。なお，この信任者制度は，通常の医療の場面から終末期に至るまで広く患者に関わることを想定して作られたものである[23]。

成年であれば誰でも信任者を指名できる（CSP l1111-6 条 1 項）[24]。ただし，指名できる人数は 1 名に限られる。公衆衛生法典上，信任者になることができる者は，両親のいずれか，近親者のひとり，あるいはかかりつけ医（médecin traitant）[25]であるが，実際には，近親者についてとくに明確な定義がないことから，誰でも指名されうると考えられる。指名はいつでも修正・撤回が可能であり，指名行為自体は必ず書面によっておこなわれなければならない。これは，指名された以外の人が，自分が信任者であると主張することを避けるためである[26]。患者が入院する際には，どのような疾患であっても，医療施設側から信任者を指名することを提案される（CSP L1111-6 条 I 5 項）。これにもとづき，患者が信任者を指名した場合，別途指示がある場合を除き，原則として，当該入院期間に関してのみこの信任者の指名は有効となる[27]。

問委員会（Comité Consultatif National d'Ethique：CCNE）の答申第 58 号である。同答申では，当時，フランス法上，意識のない患者が治療についての意思を代弁される制度がないことが問題であるとして，すべての患者が，自分の能力が低下した際に，自身の意思について意見を聴取される代弁者を指名できることが望ましいとする提言がなされている。CCNE, Avis n° 58, Consentement éclairé et information des personnes qui se prêtent à des actes de soin ou de recherche（1998-06-12），https://www.ccne-ethique.fr/sites/default/files/2021-02/avis058.pdf（en ligne）〔consulté le 6 mai 2024〕

(23) Claudine Bergoignan Esper, Marc Dupont, *Droit hospitalier*, 10e éd., Dalloz, 2017, p. 731.
(24) なお，被後見人であっても，裁判官または家族会議（conseil de famille）の許可を得れば，信任者を指名することは可能である（CSP L1111-6 条 5 項）。
(25) フランスでは「かかりつけ医制度」が導入されている。原則として，患者はどのような症状であっても，まずはかかりつけ医を受診することになる。このため，かかりつけ医は患者本人の意思をよく知りうることが想定される。詳細については，稲森・前掲注(8)104 頁参照。
(26) Sophie Moulias, «Autour de la personne de confiance, Ethique médicale et gériatrie», *Gérontologie et Société*, n° 144, 2013, p. 136.

医療に関わる事項で信任者に任せられる役割としては，主として次の２点が挙げられる。第一に，患者が医療行為に同意することができる状態にある場合，本人が望めば，信任者は診察に付き添い，患者本人の意思決定を支援する（CSP L1111-6 条 I 2 項）。そのために，患者の同意のもと，信任者には患者と同じように情報が与えられる。医師が患者に対して重大で厳しい診断結果を伝えなければいけない場合などには，信任者が診察に立ち会うことが推奨される場合もある[28]。加えて，患者が希望すれば，患者が診療録を閲覧する際に信任者が立ち会うことも可能である。第二に，患者が終末期にある場合には信任者の役割はさらに強化される。すなわち，意思表示できない患者が，終末期すなわち「重篤で不治の疾患の進行期または末期」にある時，医師は「患者が表明した意思を探求する義務」を負う（CSP L1111-12 条）[29]が，事前指示書（後述）は作成されていないが信任者は指名されているという場合には，医師はこの信任者に患者の意思について証言を求める（CSP L1111-12 条）。つまり，信任者は，医師に対して「自らの意見を述べる」のではなく，患者がかつて意思表示できた頃に発言したり書いたりした内容から，本人の意思を推定し，これを医師に対して伝える（証言する）ことが求められるということである[30]。ただし，信任者の証言は医師を拘束することはない。したがって，信任者の証言内容と医師の意見が一致しない場合に

---

(27)　なお，入院に際しては，信任者とは別に「患者について知らされる者（personne à prévenir）」が指定される場合がある。後者は，患者の入院中に，特別に知らせるべきことがあった場合に病院側が連絡を取る相手のことを指す。ただし，信任者の制度がクシュネール法によって導入される前から「患者について知らされる者」の制度は利用されており，かつその法的地位について法律によって明確に定められることはなかったことから，信任者の概念との混同は今でもみられるとの指摘がある。Denis Berthiau, «La personne de confiance: la dérive d'une institution conçue pour de bonnes raisons. Tentative d'explication d'un insuccès», *Médicine & Droit*, 2008, p. 38.

(28)　Sophie Moulias, précité, p. 137.

(29)　このような医師の義務は，「一方で，患者の選択の，他方で，治療中止のプロセスに対する患者の参加を定める規定を保護化する」ものであると指摘されている。Marie Douris, « L'absence de volonté et la fin de vie : les droits du malade privé de ses moyens d'expression », *in* Guylène Nicolas et Anne-Claire Réglier (sous la direction de), *Mort et droit de la santé : les limites de la volonté*, LEH Edition, 2016, p. 157.

(30)　Marie Douris, précité, p. 158.

は，医師の判断が優先される[31]。いずれにせよ，信任者は終末期にある患者の代理人ではなく，医療者側の決定を助けるために患者の意思を伝える役目，すなわち代弁者・仲介者（intermédiaire）の役を担うにとどまる[32]。以上より，現行のフランス法の規定に照らすと，信任者は，状況に応じて，患者の代弁者（porte-parole）[33]，相談者（consultante），付添人（accompagnant）あるいは証人（témoin）などの複数の役割を演じ分ける存在であると解することができる[34]。

2 事前指示書[35]

前述の信任者制度が，通常の医療から終末期医療に至るまで多くの場面で利用されることが想定されているのに対して，終末期に限定し本人の意思を探るための手段として，フランスでは事前指示書が法制化されている。事前指示書は，将来「意思表示できなくなった場合」に備えて，「自らの終末期に関する治療あるいは医療行為の遂行，差し控え，中止あるいは拒否の条件」についての「意思を表明する」ために作成される文書を指す（CSP

---

(31) ただし，現実には信任者が患者の意思を証言しているのか，あるいは信任者としての意見を述べているのかを判別することは容易ではないであろう。信任者が患者の意思を代弁する際に，自らの意向を全く排除できるとする確証はないからである。

(32) Edouard Ferrand, Tài Pham, «Personne de confiance pour les patients hospitalisés», *La Presse Médicale*, T. 41, n°7-8, 2012, p. 732.

(33) Définition donnée par la HAS, https://www.has-sante.fr/upload/docs/application/pdf/2016-03/da_personne_confiance_v9.pdf (en ligne)〔consulté le 30 janvier 2022〕

(34) Denis Berthiau, «La personne de confiance : la dérive d'une institution conçue pour de bonnes raisons. Tentative d'explication d'un insuccès», *Médecine & Droit*, 3/2008, n°89, p. 41.

(35) フランスの終末期医療法全体を概観する論文として，柴田洋二郎「フランスにおける治療の拒否と終末期医療に関する法制度」比較法研究80号（2018年）73-87頁参照のこと。また，本節の内容は，以下に掲げる拙稿に大幅にもとづいている；小林真紀「終末期における意思決定 —— フランスにおける事前指示書の法制化の意義」愛知大学法学部法経論集227号（2021年），1-30頁；同「フランスにおける終末期医療と法 —— 意思表示できない患者に対する治療の中止・差し控え」，矢島基美・小林真紀共編集代表『滝沢正先生古稀記念論文集 いのち，裁判と法 —— 比較法の新たな潮流』（三省堂，2017年）58-77頁。

L1111-11条1項)。当然ながら,事前指示書によれば,治療の拒否を表明することも,反対にその続行・維持を希望することも可能である。

　公衆衛生法典の規定によると,終末期にある患者が意思を表示できない場合,医師はまず当該患者によって作成された事前指示書が存在しないか,その所在を確認する義務を負う(CSP L 1111-12条)。指示書が作成されている場合には,信任者や家族あるいは近親者への意見聴取よりも優先される。換言すれば,事前指示書は,医師が,意思表示できない終末期患者の治療方針を決めるにあたって最も重要な役割を果たすものである。成年であれば,本人がどのような状態にあっても事前指示書を作成することは可能であり,いったん適法に作成された事前指示書は,あらゆる医療行為について医師を拘束する。ゆえに,単に作成者が高齢であることをもってその効力が否定されることはない。ただし,法定の例外的ケース,すなわち緊急の場合(36)か,事前指示書の内容が現に患者がおかれている医学的状況に照らして「明らかに不釣り合いであるか不適合(manifestement inappropriées ou non conformes)である」場合には,医師は,指示書の適用を排除することが認められる(CSP L1111-11条3項)。このとき,医師および関係する医療者による合議手続がおこなわれる必要があり,その結果は,信任者,あるいは信任者がいない場合には家族または近親者に知らされる(CSP L1111-11条4項)。

　では,法的保護下にある高齢者の場合,事前指示書を作成することは認められるのであろうか。一般的に,患者に対して治療の拒否権を認めている公衆衛生法典L1111-4条2項の規定は,当該患者が法的保護下にあるかどうかを区別していない。ゆえに,法的保護下にある高齢者といえども,治療を拒否するかどうかについて自ら意思決定をすることは可能であるといえる。このとき,指示書が,本人が高齢であっても事理弁識能力に欠けないときに作成されていれば問題はないが,本人がすでに後見などの法的保護下にある場合,果たして法的保護者が本人に代わって事前指示書を作成できるのか,

---

(36) 事前指示書の適用が排除される「緊急の場合」の例として,輸血を拒否するという事前指示書を作成していたエホバの証人の患者が意思を表明できない状態にある場合には,本人の状態に適合した救命措置としての輸血をおこなうために事前指示の適用を排除した医師の行為は違法とはいえないとした事案がある。Cf. CE, juge des référés, 20 mai 2022, n° 463713.

という点が問題になりうる[37]。

　この点に関して，まず，公衆衛生法典は，法的保護下にあっても，裁判官または家族会議[38]の許可を得ることを条件に，被保護者本人が事前指示書を作成することを認めている（CSP L1111-11 条 7 項）。その際，法的保護者は，事前指示書の作成時に立ち会ったり，本人に代わって作成したりすることは認められない[39]。あくまで，本人が事前指示書の作成を通じて，自身の終末期に関して何らかの決定をおこなう際には，本人のみの意思に基づくよう，法が要請していることの表れである。まさに，「本人の状況が許す限り，本人に関する決定は，本人のみがくだすことができる」という民法 459 条が定める原則が根底にあるといえよう。ただし，実際に，本人にそのような明確に意思表示ができる能力があるかどうかを第三者が判断することは，本人が法的保護下にある以上，必要不可欠である。上述のように公衆衛生法典に裁判官あるいは家族会議による許可が必要であるとする規定が盛り込まれたのも，こうした配慮に基づく。なお，被保護者による事前指示書の作成につき，裁判官または家族会議の許可が必要であるとするこのシステムについては，被後見人は裁判官（または家族会議）の許可を得なければ遺書を作成することできないとする遺言制度（民法 476 条 2 項）との共通点を指摘することも可能である。

---

(37) 詳細については，小林・前掲注(35)「終末期における意思決定――フランスにおける事前指示書の法制化の意義」22-27 頁参照のこと。

(38) 家族会議は，裁判所によって指名される機関の一つである（民法 456 条）。その際，裁判所は，被保護者の心情，日常における関係，本人にとっての利益および親や周囲の人々の助言をもとに構成員を決定する。家族会議は，後見人を指名することができる（同条）。

(39) ただし，このことは，法的保護者は，被保護者による事前指示書作成の過程に一切かかわれないということを意味するわけではない。たとえば，被保護者は，おかれている状況に適した手続にもとづき，本人の個人的状況や関係する行為に関わる全ての情報を法的保護者から得ることができる（民法 457 条の 1）。この「個人的状況」あるいは「関係する行為」には事前指示書を作成することも含まれると考えられるから，この場合，法的保護者はいわば情報提供者として被保護者を支援する重要な役割を担っている。こうした第三者による意思決定支援は，被保護者が適切な環境下で自らの意思を決定し表明できるために重要な要素であるといえる。

Ⅳ 終末期に固有な問題（事前指示書の拘束力）

　高齢者医療をめぐっては，すでに述べたように，フランス法には高齢者のみを特別に扱う制度がないことから，様々な角度から問題点を検討することが可能であり，現行法における課題を網羅的に列挙することは難しい。他方で，とりわけ日本法と比べた際のフランス法の特徴は，一般的な医療の場面でも利用できる法的保護制度に加えて，終末期にある患者に特化した制度も設けられている点に顕著である。こうした複数の制度を法律により構築してきたフランスが直面する課題は，医療の場面における患者の権利の保障が十分ではない日本にとって多くの示唆に富む。そこで，ここでは，ごく最近に憲法院で問題となった事前指示書の拘束力に関する事案を検討の材料として，考察を進めることにしたい。

　事前指示書の効力に関しては，以前は，作成から3年間とする期限が設けられていたが，2016年のクレス・レオネッティ法により，この期限は撤廃され作成者はいつでも事前指示書を修正したり撤回したりできるようになった（CSP L1111-11条2項）。言い換えると，一度作成された事前指示書は，本人が修正あるいは撤回しない限り無期限で有効となるということである[40]。このような有効期限の撤廃は，認知症患者のように，進行性の疾患にり患している者にとってはメリットとなる。というのも，以前のように事前指示書に3年の期限があると，病状が進んで理解力や判断能力が減退したときにも更新をしなければならず，結果的に，こうした期限の設定があることが進行性の疾患の患者が事前指示書を作成することを妨げていたからである。他方で，事前指示書の有効期限がなくなったことで，指示書を修正しない限り，患者が高齢になればなるほど文書の作成時と実際にそれが適用される終末期との間に時間的な乖離が発生し，指示書の内容と明らかに異なる状

---

(40)　保健担当大臣のアレテによって示される事前指示書のモデルは，一度作成された事前指示書は無期限で有効となることを考慮に入れ，作成時にすでに終末期にあるか重篤な疾患にり患していることを本人が知っていて作成される場合と，本人が健康なときに，将来起こりうるかもしれない終末期における治療中止等について作成する場合とを区別すると定められている（CSP R.1111-18条）。

況に患者がおかれる可能性が高くなる。このような場合，公衆衛生法典L1111-11 条 3 項の規定にもとづき，医師は，指示書の適用を排除すべきかという重大な決定を迫られることになる。このことの合憲性が争われたのが2022 年 11 月 10 日の憲法院判決[41]である。たしかに，本件は，当該事前指示書の作成者が高齢であるという理由からその効力が問題にされたわけではない。しかし，事前指示書に書かれた内容と，実際に本人がおかれている状況との間に乖離が発生し，それを理由に医師が事前指示書の適用を見送ったことの適法性が争われた事案であり，同様の事案は高齢者の場合も相当程度起こりうる。したがって，高齢者医療に関わる課題のひとつに含めることができるといえるから，以下で，同判決の概要を紹介し，その意義を検討しておくことにしたい。

1 事実の概要

A 氏（1978 年生まれ）は，2022 年 5 月 18 日に不慮の事故に遭遇し昏睡状態に陥った。入院先の病院で多職種による合同カンファレンスがおこなわれたが，その結果，D 氏の病状が改善する見込みはなく，治療の継続は「不合理な執拗さ（obstination déraisonnable）」に当たると判断された。引き続き，公衆衛生法典 R4127-37-2 条の規定にもとづき合議手続が開始され，同年 6 月 1 日には，8 日後に D 氏に対するすべての治療を中止するとの決定がくだされた。しかし，この決定の執行はリール行政裁判所急速審理裁判官の命令により停止されることになった。というのも，将来，不可逆的な昏睡状態に陥ったとしても治療は続けてほしいという A 氏の意思，すなわち治療継続の事前指示が記された手紙が見つかったからである。再度，医療チーム内で合議がおこなわれた結果，治療の継続は医学的視点から不必要であり，本人に改善の見込みがない以上人為的に生命を維持する以外の効果はないとする判断が再び下された。そこで，病院は，公衆衛生法典 L1111-11 条 3 項の規定にしたがい，親族に対して，A 氏の事前指示の適用を排除し治療を中止する旨を通知した。これに対して，親族のうち A 氏の妻および 2 名の姉妹が，この病院の治療中止決定の差止めを求めてリール行政地方裁判所に急速審理

---

[41] C. Const., Décision n° 2022-1022 QPC, 10 novembre 2022.

を申し立てたが、同裁判所により棄却された[42]ことから、申立人らはさらに国務院の急速審理裁判官に破毀申立てをおこなった。国務院は、係争中の問題を解決するためには、まず憲法院による合憲性審査が必要であるとして、憲法院に対し合憲性判断のための先決問題（question prioritaire de constitutionnalité）を移送することを決定した[43]。

２　争点および憲法院の判断

憲法院に付託された問題は複数あるが、なかでも申立人らは、公衆衛生法典L1111-11条3項の規定は、文言が曖昧で医師に過度に広い裁量権を与えており、かつ当該医師に対して、最終的に本人のみで事前指示書の適用を排除するかについて決定しうる権限を与えている以上、患者の権利、とりわけ、憲法上の重要な原理である、人間の尊厳の擁護、個人の自由（liberté personnelle）および信条の自由に対する十分な保障がはかられていないと主張した〔第3パラグラフ〕。

これに対して憲法院は、2022年11月10日の判決のなかで次のような判断を示している；「係争中の公衆衛生法典L1111-11条3項のうち医師が事前指示書の適用を拒否しうる条件を定めた『医学的状況に照らして明らかに不釣り合いであるか不適合である場合』という文言については、個人の自由および人間の尊厳の擁護の原理に照らしてその合憲性が判断されるべきである〔第6・7パラグラフ〕。次に、立法者が事前指示書の効力に制約を課した目的に関しては、事前指示書の作成者は、その作成時には必ずしも終末期と判断されるような重篤な状態におかれているわけではなく、そうであるとすると、事前指示書は終末期という特殊な状況に本人がまだ直面していない時点で作成されたものであると考えられるから、あらゆる状況下で医師を拘束すべきものであるとはいえない〔第11パラグラフ〕。また、係争中の規定に定められている適用排除の要件は不明確でも曖昧でもない〔第13パラグラフ〕。加えて、（指示書の適用を排除するという）医師の決定は合議手続を経たのちに下されるものである〔第14パラグラフ〕。最後に、この医師の決定は、

---

(42) TA Lille, juge des référés, ordonnance, 22 juillet 2022, Req. n° 2205477.
(43) CE, juge des référés, ordonnance, 19 août 2022, Req. n° 466082.

場合によっては裁判官による統制のもとにおかれる〔第15パラグラフ〕。以上の点に鑑みれば，係争中の規定が個人の自由および人間の尊厳の擁護の原理を侵害しているとはいえない〔第16パラグラフ〕」。

3　憲法院判決の意義

本件は，予め患者によって作成されていた事前指示書の適用を医師が排除できるとする公衆得衛生法典の規定の是非が憲法院で争われた初めての事案である。そもそも，この事前指示書の効力に関する公衆衛生法典の規定はかなり特殊である。先述のように，事前指示書は成年であれば誰でも作成でき，無期限で有効であって，原則として医師を拘束する。指示書の作成者は，意思表示できなくなった場合に拒否したい治療について具体的に記載することもできるし，反対に，そのような状態になっても継続してほしい治療を明記することも可能である。他方で，公衆衛生法典は，医師が悪者に「不合理な執拗さ」に該当する治療を実施することを禁じている（CSP L1110-5-1条）。具体的には，「無益で不釣り合いな治療あるいは生命を人工的に維持する効果しか持ちえない治療」がこれに該当する。問題は，医師が無益な延命治療であると判断した治療の継続あるいは実施を，患者が事前指示書なかで希望する意思を表明していた場合である。このとき，患者はもはや意思表示できる状態にはないから，原則として，指示書の内容が医師を拘束し，治療は継続または実施されることになる。他方で，医師の側から見れば，「不合理な執拗さ」にあたる治療はできないから，「医学的状況に照らして明らかに不釣り合いであるか不適合である」（CSP L1111-11条3項）として事前指示書の適用を排除せざるをえない。結局，医師は，事前指示の内容と，現に患者がおかれている医学的状況への対応との間の板挟みになり極めて難しい判断を迫られることになる。Thouvenin教授はこの点を痛烈に批判している[44]。すなわち，事前指示書は，将来的に意思表示ができない場合に備えて，予め，終末期における治療の遂行に関わる自分の意思を明示するものであるから，

---

(44)　Dominique Thouvenin, «Le refus par le médecin d'appliquer des directives anticipées jugées *«manifestement inappropriées»* est conforme à la Constitution, Note sous Cons. Const., décision 2022-1022 QPC, 10 novembre 2022», *RDSS*, 2023, p. 63 et s.

作成者（将来の患者）は，治療の中止や差し控えを含むあらゆる事項について自由に意思を表明できる。そもそも，公衆衛生法典の規定が，事前指示書に医師に対する拘束力を認めているのは，事前指示書が，本人の単なる「希望（souhait）」を記すものではなく，「意思（volonté）」を表明するものであるからだと考えられる。この点に鑑みると，憲法院が，指示書が患者の意思を代弁していることに言及しないまま，「終末期という特殊な状況に本人がまだ直面していない時点で作成されたものである」という理由から，医師によって適用が排除されたとしても違憲とはいえない（憲法院判決第11パラグラフ）とした判断には，矛盾があるということである。

あるいは，別の観点から憲法院の判断の論理構成を批判する見解もある。たとえば，Leroyer教授は，むしろ，患者の意思がどのようなものであろうとその意思が明記された指示書の適用が排除されうる例外があることを（憲法院が）根拠づけたいのであれば，人間の尊厳の原理を援用すれば足りるはずであったと指摘する[45]。これに対して，そもそも，患者は，提供される医療の「消費者（consommateur）」あるいは「実効命令者（ordonnateur）」ではなく，「医学的エビデンス」にもとづき医療者によって提案される治療に同意したり拒否したりする人であるにすぎない以上，医師の判断すなわち「医学的エビデンス」にもとづく事前指示書の適用の排除には問題はないと解釈すべきであるという見解も見られる[46]。

このように，憲法院の合憲とする判断あるいはその根拠については学説からも批判的な見解が出されているが，その批判の視点は決して一様ではない。このことは，裏返せば，事前指示書の拘束力の問題には，一筋縄では解決できない，複雑な論点が内包されているということを示している。本件における憲法院の判断は，事前指示書を法制化するかという論点の重要さもさることながら，むしろ，法制化するのであれば，それは憲法上のいかなる（患者の）権利を保障するためのものなのかをあらかじめ議論する必要があるということを暗示しているのではないかと思われる。

---

(45) Anne-Marie Leroyer, «Directives anticipées: le dernier mot revient au médecin», *RTD Civ.*, 2022, p. 871 et s.
(46) Annick Batteur, «Constitutionnalité de la loi permettant d'écarter des directives anticipées manifestement inappropriées», *Dalloz*, 2022, p. 2216 et s.

V おわりに

　人間の体力，理解力，判断力は，いかに健康な人であっても加齢とともに低下する。この点において，高齢者は，高齢であるということだけで多かれ少なかれ脆弱性を抱えている。さらに医療の場面では，これに「（特定の）疾患にり患している」という脆弱性を負うから，要保護性はますます高くなる。他方で，高齢の患者であっても，ひとりの人間として自律した存在であることには変わりなく，必要な医療サービスを受けながら自立的な生活を送りたいと望むのも当然である。本稿における，高齢者医療に関わるフランス法の規定の分析からは，こうした高齢者の自律（autonomie）と自立（indépendance）の双方を保障するために，医療の場面でも可能な限り本人の意思決定を尊重しようとする立法者の意思をくみ取ることができる[47]。たしかに，後見人や親族授権を受けた者など，一定の法的保護者には被保護者に代わって医療行為に同意する権限が付与されていることは先述の通りである。しかし，フランスではいきなり後見人が指名されることはなく，まずは，より被保護者の意思が尊重され自立が保たれるよう，保佐や裁判上の保護が試みられる。信任者制度においても，信任者は，本人に代わって決定するのではなく，あくまで，治療に関わる本人の意思決定を支援したり，本人の意思の推定に寄与したりする存在として位置づけられている。さらにいえば，事前指示の枠組みも，先述の憲法院判決で問題となったようなケースは別途検討が必要であろうが，基本的には，本人の終末期に関わる意思を最大限尊重すべきであるとする立法者の配慮が根底にある。もちろん，こうしたフランスの民法典や公衆衛生法典の規定が，医療の現場におけるすべての問題を想定して作られ，かつそれらを確実に解決できているというわけではない。しかし，いくつかの改正を重ねながら，常に法律に基づく制度化を進めてきたフランス法の分析からは，患者本人が抱えている脆弱性を補完しつつ可能な限り本人の意思を尊重しうる明確な法的枠組みを構築しようとする立法者の

---

[47]　山城一真「フランス法における成年後見人の職務 —— 障害者権利条約に関する議論をも踏まえて」成年後見法研究13号（2016年）8頁。

積極的な意図を読み取ることは可能である。

　他方で，フランスの現行制度には，その複雑さに起因する弊害があることも否めない。たとえば，ある高齢者が，近い将来，自身が意思表示できなくなることを危惧して，自分の意思を代弁しうる権限をもった人をあらかじめ指名しておきたいと考えたとする。この場合，当該者に対しては，法律上，将来保護委任か，信任者の指名かのいずれかの選択肢が用意されている。厳密に法律の文言だけをみれば，信任者は，医療の場面における患者本人の意思を「代弁する」者にとどまる一方で，将来保護委任の受任者は，裁判官または家族会議の許可があれば，治療を受けるかどうかについて患者に「代わって決定する」ことができるから，両者は大きく異なる。しかし，現実には，第三者が本人の意思を「代弁する」ことと，本人に「代わって決定する」こととの相違はそれほど明白ではない。さらに，民法479条2項の規定により，将来保護委任には，公衆衛生法典により信任者に付与されている任務を含めることができる旨が定められている。したがって，将来保護委任の受任者と信任者の実質的な違いはかなり小さく，敢えて後者を指名するメリットはそれほど大きくないともいえる。見方を変えれば，将来保護委任の存在が，信任者制度の意義を弱めている可能性も考えられる[48]。本来，高齢化が進む社会であれば積極的に利用が推進されなければならないはずの制度が，複数の制度間の調整が不十分であるがゆえにうまく機能していないとすれば，それは，立法として肯定的な評価に値するとは言い難い。したがって，こうした欠点については継続的に検討する必要がある。

　本稿で取り上げた憲法院判決が出された時期は，ちょうど，マクロン大統領の指示のもと経済社会環境評議会のイニシアティブで「終末期に関する国民会議（Convention citoyenne sur la fin de vie）」が開催されることが決定され，フランス社会のなかで終末期患者の権利保障のあり方がとりわけ注目を浴びていた時であった。これを受け，現在，フランスの国会では，死への積極的

---

(48)　ただし，将来保護委任の制度もそれほど普及しているわけではないことに留意する必要がある。たとえば，2017年のデータによれば，発効した将来保護委任の数は，フランス全土でようやく1000件を超える程度にとどまる。Cf. フランス司法省統計データ http://www.justice.gouv.fr/art_pix/PARTIE-2_Annuaire_ministere-justice_2020_16x24.pdf　（en ligne）〔consulté le 6 mai 2024〕

な介助（aide active à mourir）を認めるとする新たな法案[49]が審議中である。本稿で検討した種々の法的保護制度や意思推定の枠組みは，患者が，どのような治療を受けたい（あるいは受けたくない）かを自ら能動的に決定するという，いわば過度に他者に依存しない「自立した生き方の選択」を可能にしようとするものである。そして今，フランス社会は，この「自立した生き方の選択」の延長線上に「死」そのものに関わる決定をも位置づけられるのかという難問に答えを出そうとしている。このことは，同じように高齢化が進む日本もまた，老いた先に必ず訪れる人の死を法はどのように捉えるべきかという根源的な問いに正面から向かい合うべき時期にあるということを示唆しているといえよう。

〔2024 年 5 月 8 日脱稿〕

〔付記〕本研究は，JSPS 科研費 23K01218 の助成を受けたものである。
〔追記〕なお，本稿で言及した「死への積極的な介助」法案は，2024 年 6 月 9 日に国民議会が解散されたことにより，審議途中で廃案となった。次期国会で再度審議入りするかは，本稿の校正の段階では未定である。

---

(49) Projet de loi n° 2462 relatif à l'accompagnement des malades et de la fin de vie présenté au nom de M. Gabriel ATTAL, Premier ministre, par Mme Catherine VAUTRIN, ministre du travail, de la santé et des solidarités, et par M. Frédéric VALLETOUX, ministre délégué auprès de la ministre du travail, de la santé et des solidarités, chargé de la santé et de la prévention, enregistré à la Présidence de l'Assemblée nationale le 10 avril 2024.

12　アメリカにおける高齢者医療の法的問題の現状と課題

宮下　毅

Ⅰ　はじめに
Ⅱ　終末期医療
Ⅲ　後見制度
Ⅳ　おわりに

I　はじめに

　アメリカの高齢化率は，2020年の段階で16.2パーセントであり，先進国の中でも比較的低い水準に留まっている。しかし，第二次世界大戦後のベビーブーマー世代の引退により徐々に高齢化が進行しており，2030年には19.2パーセント，2050年には20.6パーセントに達すると推計されている[1]。現時点でも，高齢者人口の増加に伴い，高齢者向けの医療保険プログラムであるメディケアおよび低所得者向けの医療保険プログラムであるメディケイドに対する負担が増加しており，その財源が将来的に持続可能であるかどうかが大きな社会問題となっている。

　私的医療保険が主要であり，メディケアあるいはメディケイドなど公的医療保険が補完的機能を果たしている結果，低所得高齢者や医療リソースが限られる地方農村部に暮らす高齢者は，医療に対するアクセスが限られ不平等を生じていると言われている。また，認知症などにより医療に関する意思決定能力に問題が生じた場合，有効なインフォームド・コンセントが可能かどうか，が問題となる。この場合，法的な代理決定が可能かどうかも問題となる。さらに，終末期医療では，患者の意思を尊重するための様々な方策が用いられているが，この点についても問題となる。

　本稿では，様々な論点のうち，終末期医療をめぐる判例の展開および意思能力が不十分な者の医療の決定に関する後見制度に焦点を当てる。

II　終末期医療

　抗生物質など新薬の開発や人工呼吸器など新しい医療機器の革新など現代医療の発達は，それまで助からなかった多くの命を救うことを可能にし，人類に計り知れない恩恵をもたらした。しかし，一方で，長期にわたる重篤な

（1）　U.S. Census Bureau, Decennial Census of Population, 1900 to 2000; 2010 Census Summary File 1, and 2020 Census Demographic and Housing Characteristics File (DHC).

状態の継続という現実と患者の医療に関する自律権という権利意識の高揚との間で,あるべき医療の姿を探るという困難な課題に向き合わざるを得なくなった。

　終末期医療における「終末期」とは,生命が終期に近づいている状態で,通常は数週間から週か月の範囲を指すとされるが,明確な期間の定義はない。終末期医療においては,病気や障害の進行が顕著で治癒が見込めない状態であり,治療による延命効果も多くを期待できない。特に,身体的苦痛が大きい場合は,従前の延命第一の医療よりも苦痛の緩和などによるQOL（quality of life）の向上を目指す医療が求められることが少なくないことが,終末期医療の特徴としてあげられる。従って,当然に高齢でない者もその対象となり得るため,終末期医療を高齢者医療と同視することはできないが,終末期医療の対象の多くが高齢者であるのも事実である。そして,終末期医療で考えられたスキームが高齢者医療に大きな影響を与えることも事実である。ここでは,アメリカにおける終末期医療に関する主要な判例の展開と終末期に備えて事前の指示を残すための方策を検討する。

1　判例の展開

　Quinlan事件を端緒として,延命治療の中止の法的根拠や手続だけでなく,「死ぬ権利」論に注目が集まることになった。Cruzan事件では,治療中止の対象が人工呼吸器だけでなく,栄養および水分補給のデバイスもその対象とされた。医療に関する自己決定としての治療拒否権が確認され,本人の意思が不明な場合のスキームに議論は移っていった。さらに,その後のWashington v. Glucksberg事件およびVacco v. Quill事件では,医療に関する自己決定権で保護される範疇に,医師に幇助された自殺（physician-assisted suicide）が含まれるか否かに進んでいった。

(a) Quinlan事件

　In re Quinlan, 70 N.J. 10, 355 A.2d 647 (NJ 1976))[2]は,アメリカにおける生命維持治療の中止について裁判所が判断したリーディング・ケースであり,広く国内外の耳目を引いた事件である

---

(2)　唄孝一『生命維持治療の法理と倫理』（有斐閣,1990年）247頁。

【事実の概要】

当時21歳のKaren Ann Quinlanは，飲酒をし，鎮静剤を摂取した夜に意識を失い，2回にわたって15分間呼吸が停止した。緊急搬送された病院で，彼女は遷延性植物状態にあると診断され，生命維持装置（人工呼吸器）につながれ経管栄養を与えられた。Karenの父親は彼女から生命維持装置を取り外すことを望んだが，主治医および病院は，裁判所の許可なしに生命維持装置を取り外すことを拒否した。両親は，生命維持創始の取り外しの許可を求めて，ニュージャージ州上位裁判所に提訴したが，同裁判所が両親の請求を棄却したため，ニュージャー州最高裁判所に上訴した。

【判　旨】

ニュージャー州最高裁判所は，判例により認められたアメリカ合衆国憲法が保障するプライヴァシー権に基づいて，個人が生命維持装置治療を中止する権利を有するとし，ニュージャー州憲法も同様のプライヴァシー権を保障していると判示した。その結果，Karenに能力がある場合，彼女は生命維持治療の中止を要求できることになるが，彼女は無能力になる前にこの問題について明確な意思を表明したことはなかった。しかし，そのような場合であっても，彼女の法定後見人である父親は，彼女のプライヴァシー権を主張し，生命維持治療の中止を要求することができるとした。具体的には，彼女が昏睡状態から回復する見込みがないとの医師の診断があり，後見人と彼女の家族が生命維持治療の中止に合意した場合，人工呼吸器を取り外すことができる，と判示した。また，本件において，プライヴァシー権に基づく治療の中止は合法的であり，そうした行為から生じる死は，殺人を禁ずる刑法に抵触しない。他人の生命を違法に奪うことと，自己決定としての生命維持治療の中止との間には，現実的かつ決定的な区別がある，とした。

(b) **Cruzan事件**

Cruzan v. Director, Missouri Department of Health, 497 U.S. 261（1990）は，生命維持治療の中止について，アメリカ合衆国最高裁判所が初めて判断を下した事件である。

【事実の概要】

1983年1月11日，当時25歳のNancy Cruzan（1957年7月20日生まれ）は，夜間にミズーリ州Carthage付近を運転している際に車のコントロール

を失い，車から投げ出された。水の溜まった側溝に顔を下にして落ちてしまったため，救急隊員が発見したとき，彼女は心肺停止の状態にあった。その後，蘇生に成功し，3週間の昏睡状態の後，遷延性植物状態（Persistent Vegetative State）と診断された。長期的なケアのために彼女には栄養チューブが挿入された。1988年，Nancyの両親は医師に彼女の栄養チューブを取り外すよう依頼したが，病院は，栄養チューブを取り外せば彼女が死亡することから，裁判所の命令なしに取り外しをすることを拒否した。Nancyの両親は栄養チーブの取り外しのため命令を求めて，裁判所に提訴した。ミズーリ州第一審裁判所は，憲法上「認知脳機能がなく，回復の見込みがない場合，人工的な生命維持処置の拒否や中止を指示する基本的な自然の権利がある」と判断した。そして，Nancyがその年の初めに友人に「病気や怪我をした場合，少なくとも半分は正常に生活できない限り生き続けたくない」と話した事実から，事実上生命維持の中止を指示した，と判断した。ミズーリ州とNancyの特別代理人がこの判決に対して上訴した。ミズーリ州最高裁判所は4対3の決定で，第一審裁判所の判決を覆し，本件は，誰も，有効なリヴィング・ウィル「あるいは，本件では欠けている，明白かつ説得力ある，信頼性の高い証拠」なしに，他人の治療を拒否することができない，と判断した。Nancyの両親が合衆国最高裁判所に上訴し，1989年に同裁判所が審理を認めた。争点となったのは，ミズーリ州がNancyの両親に対して娘の生命維持装置を取り外すために，通常の民事裁判で用いられる証拠基準を超える「明確かつ説得力のある証拠」を要求する権利があるかどうか，である。言い換えれば，州が求める適切な証拠基準が満たされる場合，生命維持治療を中止する権利が存在するかどうか，である。具体的には，ミズーリ州がNancyの栄養チューブを取り外すことを拒否することが，合衆国憲法第14修正のデュー・プロセス条項に違反しているかどうか，が争われた。

【判　旨】

　合衆国最高裁判所は，個人がデュー・プロセス条項の下で医療処置を拒否する権利を享受している一方で，無能力者はそのような権利を行使することができないと判断した。Nancyが治療の中止を望んでいたという「明確かつ説得力のある」証拠[3]がない限り，州が人命を守るための決定をする（治療の中止を認めない）ことは，憲法に適合すると判示した。家族が常に無能

力患者の最善の利益のために行動する保証がないこと，そして誤った治療中止の決定が取り返しのつかないものであることから，州がポリシーとして厳格な証拠要件を課すことを支持した。

(c) **Washington v. Glucksberg 事件**

ワシントン州は，1979年自然死法[4]の下で自殺幇助を禁止していたため，医師が薬物の投与あるいは処方箋の発行によって自殺を幇助した場合，訴追の可能性が生じることから，医師の幇助による自殺は困難な状況にあった。Washington v. Glucksberg, 521 U.S. 702（1997）では，自殺幇助を禁止するワシントン州法の合憲性が争われた。

【事実の概要】

Glucksbergら4人の医師と終末期にある患者のグループおよび幇助による自殺を検討している人々を支援する団体 Compassion in Dying は，能力ある末期患者が医師に幇助された自殺にアクセスすることを認める権利が合衆国憲法第14修正によって保護されるため，自殺幇助を禁止する同規定は違憲であると主張して，連邦裁判所に提訴した。第一審の連邦地方裁判所および第二審の巡回控訴裁判所が，原告の訴えを認めたため，ワシントン州が合衆国最高裁判所に上訴した。

【判　旨】

先例の分析から，合衆国憲法第14修正によって保護される自由権が歴史に根ざしたものに限られてきたとした上で，Cruzan事件でも論点とされた医療処置を拒否する権利と，自己の意思で行うか他者の助けを借りて行うかに関わらず，自殺をする権利とは，区別されるとした。そして，自殺幇助は最近まで社会的に不適切な行為とされ，多くの州で依然として違法とされていること，さらに，州が住民の生命を保護し，判断能力が不十分な者の権利を守ることに強い関心を持っていることから，自殺幇助は治療拒否権に含ま

（3） 通常，民事訴訟においては「証拠の優越性」（preponderance of evidence）基準が用いられ，刑事訴訟では「合理的疑いの余地のない証明」（proof beyond reasonable doubt）基準が用いられる。「明白かつ説得力ある証拠」（clear and convincing evidence）基準は，前者よりも一段高く，後者よりも一段低い，中間的な基準とされる。

（4） Washington Natural Death Act, Wash. Rev. Code §§ 70.122.010 to 70.122.910（1979）.

れないと結論した。つまり，個人は，人工的に生命を引き延ばされずに，自然死を受け入れる権利を有している一方，自然に生き続けられる場合に積極的に死を求める権利は認められないと判示した。さらに，もし裁判所が極端なケースであっても死ぬ権利を認めた場合，この権利の許容される範囲内の行為と個人またはその家族による許容されない安楽死を区別することが困難になるとした。

(d) Vacco v. Quill 事件

前述の Washington v. Glucksberg 事件の場合と同様に，ニューヨーク州も医師による自殺幇助を禁止していた。Vacco v. Quill, 521 U.S. 793（1997）では，医師による自殺幇助を禁止するニューヨーク州法の合憲性が争われた。

【事実の概要】

Quill 医師は，他の2人の医師および重病患者3人とともに，ニューヨーク州法が患者に生命維持治療を拒否することを認める一方で，自殺ついて医師の支援を受けることを認めないことが合衆国憲法第14修正の平等保護条項に違反していると主張した。第一審の地区裁判所はニューヨーク州の主張を認め，逆に第二審の巡回控訴裁判所は Quill 医師らの主張を認めた。ニューヨーク州が上訴した。

【判　旨】

自殺幇助を禁止するニューヨーク州法は，合衆国憲法の認める基本的な権利を侵害していないし，また疑わしい分類も含んでいない。なぜなら，治療を拒否する権利は，控訴裁判所が考えたような，患者が一般的かつ抽象的な「死を早める権利」を持つという命題に基づくものでなく，身体の一体性の保持や望まない接触からの自由という確立された伝統的な権利に基づくものである。また，自殺幇助と生命維持治療の中止の区別が，医学界や法的伝統において広く認識され，かつ支持されていることは，重要かつ論理的なことである。ニューヨーク州は，末期患者の尊厳を保護し促進しようとする中でも，医師による自殺幇助には反対の立場を維持している。

2　判例の影響

アメリカの連邦制度の下では，医療行為の規制は州の権限に属する。その結果，Quinlan 事件は，遷延性植物状態にある患者に対する生命維持治療の

中止の問題への対応は州の立法の形で行われた。終末期に生命維持治療を望まないことを予め宣言して文書として残すこと，その文書の法的に有効なものとして認めることを特徴とする立法に繋がった。例えば，生前発効遺言としてのリヴィング・ウィル（living will）や本人が意思能力を失っても効力を維持する持続的代理権（durable power of attorney）などがある。Quinlan事件は，本人の意思が不明な場合に，法定代理人である親に医療に関する決定権を委ねることで解決を図った。しかし，生命維持治療の中止について親族間で意見が一致しない場合，本人の意思を推定する段階で適切性の争いが，また本人意思が不明となった段階では誰が医療に関する代理決定者として相応しいかの争いが生じ，十分な解決にならないことは明らかであった。

　Cruzan事件によって，患者が能力を失う前に医療治療の選択肢を事前に文書化する必要性，あるいは患者がそれを行う能力がない場合に患者に代わって医療に関する決定を行う人を指名する必要性が明らかになった。

　また，Washington v. Glucksberg事件およびVacco v. Quill事件によって，合衆国最高裁判所は，合衆国憲法第14修正が保障する医療に関する自己決定の範囲が，生命維持治療の中止を含む治療拒否までに及ぶが，幇助された自殺までには及ばないことを明らかにした。他方，医師が自殺を幇助した場合に，一般的な自殺幇助罪として扱い，医師を処罰の対象とすべきとまでは明言していない。ここから，医師の幇助による自殺を合法化し，医師の免責を規定する州法を制定する動きに繋がった。

3　各州での展開

　1997年のオレゴン州尊厳死法を端緒として，終末期の医療に対して備える立法が，各州で行われた。ここでは，医師の幇助による自殺（physician-assisted suicide）を合法化するいわゆる「尊厳死法」と将来の医療に関する意思決定を事前に指示するための「事前の指示書（advanced directives）を検討する。

(a) 医師の幇助による自殺

　医師による自殺幇助は，連邦レベルでは違法なとされる。しかし，州法によって，それを合法化したのは，オレゴン州，ワシントン州，カリフォルニア州，コロラド州，バーモント州，ハワイ州，ニュー・ジャージー州，メイ

ン州，ニュー・メキシコ州である(5)。

これらの州では，医師による自殺幇助を受けるために，次のような条件が一般的に求められている。

(i) 終末期の患者であること（通常，6か月以内に死亡が予測されると診断された患者）

(ii) 精神的に健全であること（患者が自殺幇助を希望する理由や意図を理解し，自分の意思で決定を下す能力があること）

(iii) 複数回の請求（患者は口頭または書面で致死薬もしくは処方箋の請求を数回行うことが求められる）

(iv) 待機期間（初回の請求から実際の処方までに一定の待機期間が設定される）

しかし，医師による自殺幇助は，依然として，倫理的，宗教的，社会的に議論になっている。支持する立場からは，患者の自己決定権と苦痛からの解放としての価値が強調される一方で，反対する立場からは，生命の尊厳を軽んじ医療倫理に反するとされる。

将来の医療に関する意思決定を事前に示しておくための「事前の指示書」（advanced directives）として，「リビング・ウィル」（living will 生前発効遺言）や「医療代理委任」（medical powers of attorney, healthcare proxy）があり，すべての州（法域）でそのどちらか一方または両方が立法されている。

(b) リビング・ウィル

将来，遷延性植物状態などで意思表示ができなくなった場合に備えて，予め，どのような医療を受けたいか，あるいは受けたくないかについて，明示的な文書（遺言）の形で残し，終末期（意思能力は失っているが死亡していな

---

(5) Oregon Death with Dignity Act, Or. Rev. Stat. §§ 127.800 to 127.897 (1994); Washington Death with Dignity Act, Wash. Rev. Code §§ 70.245.010 to 70.245.903 (2008); California End of Life Option Act, Cal. Health & Safety Code §§ 443 to 443.22 (2016); Colorado End of Life Options Act, Colo. Rev. Stat. §§ 25-48-101 to 25-48-123 (2016); Vermont Patient Choice and Control at End of Life Act, Vt. Stat. Ann. tit. 18, §§ 5281 to 5292 (2013); Hawai'i Our Care, Our Choice Act, Haw. Rev. Stat. §§ 327L-1 to 327L-25 (2018); New Jersey Aid in Dying for the Terminally Ill Act, N.J. Stat. Ann. §§ 26:16-1 to 26:16-20 (2019); Maine Death with Dignity Act, Me. Rev. Stat. tit. 22, § 418 (2019); Elizabeth Whitefield End of Life Options Act, N.M. Stat. Ann. §§ 24-7C-1 to 24-7C-8 (2021).

い段階）に，特別に生前に発効する遺言として効力をもたせるものである。主の内容は，
- (i) 延命治療の希望（生命維持装置の使用，人工呼吸器の使用など）
- (ii) 栄養補給と水分補給の希望（経管による栄誉四級や水分補給など）
- (iii) ペイン・コントロール（痛みを和らげる薬剤やその使用方法についての希望）
- (iv) その他の医療行為に対する希望（心肺蘇生，透析，外科的手術など）

(c) 医療代理委任

患者が意思表示できなくなった場合に，患者の代わりに医療に関する意思決定を行う人（代理人）を予め指定しておくための文書のことである。この文書では，患者が終末期にどのような医療が提供されるかについて指示するのではなく，医療上の決定を行う人を指名するのである。通常，委任は，本人に意思能力がなくなると，効力を失うことから，そのような場合でも委任の効力を失わないものとして持続的代理委任状（durable powers of attorney）とも呼ばれる。

代理人の指定については，患者が選択した任意の者である。但し，患者に医療あるいはケアを提供している医師・看護師が排除される場合がある。また，代理人に与えられる権限（代理権）の範囲については，治療の選択（栄養補給・水分補給を含む）だけでなく，医療および介護施設への入退院，臓器・組織の提供や遺体の埋葬方法までに及ぶ。

(d) 事前の指示書への懸念

これらの事前の指示については，3つの懸念が示されている。一つは，アクセシビリティの問題である。作成された事前の指示書は，作成に携わった弁護士の事務所や患者が通った教会など宗教団体で保管されていることが多い。必要なときに，特に緊急時に関係者が必ずしもアクセスできることを保障されていないというのである。次に，ポータビリティの問題である。これらの文書は，州法に基づいて作成され実効性を認められているため，他州で必ずしも有効性が保障されないというのである。最後に，執行可能性の問題である。これら事前の指示書は，一旦文書が発効すると，その州内の医療提供者および医療機関は，その指示に従う法的義務を負うことになる。同時に，事前の指示書に従って医療を実施（中止）した結果，患者が死亡した場合で

あっても，民事または刑事の責任を免除されるとしている。しかし，ほとんどの州で，医療提供者および医療機関が「良心の理由」で事前の指示書に従わないことを認めている。法的に有効性が認められるとは言っても，実際的には医療提供者の意思に依存しているというのである。

Ⅲ 後 見 制 度

アメリカの連邦制度の下で，後見に関わる領域は，連邦ではなく州の権限に含まれるため，50州およびワシントン特別区の51法域が存在することになる。このような州が立法権を持つ領域では，アメリカ法律協会（American Law Institute）とアメリカ法曹協会（American Bar Association）によって組織される統一州法委員会全国会議（National Conference of Commissioners on Uniform State Laws）が，モデル法を作成することが少なくない。これは法律ではなく，法案モデルであるため，実際に州もしくは特別区の議会が可決して，初めて法としての効力を有し，制定の際に部分的に変更・修正されることも少なくない。

後見についても，同様の対応がとられ，同会議が1969年にモデル法として定めた統一遺産管理法典（Uniform Probate Code, UPC）の第5章で後見（Protection of Persons Under Disability and their Property）を規定している。その後1982年に，統一遺産管理法典全体の採用を求めない州に向けて，後見法の部分を独立させた統一後見及び保護手続法（Uniform Guardianship and Protective Proceedings Act, 以下UGPPA法）を制定し，1997年に一部修正を行っている。さらに2017年に，この統一後見及び保護手続法は，統一身上後見，財産後見及び保護取決法（Uniform Guardianship, Conservatorship, and Other Protective Arrangements Act, 以下UGCOPAA法）に置き換えられた[6]。これは，未成年の身上後見，成年者の身上および財産後見，ならびに後見に関連する保護の取決めまでを含む包括的なモデル法となっている。

---

(6) UGPPA法を採用する法域として，アラバマ，コロラド，ハワイ，マサチューセッツ，ミネソタの5州およびコロンビア特別区（ワシントンD.C.）がある。UGCOPAA法を採用する州として，メイン，ワシントンの2州，準備段階にある州として，アラスカ，コロラド，ハワイ，アイダホの4州がある。

ここでは，現在のアメリカ後見法の到達点を示すものとして，UGCOPA法を取り上げ，特に高齢者医療に関わる成年者の身上後見および保護の取決めについて概観する。

1 UGCOPAA法の趣旨および構成

統一州法委員会全国会議の議論の中で，本モデル法には3つの主要な目的があるとしている。第一の目的は，「人中心のアプローチ」（person-centered approach）を反映させることである。用語においては，従前の「被後見人」（ward）あるいは「無能力者」（incapacitated person）の使用を排除し，代わりに「身上後見の対象となる成年者」（adult subject to guardianship），「身上後見の対象となる未成年者」（minor subject to guardianship）あるいは「財産後見の対象となる個人」（individual subject to conservatorship）という用語を用いている。また，このアプローチは，後見の対象となる者に対する権利の通知，その権利の主張，身上後見に関する決定への本人の関与，保護的取決めの作成，保護の取決め実施についての監督人の任命などの規定にも表れている。第二の目的は，身上後見または財産後見が必要とされる（あるいはその対象となる）個人の権利と利益を尊重し，保護することである。そのために，より制限的でない手段を利用することを確保するための規定，身上後見人および財産後見人に対するより良い指針を提供するための規定，および裁判所が身上後見人および財産後見人を監督するための規定などが置かれている。そして，第三の目的は，このモデル法が，申立人，身上後見や財産後見の対象となる個人，身上後見人や財産後見人，裁判官など，この制度に関与するすべての人々とって，それぞれの目的を達成しやすくするシステムを提供することである。これには，裁判官が適切な決定を下すために必要な情報を得るための申立要件の拡充，身上後見や財産後見に代わる命令を行うオプションの提供，あるいは書式の設定などが含まれる。

本モデル法は，下記の通り，全7章で構成されている。第1章は後見手続きに適用される用語の定義と一般規定が規定されている。第2章は子どもを養育できる親を欠く未成年者の後見，第3章は成年者の身上後見，第4章は財産の管理に支援が必要な未成年者および成年者の財産後見について扱っている。第5章は，新設された章で，身上後見や財産後見に代わるものとして

裁判所が選択できる，より制約の少ない保護的な取り決めに関する規則を定めている。第6章は後見に関する様々な書式を，第7章はその他の規則を規定している。

　　第1章　一般規定
　　第2章　未成年後見
　　第3章　成年身上後見
　　第4章　財産後見
　　第5章　他の保護的取決め
　　第6章　書式
　　第7章　雑則

　2　後見の種類および程度

　本モデル法の規定する後見には，18歳未満の者を対象とする①未成年後見，18歳以上の者を対象とする②成年身上後見および，年齢にかかわらず対象者の財産に関する③財産後見がある。身上後見人（guardian）とは，個人の私的事項に関する決定を行うために裁判所によって任命された者を意味する（但し，訴訟後見人は含まない）。財産後見人（conservator）とは，個人の財産または財政的事項に関する決定を行うために裁判所によって任命された者を意味する。また，訴訟後見人（guardian ad litem）とは，個人のニーズおよび最善の利益について裁判所に報告し，個人を代表するために裁判所によって任命された者を意味する。

　後見の程度については，身上後見人（財産後見人）に本モデル法の下で利用可能なすべての権限を与える完全後見（full guardianship, full conservatorship）と，本モデル法の下で利用可能な権限の一部を与える限定後見（limited guardianship, limited conservatorship）がある。後見手続きの様々な場面で登場する「制限の少ない代替手段」（less restrictive alternative）とは，身上後見人または財産後見人の任命よりも個人の権利の制約をより少なくするアプローチを意味し，支援された意思決定（supported decision making）[7]，適

（7）　支援された意思決定とは，「本人に意思決定を可能にする場合には，潜在的に私的および財産的な決定の性質と結果を理解する際に，そして，本人の意思と一致している

切な技術的支援，および医療のための委任状または財産のための委任状に基づく代理人の任命などが含まれる。

3　成年身上後見手続き

(a) 成年身上後見人の任命の根拠

本モデル法は，裁判所が行う成年身上後見命令の根拠について，次のように規定する。

301条　成年身上後見人の任命の根拠
(a) 申立が行われ，通知および審理を経て，裁判所は，以下の命令を行うことができる。
　(1) 裁判所が，明確かつ説得力ある証拠に基づいて次の内容を認定する場合，成年身上後見を任命する。
　　（A）本人が適切な支援サービス，技術的な支援，または支援付き意思決定を与えられて情報を理解・評価することができず，または意思決定を行い伝達することができず，身体的健康，安全または自己管理のための必要な要件を満たす能力がないこと，および
　　（B）本人の特定されたニーズが身上後見や他のより制限の少ない代替手段では満たされないこと
　(2) 適切な事実認定を用いて，本件申立てを財産後見または保護的取り決めの申立てとして扱い，適切な命令を発行するか，手続きを却下する。
(b) 裁判所は，前項（a）に基づいて任命された後見人に対し，立証された本人のニーズおよび制限に必要な権限のみを付与し，本人の最大限の自己決定と独立を促進する命令を発行しなければならない。裁判所は，限定身上後見，身上後見に代わる保護的取り決め，または他のより制限の少ない代替手段が本人のニーズを満たす場合，完全身上後見を設定してはならない。

(b) 申立権者

成年身上後見の申立権者は，「本人を含む，成年者の福祉に利害関係のある者」とされている。申立てがなされると，本人に対して，裁判所での審理

───
　　場合には一度下した決定を伝える際に，本人が選択した1人以上の人物から受ける支援」を意味する。

に関する通知が行われる（303条）。この本人通知について，①申立てのコピーおよび審理の通知は，本人に直接に送達されること，②通知は，本人が審理で有する権利（弁護士を持つ権利および審理に出席する権利を含む）に関する情報を含むこと，③通知は，申立てを認めることの性質，目的および結果の説明を含むこと，が条件として課されており，本項に準拠した通知が本人に送達されない場合，裁判所は，申立てを認容することができない，とされている。以上の通知は，同様に，本人の配偶者（事実婚パートナーを含む），子ども，親，兄弟姉妹，介護者，弁護士および裁判所が決定する本人の福祉に利害関係のある他の者にも行われ泣ばならないが，申立を認容するための条件とはされていない。

(c) **訪問面談者**

審理手続きが開始すると，裁判所は，本人の下を直接に訪問し，面談・調査するための訪問面談者（visitor）を任命しなければならない。この訪問面談者の任務と役割について，次のような詳細な規定を設けている（304条）。

- (a) 訪問面談者は，申立てに記載された能力，制限およびニーズに関する訓練または経験を持つ者でなければならない。
- (b) 前項（a）に基づいて任命される訪問面談者は，本人と直接会い，本人が最も理解しやすい方法で以下の事柄を行わなければならない。
    - (1) 申立ての内容，手続の性質，目的および効果，本人の審理での権利，成年身上後見人の一般的な権限および義務について説明すること，
    - (2) 申立人が求める任命についての本人の見解（提案された後見人，後見人の提案された権限および義務，提案された後見の範囲および期間についての見解を含む）を明らかにすること，
    - (3) 本人が自己の費用で弁護士を雇用し相談する権利および裁判所が任命する弁護士を要求する権利について知らせること，および
    - (4) 手続のすべての費用および経費（本人の弁護士費用を含む）が本人の財産から支払われる可能性があることを知らせること。
- (c) 前項（a）に基づいて任命された訪問面談者は以下の事項を行わなければならない。
    - (1) 申立人および提案された成年身上後見人（いる場合）へのインタ

ビュー
(2) 本人の現在の住居および任命が行われた場合に本人が居住すると思われる住居の訪問
(3) 本人の身体的または精神的状態について治療，助言または評価した医師または他の者からの情報の獲得，および
(4) 申立ての内容および裁判所が指示する申立てに関連するその他の事項の調査

(d) 前項 (a) に基づいて任命された訪問面談者は，速やかに裁判所に報告書を提出しなければならない。報告書には以下の事項が含まれなければならない。
(1) 本人を代表する弁護士を任命するべきかどうかの提案，
(2) 本人が支援なしでまたは既存のサポートで管理できる自己管理および独立した生活の課題の要点，適切な支援サービス，技術的な支援または支援付き意思決定の支援で管理できる課題および管理できない課題
(3) 後見の適切性に関する提案（後見に代わる保護的取決めまたは他のより制限の少ない代替手段が利用可能かどうかを含む），
　(A) 成年身上後見が推奨される場合，完全後見または制限後見のどちらであるべきか
　(B) 制限身上後見が推奨される場合，後見人に付与される権限の内容
(4) 提案された後見人の資格および本人が提案された後見人を承認または不承認とするかどうかの見解，
(5) 提案された住居が本人のニーズを満たしているかどうか，および本人が住居に対して好みを表明しているかどうかの見解，
(6) 306条に基づく専門的評価が必要かどうかの提案，
(7) 本人が裁判所の通常の手続が行われる場所で審理に参加できるかどうかの見解，
(8) 本人が審理に参加できるかどうか，および参加能力を高めるための技術や他の支援方法を特定する見解，および
(9) 裁判所が指示するその他の事項

(d) 専門的評価

本人の状態の専門家による評価について，裁判所は，(1) 本人が評価を要求する場合，または (2) その他裁判所が専門的評価なしで本人のニーズと能力を判断するために十分な情報を得ていると判断しない限り，審理までに専門的評価を命じなければならない，と規定している（306条(a)）。したがって，本人が要求せず，かつ，裁判所が十分な情報を得ている場合を除いて，原則，専門的評価が行われることになる。評価者および評価者の報告書について，次のように規定する（306条(b)）。

(b) 裁判所が前項 (a) に基づいて評価を命じた場合，本人は資格ある医師，心理学者，ソーシャルワーカーまたは裁判所が任命する他の個人によって評価を受けなければならない。これらの者は，本人の申し立てられた認知および機能に関する能力および制限について評価する資格を有し，申立ての認容により利益を得たり損失を被ったりしない，または利益相反を有しない者でなければならない。評価を行う者は，速やかに裁判所に報告書を提出しなければならない。裁判所が別段の指示をしない限り，報告書には以下の事項が含まれなければならない。

(1) 本人の認知および機能に関する能力および制限の性質，種類および範囲の説明
(2) 本人の精神的・身体的状態の評価，および，適切な場合，教育の可能性，適応行動および社会的スキル
(3) 改善の予後および適切な治療，支援またはリハビリテーション計画の勧告，ならびに
(4) 報告書の基礎となる検査の日付

なお，裁判所による命令であっても，本人はこの専門的評価への参加を拒否することができる（306条(c)）。

(d) 本人の参加

成年身上後見の審理への本人の参加については，本人の権利であると同時に，審理を行う要件とされている（307条(a)）。

別段の定めがない限り，303条に基づく審理は，本人が出席しない場合，行うことができない。本人が裁判所の通常の手続が行われる場所で審理に出

席するのが合理的に不可能な場合，裁判所は本人にとって利用しやすい別の場所で審理を行うか，リアルタイムの音声ビジュアル技術を用いて本人が審理に参加できるようにするための合理的な努力をしなければならない。

　他方，本人の不参加が認められる場合は，明確かつ説得力ある証拠に基づいて，次のことが認定される場合として限定している（307条(b)）。
（1）本人が審理に出席する権利および出席しないことの潜在的な結果を十分に知らされた後，審理への出席を一貫して繰り返し拒否している場合，または
（2）適切な支援サービスおよび技術支援を提供しても，本人が審理に出席し参加する実際的な方法がない場合

　成年身上後見が申し立てられる場合，本人が何らかの認知的あるいは機能的障害を抱えている場合も少なくない。本人参加を促進するための支援について，次のように定める（307条(c)）。

　本人は303条に基づく審理で，本人が選ぶ人物，補助技術，通訳者もしくは翻訳者，またはこれらのサポートの組み合わせによって支援を受けることができる。支援が本人の審理への参加を促進するが，本人にとって利用できない場合，裁判所は合理的な努力を行い，それを提供しなければならない。

(e) 後見人の優先順位

　裁判所は，成年身上後見人を任命する際の優先順位については，次の順位による（309条(a)）。
（1）別の管轄地で現在本人のために行動している後見人（臨時または緊急後見人を除く）
（2）本人によって身上後見人として指名された者（最新の委任状での指名を含む）
（3）本人によって医療代理委任状（a power of attorney for health care）の下で任命された代理人
（4）本人の配偶者（または事実婚のパートナー），および
（5）本人に特別な配慮を示し関心をもつ家族またはその他個人

同順位者が複数いる場合，裁判所が最も適任と思われる者を後見人として選択することになる。裁判所は，最も適任と思われる者を判断する際に，①そ

の者と本人の関係，②その者のスキル，③本人の表明された希望，④その者と本人が同様の価値観および嗜好を有している程度，⑤その者が後見人の義務を遂行できる可能性を考慮し決定する（309条(b)）。しかし，裁判所は，本人の最善の利益に基づいて，上位の優先順位にある者を任命することを拒否し，下位の者または優先順位のない者を任命する権限も与えられている（309条(c)）。

(f) 成年身上後見命令の内容

裁判所が成年身上後見の命令を行う際に，その命令の中に次の必要的内容が求められる（310条(a)）。

(1) 明確かつ説得力のある証拠に基づいて，本人の特定されたニーズが身上後見に代わる保護的取決めや他のより制限の少ない代替手段を用いても満たされないことを立証する具体的な認定

(2) 明確かつ説得力のある証拠に基づいて，本人が申立ての審理について適切な通知を受けたことを立証する具体的な認定

(3) 身上後見の対象となる成年者が投票権を保持するかどうかについての見解，および，成年者が投票権を保持しない場合には，その権利を剥奪することを支持する認定（成年者が支援を受けても投票プロセスに参加し具体的な意思を伝えることができないという認定を含む），ならびに

(4) 身上後見の対象となる成年者が婚姻する権利を保持するかどうかについての見解，および，成人が婚姻する権利を保持しない場合には，その権利を剥奪することを支持する認定

従って，後見の対象となる成年者は，310条(a)(3)で要求される見解が命令に含まれていない限り投票権を保持し，同条(a)(4)で要求される見解が命令に含まれていない限り，婚姻する権利を保持することになる（310条(b)）。

また，裁判所が完全身上後見を設定する命令を行うためには，完全身上後見を認める根拠を示し，制限身上後見が本人の機能的ニーズを満たさないという結論に至った具体的な認定を示さなければならない（310条(c)）。また，制限身上後見を設定する命令を行うためには，身上後見人に付与される具体的な権限を示さなければならない（310条(d)）。

(g) 成年身上後見人の義務

成年身上後見人は，受認者（fiduciary）として，高度な忠実義務を負い，

以下の義務を負担する（313条）。
 (a) 裁判所が別段の制限を設けない限り，本人の制約により必要な範囲で，支援，ケア，教育，医療および福祉に関する決定を行うこと
 (b) 本人の自己決定を促進し，可能な限り本人が意思決定に参加し，自ら行動し，私事を管理する能力を発展または回復するよう奨励すること（以下の内容を含む）
   (1) 本人と個人的に知り合い，定期的な訪問を含む十分な接触を維持し，本人の能力，制限，ニーズ，機会および身体的および精神的健康を把握すること
   (2) 可能な限り本人の価値観や嗜好を特定し，本人のケア，住居，活動または社会的交流に関する決定に本人を関与させること，および
   (3) 本人に対する支援的な関係やサービスを特定し，促進するための合理的な努力を行うこと
 (c) 常に合理的な注意，勤勉および慎重さを発揮して，本人のために行動し，意思決定を行うこと（以下の内容を含む）
   (1) 本人の私有物，ペット，サービスまたは支援動物の合理的なケアを行い，本人の財産を保護するために必要であれば財産後見や保護的取り決めの手続きを開始すること
   (2) 本人の現在の支援，ケア，教育，健康および福祉のために後見人が受け取った資金および他の財産を支出すること，および
   (3) 前号（2）で支出されなかった本人の資金および他の財産を本人の将来のニーズのために保全すること（ただし，本人のために財産後見人が任命されている場合，その資金および他の財産を少なくとも四半期ごとに財産後見人に支払い，本人の将来のニーズのために保全すること，および
   (4) 本人に提供されるサービス（長期ケアサービスを含む）の質を監視すること
 (d) 本人のために意思決定を行う際，本人ができるならば行うと合理的に信ずる決定を行うこと（ただし，それが本人の福祉や個人的または経済的利益を不当に害し危険にさらす場合を除く），および，成人ができるならば行う決定を判断するために，本人の以前または現在の指示，嗜好，意見，

価値観および行動を可能な限り把握し，考慮すること。
(e) 前号 (d) に基づいて決定を行うことができない場合（本人ができるならば行う決定を知らないか，合理的に判断できない場合，または本人が行う決定が本人の福祉や個人的または経済的利益を不当に害し危険にさらすと合理的に信ずる場合），本人の最善の利益に従って行動すること（後見人が本人の最善の利益を判断する際には以下を考慮すること）。
  (1) 専門家や本人の福祉に十分な関心を示している専門家および人物から得た情報
  (2) 本人が行動できるならば考慮したであろう他の情報，および
  (3) 本人の状況において合理人が考慮する他の要因（他者への影響を含む）。
(f) 成年身上後見人は，本人の状態が変化し，以前に剥奪された権利を行使できるようになった場合，直ちに裁判所に通知すること

(h) **成年身上後見人の権限**

成年身上後見人には，裁判所の命令で制限されない限り，医療に関する同意権を含む次の権限が認められている（314条(a)）。
(1) 財産後見人が本人のために任命されていない場合，本人の支援のための資金や給付を申請・受領すること
(2) 裁判所の命令に矛盾しない限り，本人の住居を設定すること，
(3) 本人の健康や他のケア，治療またはサービスに同意すること，
(4) 財産後見人が任命されていない場合，他人に対して，本人への支援または金銭の支払いを強制するための手続きを開始すること（行政手続きを含む）
(5) 合理的な範囲で，本人の福祉に影響を与える決定の責任を本人に委ねること
(6) 本人に関する識別可能な医療情報を受け取ること

また，成年身上後見人は，この治療同意の権限に基づき，医療に関する意思決定を行う際，以下のことを要求される（312条(f)）。
(1) 可能な限り，本人を意思決定に関与させること（実行可能なら，医療オプションの危険および利益を理解するための奨励・支援をすること含む）
(2) 本人が署名した医療代理委任状に基づく代理人の決定を尊重し，代理人が意思決定を行う際に可能な限り協力すること，および

(3) 以下の事項を考慮すること
　(A) 治療オプションのリスクと利益
　(B) 本人の現在および従前の希望や価値観（成年身上後見人に知られているか，または合理的に推測可能な場合）

(i) **成年身上後見人の権限と医療代理権委任状の関係**

　本人が能力あるうちに有効な医療代理権委任状を作成し，かつ，その後に成年身上後見人が任命された場合，委任状の効力と後見人の権限との抵触の可能性が生じる。また，精神保健医療施設への入院についても，セーフガードとしての特別の考慮が必要になる。これらのケースについて，成年身上後見人の権限に対する特別な制限として，規定している（315条）。

(a) 裁判所が特定の命令で認めない限り，成年身上後見人は本人が署名した医療代理権委任状または財産管理代理権委任状を撤回または修正する権限を有しない。医療代理権委任状が有効である場合，裁判所の命令がない限り，代理人の医療決定が後見人の決定に優先し，後見人は可能な限り代理人と協力しなければならない。財産管理代理権委任状が有効である場合，裁判所の命令がない限り，代理人が財産管理代理権に基づいて行う決定が後見人の決定に優先し，後見人は可能な限り代理人と協力しなければならない。

(b) 成年身上後見人は，本人を精神保健医療施設に強制的に入所させる手続きを開始することはできない。

(c) 成年身上後見人は，以下の場合を除き，本人が他人とコミュニケーションし，訪問し，交流する権利を制限することはできない（訪問者の受け入れ，電話，個人的な郵便または電子コミュニケーションを送受信する権利を含む）。

　(1) 裁判所が特定の命令で制限を許可する場合
　(2) 保護命令または後見に代わる保護的取り決めが有効である場合，または
　(3) 成年身上後見人が特定の人物との交流が本人に重大な身体的，心理的または経済的な害をもたらすリスクがあると合理的に信じる場合

(j) **成年身上後見の終了**

　成年身上後見は，本人の死亡により当然に終了する。しかし，後見人の死

亡，能力の喪失または辞任の場合は，裁判所での終了または変更の手続きによることになる。後見の対象となる本人，成年身上後見人または本人の福祉に関心ある者は，次の理由で後見の終了または変更を申請することができる（319条）。

(1) 301条に基づく任命の根拠が存在しないこと，もしくは終了が本人の最善の利益となること，またはその他正当な理由があることを根拠とする後見の終了，または

(2) 認められた保護または支援の程度が適切でないこと，またはその他正当な理由があることを根拠とする後見の変更

(k) **保護的取決め**

成年身上後見の手続きにおいて，裁判所は，その権限として，後見に代わるより制限的でない代替手段として保護的取り決めを命じることができる（501条(a)(1)）。また，本人の福祉に関心のある者（本人および財産後見人を含む）から，後見に代わる保護的取決めを申立てることもできる（501条(b)）。

裁判所は，成年身上後見に代わる保護的取決めの命令を行う根拠として，次の認定をしなければならない（502条(a)）。

(1) 本人が適切な支援サービス，技術支援または支援された意思決定を与えられても情報を受領・評価すること，または意思決定を実行・伝達することができないために，身体的な健康，安全または自己の世話のための必要な条件を満たす能力を欠くこと，および

(2) 本人の特定されたニーズがより制限的でない代替手段では満たされないこと

この認定が行われた場合，裁判所は，成年身上後見人の任命に代わる以下の命令を行うことができる（502条(b)）。

(1) 本人の健康，安全またはケアのニーズを満たすために必要な取決めを許可または指示すること（以下の内容を含む）

　(A) 特定の医療処置の受容または拒否

　(B) 特定の住居への移動，または

　(C) 本人と他の人物との面会または監視付き面会

(2) 本人へのアクセスが本人に重大な身体的，心理的または財産的な害をもたらすリスクを伴う特定の人物のアクセスを制限すること，および

(3) 適切な範囲での他の取決めを命ずること

後見に代わるより制限的でない取決めの審理においても，本人を直接訪問し面談する訪問面談者の任命と役割についても，成年身上後見の審理と同様の規定が置かれている（506条）。また，専門的評価も同様である（508条）。さらに，保護的取決めを実効性あるものにするため，後見監督人（master）を導入している。裁判所は，後見監督人を任命することができ，後見監督人は，裁判所命令によって与えられた権限を有し，裁判所命令によって解任されるまでその権限を保持する（512条）。

Ⅳ　おわりに

終末期医療と後見制度の両領域において，個人の尊厳と自己決定権を尊重することが重要な課題とされている。終末期医療では，生命維持治療の中止や医師幇助による自殺といった問題が，主要な判例を通じて法的枠組みが形成されてきた。しかし，そこから展開した立法的対処である尊厳死法や事前の指示書には，実務的な課題や倫理的な議論が依然として残っている。一方，後見制度においては，各州の独自の法体系による複雑性を統一身上後見，財産後見および保護取決め法（UGCOPAA法）がリードする形で，後見対象者の権利と尊厳を最大限に保護するための包括的な枠組みを提供している。両者に共通して見いだせるのは，法的枠組みの中で個人の意思を尊重し，可能な限り制限の少ない代替手段を提供することの重要性である，といえる。

13 ドイツにおける高齢者医療の法的問題の現状と課題
—— 世話制度を用いた医療上の自己決定支援

村 山 淳 子

医事法講座 第 14 巻　高齢社会と医事法

 Ⅰ　問題意識と目的
 Ⅱ　世話法（Betreuungsrecht）における成年障害者に対する自己決定の支援と補完
 Ⅲ　医療同意取得システムとの整合性
 Ⅳ　倫理的・社会的課題に対する法的応答
 Ⅴ　ドイツ法の特徴と課題

I 問題意識と目的

　ドイツにおいて，高齢者が医療を受ける際の，さまざまな要保護性に対する法的ないし制度的対応，そしてそこにおける課題は，わが国と大きく異なるものではない。在宅医療に重点をおいた介護保険政策，そしてそこにおける家族負担の問題など，わが国と近似した社会的・法的状況をみいだすことができる。

　しかし，ドイツには，高齢者の自己決定の支援や補完について，成年障害者を対象とした世話法による特徴的な法的対応がなされている。そこでは，基本法上の2つの価値のあいだで，支援と介入の一般的なバランスがはかられる中で，とくに医療分野における患者の同意取得システムとの整合性が維持実現されている。

　本稿は，ドイツにおける高齢患者の要保護性への対応のうち，とくに世話法による医療上の自己決定の支援や補完のあり方に焦点をあて，そこにおける特徴的な立法政策と法的手法をあきらかにすることを目的とする。

II 世話法（Betreuungsrecht）[1]における成年障害者に対する自己決定の支援と補完

1 歴史的経緯 —— 理念の変遷

(a) 世話法制定以前の成年後見制度[2]

　世話法制定以前，ドイツの成年後見制度は，3つの構成要素から成り立っ

（1） ドイツ民法第4編家族法の一部の規定および関係法令からなる。現行法についてBienwald, Betreuungsrecht Kommentar, 7.Aufl., 2023 を主に参照。制定当初以来，わが国に継続的に紹介され，邦語文献は，年代ごとに広範にわたる。1992年制定当初のものとしてドイツ成年後見法研究会「ドイツ成年後見制度の改革（1〜4）」民商105巻4号（1992年）572頁，105巻6号（1992）850頁，108巻3号（1993年）462頁，109巻2号（1993）353が詳しい。その後，各改正の間を縫って，ベーム，レルヒ，レェースルマイヤー，ヴァイス／日本社会福祉士会翻訳／新井誠監訳／上山泰解説『ドイツ成年後見ハンドブック』（勁草書房，2000年），上山泰「ドイツ成年後見法（法的世話法）

ていた。すなわち、①行為能力の剥奪・制限の宣告（Endmündigung）、②後見（Vormuntschaft）、そして③障害者監護（Gebrechlichkeitspflegeschaft）である。このうち、基本形といえるのは、①と②の組み合わせであった。そこにおいて、①の宣告は②の開始要件であるとともに、①は②による支援を伴うという関係が成立していた。すなわち、理論上、行為能力剥奪によって取引社会への参加可能性を奪い、それによって失われた生活の基盤を、後見人が法定代理権をもって補完するという、1対のシステムが完成していたといえる[3]。

なお、③は、②に服していない者が、行為能力の剥奪を前提とする後見とは別に、法的保護を受ける制度である（つまり、形式的には、①＋②および③という、2形態が二元的に並存していたといえる[4]）。しかし、③は、②の手続を回避し、②の代替として運用されていたものである[5]。

(b) 旧制度への問題意識と世界的な潮流

旧制度は、残存能力を考慮しない硬直性、その中で本人の個別の希望が無視されていること、それらゆえに本人の生活に過剰に介入していること、同制度が本人および家族に対する差別やスティグマの原因になっていること、身上監護が欠如していること、そして（本稿では扱わないが）後見人に対す

の概要」第7回成年後見制度の在り方に関する研究会（2022年12月9日）等多数。なお、世話法の条文については法務省大臣官房司法法制部「法務資料第468号 ドイツ民法典第4編（親族法）」（2022年12月）を、条文の体裁を調整したうえで、用いている。

(2) ドイツ民法典（1896制定、1990施行）以前のドイツの後見および行為能力制度について上山泰「行為能力制度史論序説──ドイツにおける法の変遷を素材として」慶應義塾大学法学政治学論究23号（1994年）155頁。

ドイツ民法制定から1992年以前の法状況については、ベームほか／日本社会福祉士会翻訳／新井監訳／上山解説・前掲注(1)180頁以下（上山解説）参照。より詳細はドイツ成年後見法研究会・前掲注(1)(1)575頁以下（神谷遊）。

(3) ベームほか／日本社会福祉士会翻訳／新井監訳／上山解説・前掲注(1)181頁参照（上山）

(4) ベームほか／日本社会福祉士会翻訳／新井監訳／上山解説・前掲注(1)180頁参照（上山）

(5) 判例による運用で、身体障害者に対する保護人の職務範囲の限定や、本人の同意を不要とすることを例外とする条項が実際には機能していなかったことにより、生活への全面的干渉を本人の同意なしに行う強制監護（Zwangspflegeschaft）の便法として利用されていた（詳細は特にドイツ成年後見法研究会・前掲注(1)(1)580頁以下（神谷遊））。

る支援体制の不備などの諸問題が意識されていた[6]。

国内での上記のごとく問題意識の高まりと期を一にして、高齢化を迎えたヨーロッパにおいて、高齢化社会への対応として、行為能力剥奪と結びついた禁治産・後見制度に代えて、行為能力保持を前提とする支援の制度を導入しようとする大きな潮流[7]が存在し、国内法改革に影響を与えた。

(c) **1992年世話法の施行**

上記の国内外の動向から、1970年代には、ドイツ国内で法改革の動きが生じ、議論を経て、1989年5月11に連邦政府草案の提出[8]、審議を経て[9]、1990年9月12日に世話法が公布され[10]、1992年に施行された。

この世話制度は、疾病または障害のために自己の事務を法的に処理することができない成年者の事務を、世話人が行う制度である。世話制度のもとでは、旧法の一律的な行為能力剥奪の制度は廃止された。行為能力の制限は、保護とは分離されて、裁判所が個別的ケースと個別的事項について命ずる同意の留保としてのみ残された。かつての成年後見と障害者監護の制度は、一元化されて世話制度に置き替えられた。

(d) **現在までの主要な法改正**

その後、ドイツ世話法は、自己決定支援の拡充の要請と、予算削減への対応という2つの現実的要請から、幾次もの改正を経て現行に至る[11]。本稿の問題意識ととくにかかわりの深い法改正は以下のとおりである。

まず、1999年の第一次世話法改正では、任意後見が世話法の体系に編入され、これをもって世話制度は法定後見との任意後見の2つからなる統一的制度となった。

---

(6) 旧制度の問題点については、BT-Drucks.11/4528 S.1 ドイツ成年後見法研究会・前掲注(1)(1)580頁以下（神谷遊）、ベームほか／日本社会福祉士会翻訳／新井監訳／上山解説・前掲注(1)（とくに185頁以下）参照。
(7) ドイツ成年後見法研究会・前掲注(1)(1)572頁（神谷遊）参照。
(8) BT-Drucks.11/4528 S.1
(9) 立法の詳細な経緯について、ドイツ成年後見法研究会・前掲注(1)(1)（神谷遊）572頁以下、ベームほか／日本社会福祉士会翻訳／新井監訳／上山解説・前掲注(1)（とくに185頁以下（上山））参照。
(10) Bundesgesetzblatt I, S.2002.
(11) 上山・前掲注(1)2頁参照

次に，2009 年の第三次世話法改正では，「患者の事前指示書（Patientenverfügung）」が条文化され，2013 年に成立した医療契約法（独民 630a〜h 条）の 630d 条 I 項にも取り入れられた。

そして，2013 年改正[12]では，世話人の強制的医療措置（ärztliche Zwangsmaßnahme）への同意が身上監護事項に追加された。

最新改正は 2023 年の大改正[13]である。本稿では立ち入らないが，障害者権利条約 12 条との整合性をはかるのための改正であった。

2 必要性の原則（Erforderlichkeitsgrundsatz）と補充性の原則（Subsidiaritätsgrundsatz）

世話法では，とくに法的世話において，任意後見との関係，世話人の選任要件や世話の範囲などの場面で，必要性の原則（Erforderlichkeitsgrundsatz）と補充性の原則（Subsidiaritätsgrundsatz）が貫かれている。

旧法の硬直的な過剰介入への批判をふまえ，予防的措置や裁判所の個別的判断の導入によって，法的世話の開始や範囲を必要最小限度に抑制し（必要性の原則），その帰結として，他の私的ないし公的援助に対して補充的地位におく（補充性の原則）。これは，世話法を貫く基本原則である。

3 世話法の構造 —— 法定後見と任意後見からなる統一的制度[14]

(a) 任意後見制度[15]

任意後見（独民 1820 条）は，任意代理人の事前指示代理権（Vorsorgevollmacht）[16]を基礎とする。事前指示代理権とは，将来生じ得る，自ら意思決

---

(12) Gesetz zur Regelung der betreuungsrechtlichen Einwilligung in eine ärztliche Zwangsmaßnahme, v. 2.2013, BGBl. I S. 266.

(13) Gesetz zur Reform des Vormundschafts- und Betreuungsrechts v. 4. Mai 2021, BGBl. I S.850

(14) 主にベームほか／日本社会福祉士会翻訳／新井監訳／上山解説・前掲注(1)189 頁以下（上山）参照。

(15) ベームほか／日本社会福祉士会翻訳／新井監訳／上山解説・前掲注(1)204 頁以下（上山），神野礼斉「ドイツにおける任意後見の実情」広島法科大学院論集 19 号（2023 年）93 頁参照。

(16) 予防的代理権，事前配慮代理権とも邦訳される

定や意思表明ができない状態に陥る場合に備えて，自ら意思決定や意思表明ができない状態に陥った後に発効させる旨の特約の付された一種の任意代理権である。民法の規定する一般的な任意代理権に特殊な停止条件を付したものである。

事前指示代理権は，本人による個別的な授権を要する個別的代理権である（とくに1829条以下の定める身上監護事項は[17]，本人の権利に対する高度に人格的な介入にあたるため[18]，授権にあたっては当該事務を書面で具体的に明示して授権しなければならない）。

このような事前指示代理権の授権は，ドイツ世話法が重視する予防的措置の1つであり，法的世話開始の入口にあり，法的世話自体を回避しうる重要な一制度である。予防的措置としての任意後見の優先利用は，法的世話の必要性・補充性原則の典型場面の一つである。

(b) 統一的規律

ドイツの世話制度は，成年者が，一時的もしくは継続的に，自己の事務の全部又は一部を行うことができない場合に，本人の事前の委任（任意後見），それがなければ職権または本人の申立によって（法定後見），世話人が事務を行う制度であると纏めることができる。

1999年の第一次世話法改正により，任意後見に関する規律が世話法の体系に編入された。これをもって，ドイツ世話制度は，法定後見と任意後見の両方からなる，統一的な制度となった。

任意代理人は，本人の希望の確認（事前指示書の確認を含む），次の手段としての本人の推定的意思の探求，また世話裁判所による許可制度，強制的医療措置への同意に関する規律などにつき，法定後見と同様の規制に服する（各箇所において任意代理人への準用規定がおかれた）。また，任意代理人は，世話人と同様，必要な範囲で，世話裁判所の監督に服し，かつ法的世話人による介入も受ける。法定後見と任意後見は，いまやいずれも民法の統一的規律と，世話裁判所[19]の監督に服している。

---

(17) 法律行為ではないことや一身専属的な法益の侵害であることから，事前指示代理権の対象たり得るか議論があったところ，1999年改正をもって事前指示代理権の対象たりうることが確認された。

(18) Vgl. Bienwald, a.a.O., §1820 Rn. 38 [Reh]

4　対象と範囲の関係

(a) 法的世話の対象の拡大

　障害者監護を含み一元化された世話制度は，対象を（かつての障害者監護の対象である）身体障害者にまで拡げた[20]。そのうえで，必要性・補充性を基本原則に[21]，裁判所による個別的判断のもと，選任要件や職務範囲などにおいて限定を加えた。いわば，入口のところで対象を拡げたうえで，開始や範囲の段階で絞り込む建付けとなっている。

　法的世話の対象となるのは，現行法の表現によれば[22]，「病気または障害（Krankheit oder Behinderung）[23]のために，自己の事務の全部または一部を法的に処理することができない成年者」（1814条1項[24]）である。

　通常，裁判所は，上記につき，鑑定人を任用して，判断を行う[25]。

(b) 世話人の選任

　世話は，世話人の選任手続[26]を通じて開始される。

　世話人は，本人の申立か，世話裁判所の職権のいずれかによって選任される。ただし，もっぱら身体的要因による世話開始は，本人の申立のみによる（独民1814条4項）。こうすることで，身体障害者を含み広がった保護の対象

---

(19)　2009年9月1日に，後見裁判所から世話裁判所に名称が改められた。
(20)　判断力とは関係のない身体的要因を対象に含めることについては，立法過程で議論があった。しかし，旧法の障害者監護に代わる制度の必要性などを理由に保護対象とされるに至った（ドイツ成年後見法研究会・前掲注(1)(1)588頁以下〔赤松秀岳〕）。
(21)　BT-Drucks.11/4528 S.1.
(22)　世話法の制定当初は，旧1896条1項にて，精神病，身体障害，知的障害，精神障害が具体的に列挙され，認知症はこのうち精神病に含まれると解釈されていた（ベームほか／日本社会福祉士会翻訳／新井監訳／上山解説・前掲注(1)9，10頁参照）。
(23)　具体的には Vgl.Bienwald, a.a.O., §1814 Rn. 30ff.〔Reh〕
(24)　独民法1814条1項は，「成年者が，自己の事務の全部又は一部を法的に処理することができず，かつ，それが疾病又は障害を理由とするときは，世話裁判所は，この者のために法的世話人（世話人）を選任する」と規定する（法務省大臣官房司法法制部・前掲注(1)150頁〔小池泰〕）。
(25)　Vgl.Bienwald, a.a.O., §1814 Rn. 30ff.〔Reh〕
(26)　手続の流れについて，阿部潤「オーストリア・ドイツの成年後見制度──その裁判実務を中心にして」家庭裁判月報49巻11号（1997年）1頁以下が詳しい。ベームほか／日本社会福祉士会翻訳／新井監訳／上山解説・前掲注(1)201頁以下〔上山〕も参照。

を，本人の意思という観点から開始のレベルで限定をかけている。

　申立権は本人のみに属する[27]。近親者や利害関係者に申立権はない。他方，世話開始の必要性を感じた者は誰でも，世話裁判所に職権発動を促す提案をすることができる。これを受けて，世話裁判所は，職権調査をし，職権による世話人選任に至る。実務上は，近親者の提案から職権による世話開始に至ることがほとんどである。

(c) 強制的世話（Zwangsbetreuung）の禁止，選任手続と職務範囲における必要性・補充性原則

　世話法は，法的世話それ自体が，被世話人の権利への介入であるとの発想[28]から出発している。

　成年者の「自由な意思（freie Wille）」[29]に反する選任はできない（独民1814条2項[30]）。世話制度全体が，成年者の「自由な意思（freie Wille）」を優位におき[31]，それに反しないことを出発点としている。

　世話人は，必要な場合に限り，選任することができる（同条3項）。そして，世話人の職務事項は，世話人がそれを法的に実施する必要がある場合に限り，裁判所が個別に命じることができる（独民1815条1項）。なお，任意代理人によって（1号），あるいは社会的支援によって（2号）処理できる事務については，法的世話は不要であるとみなされる[32]。以上は世話人の選任と職務範囲における必要性・補充性原則の表われである。

　さらに，被世話人の自己決定権に強度に介入する[33]事項を掲げ，それら

---

(27) 本人に行為能力Geschäftsfähigkeitがない場合でも世話人選任の申立はできる（ドイツ非訟事件手続法FamFG66条）。該当者が世話の受け入れや世話人との協力がしやすいようにするためである（BT-Drucks. 11/4528, 20; Bienwald, a.a.O., §1814 Rn. 100 [Reh]）

(28) Vgl.BT-Drucks.19/24445, 232; Bienwald, a.a.O., §1814 Rn. 48 [Reh]

(29) ここで「自由な意思（freie Wille）」は，具体的な問題に関する「洞察（Einsicht）とコントロールの能力」である（Bienwald, a.a.O., §1814 Rn. 42 [Reh]）。旧法下において，本項の自由な意思とは，民法104条2号における自由な意思決定（die freie Willensbestimmung）と同義と捉えられていた。

(30) 独民1814年2項は「成年者の自由意思に反して世話人を選任することはできない。」と規定する（法務省大臣官房司法法制部・前掲注(1)150頁〔小池泰〕）。

(31) Vgl.BT-Drucks.15/2494,17;Bienwald, a.a.O., §1814 Rn. 3 [Reh]

(32) 具体例につき Vgl.Bienwald, a.a.O., §1814 Rn. 64ff. [Reh].

については，とくに世話裁判所が明示的に職務事項として定めた場合にのみ，世話人が判断できるとしている[34]。

5　世話人の行為規範

(a) 世話人の行為規範の条文化

かつて後見人や保護人の個人的な資質・能力に依存していた職務遂行のあり方が，世話法のもとでは，世話人の行為規範として明確に示された。

「世話の遂行」の「総則」にあたる独民1821条は，「世話人の義務，被世話人の希望」の表題のもと，世話の遂行における世話人の行為規範を定めている。それは，法定代理権の行使に対する自己遂行の支援の優先，被世話人の希望の優先原則，世話に関する事前指示を含む希望確認義務，被世話人との協議義務，被世話人のリハビリ支援など，世話人としての行為全般にわたるものである。本条は，「被世話人のマグナカルタ」[35]と称されている。

(b) 自己遂行支援の優先

世話人は，職務範囲において，（法定）代理権を有する（独民1823条[36]）。この法定代理権の範囲は，後述の同意留保の範囲と同様，事案ごと事項ごとに世話裁判所の決定で設定される。

---

(33)　Bienwald, a.a.O., §1815, Rn. 17 [Reh]
(34)　独民1815条2項は以下のように規定する（法務省大臣官房司法法制部・前掲注(1) 151頁〔小池〕)。
　「世話人は，世話裁判所が世話人に対して，以下に掲げる事項を職務事項として明示的に定めた場合に限り，当該事項について判断をすることができる。
　1号　1831条1項に定める被世話人の自由の剥奪を伴う収容
　2号　世話人の滞在場所如何にかかわらず，1831条4項に定める自由の剥奪を伴う措置
　3号　被世話人の外国における常居所の決定
　4号　被世話人の面会に関する決定
　5号　被世話人との電信を含む通信手段を用いたやり取りに関する判断
　6号　被世話人の郵便の受領，開封及び留置に関する判断」
(35)　上山・前掲注(1)7頁。
(36)　独民1823条は「世話人は，その職務範囲において，裁判上及び裁判外で被世話人を代理することができる。」（法務省大臣官房司法法制部・前掲注(1)157頁〔小池泰〕）と規定する。

さらに独民1821条1項2文は,「世話人は……被世話人が<u>自らその事務を法的に遂行するのを支援し</u>,……（法定）代理権は,<u>必要な限りでのみ行使する</u>（下線筆者）」と定める。すなわち,被世話人による自己遂行の支援を優先し,法定代理権の行使はそれに劣後させている。これもまた,法定代理権行使における必要性・補充性の原則の表れである。

(c) **被世話人の希望（Wünsche）優先原則**

旧法の仕組みでは,後見人と被後見人の意見が対立した場合には,事実上,後見人の意見が優先されていた。

しかし,世話法は,「世話人は,被世話人の事務を,<u>可能な範囲で被世話人がその希望の通りに生活できるように</u>,遂行しなければならない。……被世話人の希望に応じ,かつ,被世話人がそれを実現するのを法的に支援しなければならない。（下線筆者）」（独民1821条2項1文,3文）[37]と規定し,従前の優先関係を逆転させている。

ここで「希望（Wünsche）」という言葉が用いられていることは,被世話人の「自由な意思（freie Wille）」はなくても,その「自然の意思（natürliche Wille）」が確認され,顧慮され,あるいは遵守されるべきことを意味するものである[38]。そして,このように具体的に法律に示され,顧慮され,あるいは遵守されるこの基準は,世話人のみならず,世話制度の関係者の意識に浸透している[39]。

この希望優先原則が破られるのは,被世話人の身上または財産に著しい危険が生じるおそれがある場合,および被世話人の希望に従うことを世話人に要求できない（つまり,不能である）場合に限られる（独民1821条3項[40]）。

---

(37) 以上,法務省大臣官房司法法制部・前掲注(1)156頁〔小池〕。
(38) ドイツ成年後見法研究会・前掲注(1)584頁（神谷）参照。
(39) Vgl.Bienwald, a.a.O., §1821 Rn. 2 [W.Bienbald/Harm]
(40) 独民1821条3項は以下のように規定する。
「世話人は,次に掲げるいずれかの場合には,被世話人の希望に従わなくてよい。
1号 被世話人の希望に従うことが,<u>被世話人の身上又は財産を重大な危険にさらし</u>,かつ,被世話人がその疾病又は障害のためにその<u>危険を認識できない又はそれを理解した上で行動することができない</u>とき。
2号 希望に従うことを<u>世話人に期待することができない</u>とき（下線筆者）。」（法務省大臣官房司法法制部・前掲注(1)156頁〔小池〕）

(d) 希望確認義務と「世話に関する事前の指示（Betreuungsverfügung）」[41]

世話人は，上述の被世話人の希望を確認しなければならない（独民1821条2項2文）。

被世話人の希望の確認手段として，「世話に関する事前の指示（Betreuungsverfügung）」が定められた。後述するように，2009年改正により，医療上の措置への同意にさいしての患者の希望の確認手段として，「患者の事前指示書（Patientenverfügung）」が法定されたことにともない，総則における被世話人の希望の確認手段である「世話に関する事前指示（Betreuungsverfügung）」も条文に明記された[42]。

この「世話に関する事前指示」は，将来の世話開始に備えて，被世話人予定者自身が，予め，世話に関する提案を行うこと（あるいは，それを書面化したもの）を指す[43]。「世話に関する事前指示」は，世話に関するあらゆる事項を対象とする。具体的には，世話人の推薦，世話人の報酬額，医師指定，施設指定，財産管理などが挙げられる[44]。世話に関する事前指示は，事前指示代理権や患者の事前指示書と並んで，ドイツ世話法の重視する予防的措置の1つと位置づけることができる。

被世話人の希望を確認できない場合，または，例外事由により被世話人の希望に従わなくてよい場合には，第二次的方法として，被世話人の推定的意思（ mutmaßliche Wille ）を探求して，これに従うべきことになる。推定的意思の探求においては，とりわけ被世話人の従前の発言，倫理的または宗教的信条，およびその他の個人的価値観を考慮する。そして，被世話人の近親者（nahe Angehörige）およびその他の親しい者（Vertrauenpersonen）に発言の機会を与えなければならない（以上，独民1821条4項）。

---

(41) ベームほか／日本社会福祉士会翻訳／新井監訳／上村解説・前掲注(1)205頁（上山）参照。

(42) すなわち，独民1821条2項4文は，「（被世話人の希望に関する規定の後で）……被世話人が世話人の選任前に明らかにした希望についても同様である。」と規定する（法務省大臣官房司法法制部・前掲注(1)156頁〔小池〕）。

(43) ベームほか／日本社会福祉士会翻訳／新井監訳／上山解説・前掲注(1)20頁，194頁（上山）参照。

(44) ベームほか／日本社会福祉士会翻訳／新井監訳／上山解説・前掲注(1)20頁参照。

(e) 個人的な接触と協議

世話人は，被世話人との間で，必要な「個人的な接触（persönlicher Kontakt）」を維持し，定期的に面談し，その事務について被世話人と協議しなければならない（独民1821条5項[45]）。この「個人的な接触」の可能性は，世話人の適格性をはかる判断基準の1つであって[46]，ゆえに世話人は原則として自然人であることが求められる。

さらには世話人には，その職務範囲において，被世話人が自らの事務を処理する能力を回復または向上させる手段が利用されるように，務めなければならない旨も定められている（同条6項[47]）。

5　同意の留保（Einwilligungsvorbehalt）（独民1825条）の制度

同意の留保（Einwilligungsvorbehalt）とは，被世話人が有効に意思表示をするには，世話人の同意を要するという意味である。一種の行為能力の制限であるといえる。

行為能力剥奪が世話開始と切り離されたことは，世話法の画期的な特徴の1つであった。この制度のもとで，裁判所の個別的判断による，必要最小限の行為能力制限の制度が残されたことになる。

世話裁判所は，世話人の職務範囲に属する事項につき，被世話人の身上又は財産に対する重大な危険を回避するために必要な範囲に限定して，事案ごとに個別的に，同意の留保を命ずることができる[48]。

同意留保が命じられると，その範囲の意思表示については，制限行為能力

---

(45)　独民1821条5項は，「世話人は，被世話人と必要な個人的接触をとり，定期的に面談を行い，その事務について話し合わなければならない。」（法務省大臣官房司法法制部・前掲注(1)156頁〔小池〕）と規定する。

(46)　Vgl,Bienwald, a.a.O., §1814 Rn. 54 [Reh].

(47)　独民1821条6項は，「世話人は，その職務範囲において，被世話人が自らの事務を処理する能力を回復又は向上させる手段が利用されるよう務めなければならない。」（法務省大臣官房司法法制部・前掲注(1)156頁〔小池〕）と規定する。

(48)　独民1825条1項1文は，「世話裁判所は，<u>被世話人の身上又は財産に対する重大な危険を回避する</u>ために必要である限り，世話人の職務事項に関わる意思表示を被世話人がするには，世話人の同意を要することを命ずる（同意の留保）（下線筆者）。」（法務省大臣官房司法法制部・前掲注(1)157頁〔小池〕）と規定する。
　　Vgl.BT-Drucks.11/4528.136

に関する諸規定（第108条ないし第113条，第131条第2項及び第210条）が準用される。

　世話裁判所は，対象成年者の自由な意思に反して，同意の留保を命ずることはできない。ここでも，世話法は，本人の自由な意思に反しないことを出発点としている。

6　身上監護事項 ── 支援と介入

(a)　積極的支援の方針と過剰介入禁止のバランス

　世話制度は，被世話人の生命・身体権を保護するために，身上監護事項に積極的な介入をする方針に転じ，他方で，被世話人の権利への過剰な介入にならぬよう法規制と公的監督をめぐらせている。

　「身上に関する項目（Personenangelegenheiten）」を独自に立て，医療措置への同意，不妊手術への同意，（民事上の）強制収容及び措置，被世話人の住所の放棄・個人的な交流・居所に関する決定，そして強制的医療措置への同意のカテゴリーを設け，各カテゴリーで保護と介入の緊張関係のバランスをはかっている。

(b)　医療措置への同意[49]と「患者の事前指示書（Patientenverfügung）」

　医療措置への同意に関しては，医療に特化した世話人の行為規範が示されている。「世話の遂行」の「総則」に規定されている世話人の行為規範と共通する内容も含みつつ，医療の特性に合わせた詳細な規律がおかれている。

　とくに，2009年の第3次世話法改正によって，それまで判例によって認められてきたところの[50]，「患者の事前指示書（Patientenverfügung）」が，患者の意思の確認手段として条文に規定された。ドイツ世話法の重視する予防的措置の医療に特化した1つであるといえる。

---

(49)　2009年改正前の資料であるが，ベームほか／日本社会福祉士会翻訳／新井監訳／上山解説・前掲注(1)205頁以下（上山）参照。

(50)　2009年改正以前は，Patiententestament, Patientenverfügung, Patientenbrief, Patientenschutzbrief などと呼称され，世話人がそこで示された患者の意思を実行しようとしたら，裁判所の判断を仰がねばならず，しかも裁判所の判断はしばしば事例によって異なっていた（松田純「ドイツ事前指示法の成立とその審議過程 ── 患者の自己決定と，他者による代行解釈とのはざまで」医療・生命と倫理・社会9号（2010年）34頁参照）

患者の事前指示書とは、同意能力のある成年者が、同意能力を失った場合に備えて、予め、現時点では差し迫っていない一定の医療措置に同意するか、または同意を拒否することを書面で決定しておくものである（世話に関する事前指示と異なり書面によることが必須要件とされている）。

患者の事前指示書が存在する場合には、世話人は、そこでの決定内容が現在の被世話人の生活状況および治療状況にふさわしいか否かを検討し、ふさわしいと認めたならば、被世話人の意思を表明し、実現しなければならない（独民1827条1項）。

患者による事前指示書が存在しない、または事前指示の決定内容が現在の状況にふさわしくないときは、被世話人の（現在の）意思または推定的意思を確認し、これに基づいて、医療措置の同意または同意の拒否を判断しなければならない。被世話人の推定的意思の探求においては、とりわけ被世話人による従前の発言、倫理的又は宗教的信条およびその他の個人的価値観を考慮することとされる（同条2項）。そして、患者の事前指示書による被世話人の意思、患者の（現在の）意思や推定的意思を確認する際は、被世話人の近親者およびその他の親しい者に対して、意見表明の機会を与えるものとする（同条2項）（この点は、世話に関する事前指示と類似しつつも、範囲を拡げている）。

なお、危険な[51]医療上の措置への同意、あるいは不実施ないし中断が危険な[52]医療上の措置の同意の拒否または撤回については、世話裁判所の許可を得なければならない（独民1829条1項、2項）。患者の事前指示書の法定にともない、上記規制に緩和措置が追加された（同条4項）。すなわち、当該医療措置への同意、不同意、同意の撤回が、患者の事前指示証書による被世話人の意思にかなうことについて、世話人と担当医師の意見が一致してい

---

(51) 「当該措置により被世話人が死亡し又は重大かつ長期にわたる健康被害を受ける危険が根拠を伴って存在する（独民1829条1項）」（法務省大臣官房司法法制部・前掲注(1)159-160頁〔小池〕）ことを意味する。
(52) 「当該措置が医学的に適切であり、かつ、被世話人が当該措置を実施しない又は中断することで死亡し又は重大かつ長期にわたる健康被害を受ける危険が根拠を伴って存在する（1829条2項）」（法務省大臣官房司法法制部・前掲注(1)160頁〔小池〕）ことを意味する。

るときには，世話裁判所の許可は不要とされる（同4項）。

(c) **不妊手術への同意（独民1830条）**

それまで同意能力のない者に対する不妊化措置について，不明確な法状況にあったところ，世話法が立法的解決を与えたといえる。不妊手術は，医療上の措置であるが，生殖の自由（リプロダクト・ライツ）に対する干渉という特殊な考慮を要するため，独立の規定で，より厳格な同意の許容要件を定めている[53]。

世話人は，被世話人が不妊手術について同意能力を欠く場合において，以下に掲げる実質要件の充足（いわば，第1のハードル），および世話裁判所の許可（第2のハードル）を要件に，不妊手術に同意をすることができる[54]。

【不妊手術への同意の各実質要件】[55]
1. 不妊手術が被世話人の自然の意思に合致していること。
2. 被世話人が長期にわたって同意することができない状態にあるであろうこと。
3. 不妊手術をしなければ妊娠するかもしれないと想定できること。
4. 妊娠すると，妊婦の生命に対する危険又はその身体的若しくは精神的な健康状態に重大な侵害をもたらす危険が生じることが予想され，期待できる方法ではこれらの危険を回避できないこと。
5. 他の期待できる手段では妊娠を阻止できないこと。

(d) **自由の剥奪を伴う（民事上の）収容及び措置（独民1831条）**

本条が対象とするのは，公益目的の公法上の収容ではなく，被世話人の福祉を目的とする民事上の収容である[56]。精神病者の隔離については，本条

---

[53] ベームほか／日本社会福祉士会翻訳／新井監訳／上山解説・前掲注(1)197頁（上山）参照。

[54] 2つのハードルにつきベームほか／日本社会福祉士会翻訳／新井監訳／上山解説・前掲注(1)197頁（上山），ドイツ成年後見法研究会・前掲注(1)(3)471頁（山本）参照。

[55] 以下，独民1830条1項各号（法務省大臣官房司法法制部・前掲注(1)160頁〔小池〕）。

[56] 民法上の収容と公法上の収容の統一を巡り議論があったが，並存状態が維持された。他方，裁判管轄と手続法は非訟事件手続法に統一された（ドイツ成年後見法研究会・前掲注(1)(3)473頁（山本）参照）。第三者への加害の防止など公共の利益のために行わ

の規制が，後述の強制的医療措置に関する独民1832条4項によって準用される。

世話人は，以下に掲げる実質要件の充足（第1のハードル），および世話裁判所の許可（第2のハードル）を要件に，自由の剥奪を伴う（民事上の）収容及び措置を行うことができる[57]。

【自由の剥奪を伴う（民事上の）収容及び措置を行う各実質要件】[58]
1. 被世話人が，精神病又は知的若しくは精神的障害のために，自殺し又は著しく健康を害する危険のあること。
2. 急迫する重大な健康被害を回避するために，健康状態の検査，治療行為又は医的侵襲が必要不可欠であって，被世話人を収容することなしにその措置を実施することができず，かつ，被世話人が精神病又は知的若しくは精神的障害のために収容の必要性を認識できない又は理解した上でこれに基づいて行動することができないこと。

(e) **被世話人の住所の放棄（独民1833条），個人的な交流・居所に関する決定（独民1834条）**

本稿では立ち入らないが，被世話人の住居や個人的交流についても，独民1821条所定の被世話人の希望を優先すべき行為規範に従うこと，世話裁判所への届出，世話裁判所の許可や決定などの要件を組み合わせて，世話人の職務として認めている。

(f) **強制的医療措置（ärztliche Zwangsmaßnahme）への同意（独民1832条）**

2013年世話法改正によって，世話人および任意代理人による，世話人の「自然の意思（natürliche Wille）」に反する強制的医療措置（ärztliche Zwangsmaßnahme）への同意についての規定が追加された。「自然の意思」の意義，

れる公法上の収容については，各州の収用法に規定がある（ベームほか／日本社会福祉士会翻訳／新井監訳／上山解説・前掲注(1)197頁〔上山〕参照）。
(57) 2つのハードルについては，不妊手術に関するベームほか／日本社会福祉士会翻訳／新井監訳／上山解説・前掲注(10)197頁〔上山〕。
(58) 以下，独民1831条1項各号（法務省大臣官房司法法制部・前掲注(1)161頁〔小池〕）。

あるいは「自由な意思（freie Wille）」との違いについて，見解は多彩である[59]。例えば連邦憲法裁判所は，「自然の意思」にとって弁識能力（Einsichtsfähigkeits）や同意能力（Einwilligungsfähigkeits）は問題ではないとしており[60]，医療同意能力よりもさらに低いレベルのものを指していることが窺われる。

本人の権利への介入が強度であることから，ここでも，従来の判例の立場をふまえつつ[61]，厳格な実質要件と裁判所の許可という二重のハードルが設定されている。なお，本人が「患者の事前指示書」によって，「自由な意思」を有する状態で，かつ，決定の射程を理解して強制的医療措置の拒否を指示している場合には，世話人や任意代理人は強制的医療措置への同意はできないとされている[62]。

【強制的医療措置への同意の実質要件】[63]
1. 被世話人の急迫する重大な健康被害を回避するために，その強制的医療措置が必要であること。
2. 被世話人が，精神病又は知的若しくは精神的障害のために，その強制的医療措置の必要性を認識できない又は理解した上で行動することができないこと。
3. その強制的医療措置が第1827条に従い考慮されるべき被世話人の（推定的（筆者補足））意思に合致すること。
4. 事前に，不当な圧力を加えることなく十分な時間をかけて，被世話人に

---

(59) 「自由な意思（freie Wille）」と「自然の意思（natürliche Wille）」の区別について複数の見解を紹介するものとして Vgl,Bienwald, a.a.O.,§1814 Rn.43［Reh］)。
(60) BVerfG NJW 2011,2113（2114）
(61) 神野は，前提となる判例である BVerfG, Beschluss vom 23.3.2011, FamRZ 2011, S.1128; BGH, Beschluss vom 20.6.2012, FamRZ 2012, S.1366 をふまえた分析を行っている（神野礼斉「ドイツ世話法における強制治療と国家の保護義務 —— 連邦憲法裁判所2016年7月26日決定を素材として」九州国際大学法学論集23巻1・2・3号退職記念号（2017年）181頁以下）。
(62) BVerfG.v.8.7.2021-2 BvR 1866/17 u.2 BvR 1314/18（本人の基本権の保護が維持されるとする）
(63) 以下，独民1832条1項各号（法務省大臣官房司法法制部・前掲注(1)161頁以下〔小池〕）。

その医療措置の必要性を納得させることを真摯に試みていたこと。
5. 被世話人にとって，より負担の少ない他の措置によったのでは，急迫する重大な健康被害を回避することができないこと。
6. その強制的医療措置について，予測される効果が予測される被害を明確に上回ること。
7. その強制的医療措置が，必要な事後措置を含めて被世話人への適切な医療提供が保障される病院での入院治療の枠組みにおいてなされること。

III 医療同意取得システムとの整合性[64]

1 医療分野における背景と視点

世話法が規定する患者の事前指示書（Patientenverfügung）は，被世話人が意識の喪失や判断能力の減退によって自身に施される医療行為に関して同意ないし拒絶を行うことができなくなった場合に備えて，予め，特定の医療上の措置に関して，同意ないし拒絶の意思表明を書面で行っておくものである。

患者の事前指示書は，世話制度の一部をなすものとして，その趣旨から生み出され，その枠組みに拘束される。他方で，医療分野において形成されてきた医的侵襲についての同意取得ルールの特則にあたるのであって[65]，従来医療分野に存在してきた医療同意取得制度との整合性がはかられるべきものである。

2 医療同意取得に関する規律

ドイツにおいて，医療同意取得に関する規律は，不法行為法ないし契約法の領域において判例によって形成されてきた。これが2013年の医療契約法（患者の権利法の一部）[66]に取り込まれ，もって医療同意取得に関する規律は

---

(64) 亀井隆太「同意能力がない患者の医療同意――ドイツ法を中心に」千葉法学30巻1・2号（2014年）86頁参照。
(65) ドイツ成年後見法研究会・前掲注(1)(3)463頁（山本）参照。

成文法である医療契約法の中で体系的に整備され、また一つの解釈の到達点をみた。2009年世話法改正と若干時間的に前後するが、ここでは、2013年の時点での体系と解釈の到達点を確認しよう。

ドイツの伝統的な学説上の区分を引き継ぎ、独民630d条は、同意（Einwilligung）の表題のもと、医療提供者の同意取得義務を、独民630e条の説明義務（Aufklärungspflichten）とは別に、根拠づけている。

同条1項1文によれば、医療措置（medizinische Maßnahme）[67]、とくに身体又は健康への侵襲（Eingriff）の実施に先立ち、医療提供者は患者の同意を取得すべき義務を負う。「患者の人格の自由な発展と人間の尊厳の尊重に対する憲法上の保障の私法上の具体化」である患者の自己決定権[68]を保護法益とし、従来不法行為法（独民823条）との区別が曖昧であったところ、医療契約上の義務として条文化されたものである[69]。十分な説明（Aufklärung）を前提とした有効な同意の取得は、いまや医療契約上の義務であるとともに、医的侵襲の不法行為法上の違法性阻却事由である[70]。

【医療契約法の体系における医療提供者の同意取得義務（条文表題訳出、下線筆者）】

630a条　医療契約における契約に典型的な義務
630b条　適用可能な規定
630c条　契約当事者の協力（1項）、情報提供義務

---

(66) Gesetz zur Verbesserung der Rechte von Patientinnen und Patienten vom 20.Februar 2013（BGBl. I S.277）.
　本法に関してはすでに多くの紹介論文が公表されている。服部高宏「ドイツにおける患者の権利の定め方」法学論叢172巻4・5・6号（2013年）255頁以下、村山淳子「ドイツ2013年患者の権利法の成立――民法典の契約法という選択」西南学院大学法学論集46巻3号（2014年）117頁以下、小野秀誠「医療契約――ドイツ民法典の改正」国際商事法務629号（2014年）1679頁以下等。本稿で用いる条文は拙稿の翻訳を基に改めて訳したものである。
(67) 医療契約の目的であるBehandlugよりも限定されていることに留意されたい。
(68) ドイツでは、民事法領域でも、患者の自己決定権の保障内容は、身体の完全性と一体化した自由権と捉えられている。
(69) BT-Drucks. 17/10488法案理由 S.23.
(70) Grüneberg, Bürgerliches Gesetzbuch, Aufl.83., 2024, §630d Rn1-2 ［Weidenkaff］

(Informationspflichten)（2項・3項）
630d条　同意（Einwilligung）
630e条　説明義務（Aufklärungspflichten）
630f条　医療上の記録
630g条　医療記録の閲覧
630h条　医療過誤および説明過誤責任に関する立証負担

4　医療同意の法的性質

すでに述べたように，医療提供者は，医療措置（medizinische Maßnahme），とくに身体又は健康への侵襲（Eingriff）の実施に先立ち，患者の同意を取得すべき義務を負う（独民630d条）。

医療措置に対する同意は，意思表示（Willenserklärung）ではない[71]。よって医療同意能力は，法律行為についての行為能力（Geschäftsfähigkeit）とは異なる。医療契約法の立法者は，医療同意能力について定義をしなかった[72]。そのため定義は一義的でないが，例えば，医療措置の種類，意味，範囲，そしてリスクに関する「自然の弁識能力および判断能力（Einsicht-und Urteilsfähigkeit）」[73]などと定義される。なお，医療行為にあっては，同意能力を欠く患者の意思はなお一定程度尊重される。

医療措置に対する同意に，同意に先立ち，医療提供者から独民630e条に則った説明を受けていることを有効要件とする（独民630d条2項）。医療措置に対する同意は，無理由・不要式・随時に撤回可能である（同条3項）。

【医療措置に対する同意】
独民630d条　同意（Einwilligung）
　1項　医療措置（medizinische Maßnahme），とくに身体又は健康への侵襲（Eingriff）の実施に先立ち，医療提供者は患者の同意を取得すべき義務を負

---

[71] 法律行為類似の行為（Geschäftsähnliche Handlung）（わが国でいう準法律行為）とされている etwa.Bienwald, a.a.O.,§1827 Rn.3［C.Bienwald］。
[72] Vgl.Prütting,Medizinrecht, Aufl.5.2019, §630d BGB Rn13［J. Prütting,/Merrem］」
[73] Grüneberg, a.a.O., §630c Rn3［Weidenkaff］］: Bienwald, a.a.O.,§1827 Rn.3［C.Bienwald］

う……。

2項　患者，若しくは……同意権者が，同意に先立ち，630e条（1～4項）の準則に則り説明を受けていることが，同意の有効要件である。

3項　同意は，無理由・不要式・随時に撤回可能である。

5　同意能力（Einwilligungsfähigkeit）を欠く場合の対応

患者本人が現時点で上記の同意能力を欠く場合，患者の意思確認手段として登場するのが「患者の事前指示書」である。

「患者の事前指示書」において許容ないし禁止していないかぎりで，患者本人の推定的意思を手掛かりとしつつ，同意の権限を有する者の同意を取得することになる（1項2文）。ここでいう同意権者には，世話人または任意代理人が含まれている。

ドイツでは，近親者が本人に代わって同意するシステムは存在していない。事実上は，ほとんどのケースにおいて近親者による決定が行われるが，法的には，本人の推定的意思を探求するための判断材料の提供という評価になる。

【患者が同意能力を欠く場合の対応】
独民630d条　同意（Einwilligung）

第1項「……患者に同意能力がない場合，独民1901a条1項1文にもとづく患者の事前指示書が当該処置を許容し，若しくは禁止していないかぎりで，同意権者の同意を取得しなければならない。他の規定により，同意について別段要件が定められている場合には，このかぎりでない。延期不能な処置に関して適時に同意が取得できない場合，推定上の患者の意思に適合しているかぎりにおいて，同意なく当該処置を実施することができる。」

6　「患者の事前指示書」の解釈と位置づけ[74]

上記規律において，世話法の定める「患者の事前指示書」は，第一義的には，患者の意思の確認手段に位置付けられている。

---

(74) 以下，とくに谷口聡「ドイツ民法典における「患者の事前指示書」規定に関する一考察」高崎経済大学論集61巻1-2号（2018年）。

この「患者の事前指示書」は，医療上の処置の作為または不作為についての判断を含む，一方的，かつ受領を要しない意思表明であると解されている。第一次的には，医師，世話人，任意代理人，介護職員，裁判所に向けられ（法律行為論における名宛人という意味ではない），すべての者，および，その内容により認識が保持され，かつ指示者の診療にかかわる制度を拘束する[75]。

　かつて「患者の事前指示書」の法的性質について，患者の推定的意思確定のための間接事実であるとする見解[76]と，患者自身の同意ないし不同意を意味するとの見解が対立してきた。そして，2009年改正法は後者の見解を採用して立法的解決に至っている。

　「患者の事前指示書」は，医療措置に対する同意または不同意を内容とするため，現在の医療同意ないし不同意と同様，指示者が指示の当時に，事前指示の判断の有効範囲と結果を理解することができるための自然な精神的な成熟[77]」を備えている必要がある。

　なお，世話法2条により，事前指示書の作成時に患者が成年に達していることが求められている（未成年者の事前指示は意味がないというわけではなく，患者の推定的意思の手がかりとして考慮されている）。この点において世話法の拘束を受けることに関しては，首尾一貫しないとする見解や憲法違反とする見解[78]などが表明されている[79]。

　なお，差し迫った具体的な医療処置について事前指示を行うことはできない。その場合には，現在の本人同意によることになる。指示者自らが同意能力を有している場合には，書面による事前処分に立ち戻ることは許されていないのである。

Ⅳ　倫理的・社会的課題に対する法的応答

　「患者の事前指示書」に関する規律は，医療分野における倫理的・社会的

---

(75) 以上，同上7頁（Schwab 見解）
(76) ベームほか／日本社会福祉士会翻訳／新井監訳／上山解説・前掲注(1)21頁
(77) 同上8頁（Muscheler 見解）
(78) 同上9頁（Schwab による紹介）
(79) 議論状況につき Vgl. Bienwald, a.a.O., §1827 Rn.17 [C.Bienwald]

課題に対する回答を含んでいる。

　なかんずく，典型的な利用場面であるところの終末期医療に関しては，治療中止や安楽死を含む意思表明を事前にしておくこと（リヴィング・ウィル）の有効要件（妥当範囲）や解釈をめぐり —— ドイツではナチスの障害者安楽死計画という歴史的背景もある —— わが国と共通性を有する議論が存在してきた[80]。「患者の事前指示書」は，その背景をふまえ，とくに倫理問題を中心に，6年にわたる審議会での検討を経て[81]，立法に至った経緯がある。

　世話法に規定された患者の事前指示書に関する規律は，終末期医療をめぐる倫理的・社会的課題に対し，とくに以下の点において応答するものである。

　「患者の事前指示書」は，疾患の種類や進行段階とは関係なく適用されることが，条文に明記された（独民1827条3項[82]）[83]。これをもって不可逆的

---

[80]　ベームほか／日本社会福祉士会翻訳／新井監訳／上山解説・前掲注(1)21頁以下参照

[81]　具体的な経緯を，以下に概略述べる。

　2000-2002年，連邦議会は「現代医療の法と倫理」審議会（Enquete-Kommission Recht und Ethik der modernen Medizin）を設置し，2003年5月に後継審議会「現代医療の倫理と法」（Enquete-Kommission Ethik und Recht der modernen Medizin. 2003年5月-2005年9月）が引き継ぎ，報告書「患者の事前指示（Patientenverfügungen）」（2004年9月）を連邦議会に答申して，法制化の提言と法案モデルを示した（ドイツ連邦議会審議会答申『人間らしい死と自己決定　終末期における事前指示』山本達監訳（知泉書館，2006年），前掲邦訳99頁以下，法案モデルについては121頁以下参照）。その翌年に，国家倫理評議会（Nationaler Ethikrat）の見解「Patientenverfügung（患者の事前指示）」を発表している。

　以上の流れを受けて，連邦議会には，シュトゥンカー（Joachim Stünker／SPD 社会民主党）案，ボスバッハ（Wolfgang Bosbach／CDU キリスト教民主同盟）案，ツェラー（Wolfgang Zöller／CSU キリスト教社会同盟）案のそれぞれ超党派の議員提案が提出され，党議拘束を外した各議員の見解と良識に基づく記名投票による採決の結果，シュトゥンカー案が可決された。

　以上の審議過程につき松田純「ドイツ事前指示法の成立とその審議過程 —— 患者の自己決定と，他者による代行解釈とのはざまで」医療・生命と倫理・社会9（2010年）34頁以下参照。

[82]　独民1827条3項は「前二項（医療上の処置への同意における患者の事前指示書についての規定〔筆者補足〕）は，被世話人の疾患の種類及び進行段階にかかわらず適用される。」（法務省大臣官房司法法制部・前掲注(1)159頁〔小池〕）と規定する。

[83]　BT-Drucks,16/8442,16

に致死的経過をたどる基礎疾患の患者でなくとも，将来に備えて，事前指示を有効に行うことができることが明らかにされた[84]。また，生命を短縮するような処置についても，事前指示自体は有効に行うことができる[85]（刑事罰の問題はこれとは別の取り扱いになる）。

また，圧力（Druck）や強制（Zwang）を含む[86]，事前指示書作成の義務付けの禁止が明記された[87]。圧力や強制の主体としては，老人ホームの経営者（Heimträger），世話人，任意代理人，公的機関，宗教上もしくはそれに近い集団が想定されている[88]。圧力や強制によって作成された事前指示書は無効である[89]。さらに，事前指示書の作成や提示を，契約締結の条件とすることも禁止された（2文）（結びつけ禁止 Koppelungsverbot）。のみならず，事前指示書を契約延期や解除の条件にもしてはならない[90]。ここで想定されているのは，老人ホームの入所契約（Heimvertrag）や病院との医療契約である。かかる条件は民法134条に基づき無効であり，契約には通常影響を与えない[91]。これは，とりわけ，倫理的・社会的問題を孕んだ医療措置の事前の意思決定に際し，個人的および社会的圧力がかかるのを排除すべき要請に応えた規制である。

---

(84) Bienwald, a.a.O., §1827 Rn. 31. [C.Bienwald]
(85) Bienwald, a.a.O., §1827 Rn. 31. [C.Bienwald]
(86) Bienwald, a.a.O., §1827 Rn. 8ff. [C.Bienwald]
(87) 1827条5項は「患者による指示の作成を義務付けることはできない。患者による指示を作成すること又はそれを提示することを，契約締結の条件としてはならない。」（法務省大臣官房司法法制部・前掲注(1)159頁〔小池〕）と規定する。そして6項によって任意代理人に準用される。
(88) Bienwald, a.a.O., §1827 Rn.8. [C.Bienwald]
(89) Damrau/Zimmermann, Betreuungsrecht, 4.Aufl, 2011, Rn. 80 m.w.N.
(90) Bienwald, a.a.O., §1827 Rn.9. [C.Bienwald]
(91) Spickhoff, FamRZ 2009, 1949

V　ドイツ法の特徴と課題

1　全体的特徴

　このように，ドイツにおいては，成年障害者の自己決定の支援ないし補完が，成年者世話法の規律する世話制度の一部としてはかられている。

　世話制度は，成年者が「自由な意思（freie Willen）」において反対していないことから出発する[92]。その限度において，被世話人の重要な権利を保護するために，身上監護事項を重視し，積極的に本人の保護にあたる一方で，本人の自己決定権に過剰に介入しないよう規制や監督をめぐらせている。

　「患者の事前指示書（Patientenverfügung）」は，世話法が重視するところの，身上監護事項に含まれ，「世話に関する事前指示」とは別に，独自規定がおかれている。医療上の措置に特化した予防措置であり，医療上の措置に対する同意に特化して，本人の意思を確認する手段である。

　それに関する規律は，重要な権利の積極的保護と自己決定権への過剰介入禁止のバランスを実現し，また医療分野における医療同意取得システムとの整合性を維持し，そして終末期医療における倫理的問題にも応答するものであった。

2　支援と排除の分離

　1992年の世話法の最大の眼目は，かつて1対のシステムを構成し，理論上当然に結びつけられていた支援と排除の分離にあったといってよい。

　ドイツにおいても，医療同意能力は，行為能力とは別異なものである。しかし，医療同意能力のない者の自己決定の支援や補完に，国家法たる世話法が世話人や任意代理人の行為規範を直接に律して強行的に介入するにあたり，被世話人たる患者の行為能力剥奪を前提としないことは，患者の人権にとって重要な制度保障であったといえる。

---

(92)　Vgl.BT-Drucks.15/2494, 17; Bienwald, a.a.O., §1814 Rn. 3 [Reh]

3 一般的な成年世話法の利用

ドイツ世話法は，従来の後見制度から転じ，医療同意を含む身上監護を行う。もって，被世話人たる成年者について，世話法の枠組において，医療措置に対する同意の支援ないし補完が行われることになった。

この立法政策においては，成年障害者一般を保護の対象とする世話法の中に，医療に特化し，医療分野の規律と整合させた規律がさまざまなレベルでさまざまな形をとって散在している。このことが，世話法自体の体系を崩すとともに，医療分野にも不合理な拘束を課す結果になっていることは否めない。

4 本人の希望の確認方法としての予防的措置の活用

ドイツ世話法では，本人の意思形成や意思表明が不能になる以前に，時宜を得て，本人による予防的規律の構築を可能にする政策がとられている。ドイツの世話制度の中には，医療同意を含む事前代理権（任意代理権），世話に関する事前指示書，そして医療に特化した患者の事前指示書という3つの予防的措置が存在し，いずれとも医療に関連している。本人の自己遂行支援や希望を優先するための世話制度の特徴的な制度が，医療上の自己決定の支援と補完にも活用される仕組みとなっている。

〔謝辞〕本研究はJSPS科研費JP20K01439，24K04658の助成を受けた研究成果の一部である。

〈編　者〉

甲 斐 克 則（かい・かつのり）

1954年10月　大分県朝地町に生まれる
1977年3月　九州大学法学部卒業
1982年3月　九州大学大学院法学研究科博士課程単位取得
1982年4月　九州大学法学部助手
1984年4月　海上保安大学校専任講師
1987年4月　海上保安大学校助教授
1991年4月　広島大学法学部助教授
1993年4月　広島大学法学部教授
2002年10月　法学博士（広島大学）
2004年4月　早稲田大学大学院法務研究科教授（現在に至る），広島大学名誉教授
　　　　　日本刑法学会元理事・元監事，日本医事法学会元代表理事，日本生命倫理学会元代表理事

〈主要著書〉

アルトゥール・カウフマン『責任原理──刑法的・法哲学的研究』（九州大学出版会，2000年，翻訳）
『海上交通犯罪の研究［海事刑法研究第1巻］』（成文堂，2001年）
『安楽死と刑法［医事刑法研究第1巻］』（成文堂，2003年）
『尊厳死と刑法［医事刑法研究第2巻］』（成文堂，2004年）
『被験者保護と刑法［医事刑法研究第3巻］』（成文堂，2005年）
『医事刑法への旅Ⅰ［新版］』（イウス出版，2006年）
『遺伝情報と法政策』（成文堂，2007年，編著）
『企業活動と刑事規制』（日本評論社，2008年，編著）
『企業活動と刑事規制の国際動向』（信山社，2008年，共編著）
ペーター・タック『オランダ医事刑法の展開──安楽死・妊娠中絶・臓器移植』（慶應義塾大学出版会，2009年，編訳）
『医事法講座第1巻 ポストゲノム社会と医事法』（信山社，2009年，編著）
『医事法六法』（信山社，2010年，編集）
『レクチャー生命倫理と法』（法律文化社，2010年，編著）
『生殖医療と刑法［医事刑法研究第4巻］』（成文堂，2010年）
『新版 医療事故の刑事判例』（成文堂，2010年，共編著）
『医事法講座第2巻 インフォームド・コンセントと医事法』（信山社，2010年，編著）
『中華人民共和国刑法』（成文堂，2011年，共編訳）
『医事法講座第3巻 医療事故と医事法』（信山社，2012年，編著）
『現代社会と刑法を考える』（法律文化社，2012年，編著）
ウルリッヒ・ズィーバー『21世紀刑法学への挑戦──グローバル化情報社会とリスク社会の中で』（成文堂，2012年，共監訳）
『医療事故と刑法［医事法研究第5巻］』（成文堂，2012年）
『医事法講座第4巻 終末期医療と医事法』（信山社，2013年，編著）
アルビン・エーザー『「侵害原理」と法益論における被害者の役割』（信山社，2014年，編訳）
『医事法講座第5巻 生殖医療と医事法』（信山社，2014年，編著）
『刑事コンプライアンスの国際動向』（信山社，2015年，共編著）
『医事法講座第6巻 臓器移植と医事法』（信山社，2015年，編著）
『海外の安楽死・自殺幇助と法』（慶應義塾大学出版会，2015年，編訳）
『臓器移植と刑法［医事刑法研究第6巻］』（成文堂，2016年）
『医事法講座第7巻 小児医療と医事法』（信山社，2016年，編著）
『終末期医療と刑法［医事刑法研究第7巻］』（成文堂，2017年）
『医事法講座第8巻 再生医療と医事法』（信山社，2017年，編著）
『企業犯罪と刑事コンプライアンス──「企業刑法」構築に向けて』（成文堂，2018年）
『ブリッジブック医事法（第2版）』（信山社，2018年（初版は2008年），編著）
『〈講演録〉医事法学へのまなざし──生命倫理とのコラボレーション』（信山社，2018年）
『医事法辞典』（信山社，2018年，編集代表）
『責任原理と過失犯論（増補版）』（成文堂，2019年（初版は2005年））
『医事法講座第9巻 医療情報と医事法』（信山社，2019年，編著）
『医事法講座第10巻 精神科医療と医事法』（信山社，2020年，編著）
『医事法講座第11巻 医療安全と医事法』（信山社，2021年，編著）
『医事法講座第12巻 医行為と医事法』（信山社，2022年，編著）
『人体情報と刑法』［医事刑法研究第8巻］』（成文堂，2022年）
『法益論の研究』（成文堂，2023年）
『医事法講座第13巻 臨床研究と医事法』（信山社，2023年，編著）

◆ 医事法講座 第14巻 ◆
高齢社会と医事法

2024年9月30日　第1版第1刷発行

編　者　甲　斐　克　則
発行者　今　井　　貴
発行所　株式会社　信山社
〒113-0033 東京都文京区本郷6-2-9-102
Tel 03-3818-1019
Fax 03-3818-0344
info@shinzansha.co.jp
出版契約 No.2024-1214-3-01010　Printed in Japan

©編著者, 2024　印刷・製本／藤原印刷
ISBN978-4-7972-1214-3-01010-012-030-015 C3332
分類328.700.b014 P336.医事法

JCOPY　〈(社)出版者著作権管理機構　委託出版物〉
本書の無断複写は著作権法上での例外を除き禁じられています。複写される場合は、そのつど事前に, (社)出版者著作権管理機構(電話 03-5244-5088, FAX03-5244-5089, e-mail:info@jcopy.or.jp)の許諾を得てください。

医事法研究 甲斐克則責任編集

1〜9号 続刊

〈講演録〉医事法学へのまなざし
―生命倫理とのコラボレーション
甲斐克則 著

1 医事法と生命倫理の交錯 ― 唄孝一の「ELMの森」を歩く
2 大震災と人権問題
3 尊厳死問題の法理と倫理
4 日本における終末期医療をめぐる法と倫理
5 人工妊娠中絶と生殖医療―医事法・生命倫理の観点から
6 ES細胞・iPS細胞の研究推進をめぐる法的・倫理的課題
7 医療事故の届出義務と医療事故防止 ― 医師法21条の問題点と法改正への提言
8 持続可能な医療安全確保に向けた制度構築 ― 広島医療社会科学研究センターに期待される役割

医事法辞典　甲斐克則 編集代表

〔編集委員〕手嶋豊・中村好一・山口斉昭・佐藤雄一郎・磯部哲

総項目数820からなる、わが国初の医事法に関する辞典。医事法に関連する用語を幅広く収集し、信頼の執筆陣により、正確な情報を提供。

消費者法特別講義　医事法　河上正二 著
生命科学と法の近未来　米村滋人 編

―― 信山社 ――

医事法研究

甲斐克則 責任編集

◇第7号

◆第1部◆論　説
◆1　再論・医療関係者の医療行為実施後の説明義務について(2)／手嶋　豊
◆第2部◆　国内外の動向
◆1　講演：薬機法一部改正(2022年)に伴う医薬品等の緊急承認制度創設の意義と課題／甲斐克則
◆2　第52回医事法学会研究大会／福山好典
◆3　アメリカ合衆国連邦最高裁の人工妊娠中絶に関する判決―Dobbs v. Jackson Women's Health Organization 142 S. Ct. 2228 (2022)／新谷一朗
◆4　いわゆる「内密出産ガイドライン」について／和泉澤千恵

【医事法ポイント判例研究】
⑴　アルコール依存にり患している対象者について,心神喪失等の状態で重大な他害行為を行った者の医療及び観察等に関する法律による入院決定をした原々決定を取り消した原決定に同法42条1項,64条2項の解釈適用を誤った違法があるとされた事例　最判令和3年8月30日決定(刑集75巻8号1049頁)／西山健治郎
⑵　乳幼児期に集団予防接種等によりB型肝炎に罹患し,成人後に陽性肝炎を発症,鎮静化後に,陰性肝炎を発症したことによる損害賠償請求権に関する改正前民法724条後段所定の期間制限の起算点　最二小判令和3年4月26日民集75巻4号1157頁／村山淳子
⑶　医薬品の副作用と医師の療養指導説明義務,薬剤師の服薬指導義務（秋田地判平成30年2月16日 LEX/DB25560041)／峯川浩子
⑷　乳幼児揺さぶられ症候群に関する無罪判例　①東京高判令和3年5月28日判時2528号102頁　②名古屋高判令和3年9月28日判時2528号116頁／福山好典
⑸　旧優生保護法訴訟大阪高裁判決　令和4年2月22日賃金と社会保障1798号46頁／永水裕子
⑹　摂食障害治療に伴って行われた14歳の少女に対する77日間の身体的拘束の違法性が争われた事例　東京高判令和4年10月31日判例集未登載／甲斐克則

【書　評】
1　甲斐克則編『医行為と医事法(医事法講座第12巻)』(信山社,2022年)／武藤眞朗
2　只木誠＝グンナー・デュトゲ編『終末期医療,安楽死・尊厳死に関する総合的研究』(中央大学出版部,2021年)／仲道祐樹
3　甲斐克則『人体情報と刑法(医事刑法研究第8巻)』(成文堂,2022年)／日山恵美・澁谷洋平

◇第8号

◆特集◆生まれてくるこどものための医療(生殖・周産期)に関わる「生命倫理について審議・管理・運営する公的プラットホーム」創設の提言
◇はじめに〔木村　正〕
◆1　報告書の概説〔三上幹男〕
◆2　生まれくるこどものための医療(生殖・周産期)に関わる生命倫理について,継続して審議する必要性について―日本産科婦人科学会の立場〔鈴木　直〕
◆3　小児科医として,子どものアドボカシーの立場から〔岡　明〕
◆4　第三者を介する生殖補助医療―国ならびに学会のこれまでの対応〔吉村泰典〕
◆5　英国の公的機関設置の経緯・運用から学ぶ制度設計〔甲斐克則〕
◆6　生殖補助医療の規制―公的プラットフォーム設置の必要性〔永水裕子〕
◆7　生殖技術に関する倫理的・法的・社会的課題(ELSI)の全体像〔神里彩子〕
◆おわりに：今後の展望〔加藤聖子〕

信山社

医事法研究

甲斐克則 責任編集

◇第9号

◆第1部◆　論　説
◆医事法的観点からみた着床前遺伝学的検査―生殖医療をめぐる英国の法的ルールと中絶法の関係〔江澤佐知子〕

◆第2部◆　国内外の動向
◆1　「共生社会の実現を推進するための認知症基本法」について〔加藤摩耶〕
◆2　第53回日本医事法学会研究大会〔天田　悠〕
◆3　旧優生保護法調査報告書についての検討と残された課題〔神谷惠子〕
◆4　統合的医事法学を志したアルビン・エーザー博士のご逝去を悼む〔甲斐克則〕

◆医事法ポイント判例研究◆
〈1〉インスリン不投与事件　最決令和2年8月24日刑集74巻5号517頁,判例時報2539号93頁〔日山恵美〕
〈2〉あん摩マツサージ指圧師,はり師,きゆう師等に関する法律19条1項と憲法22条1項　最判令和4年2月7日民集76巻2号101頁〔辻本淳史〕
〈3〉強盗殺人等の犯行における解離性同一性障害の刑事責任能力への影響が否定された事例　大阪高判令和1年12月12日判例時報2540号84頁〔上原大祐〕
〈4〉9回のクリステレル胎児圧出法を併用した吸引分娩によって出生した児が低酸素性虚血性脳症による重度の脳性麻痺に至ったことについて過失の有無が争われた事例　名古屋高裁令和3年2月18日判例時報2557号14頁〔増田聖子〕
〈5〉鎮静目的でのミダゾラムの側管注投与が緩徐な方法によらなかったために過失が認定された事例　神戸地判令和3年9月16日判例時報2548号43頁〔大澤一記〕
〈6〉重症新生児仮死及び低酸素性虚血性脳症による脳性麻痺・体幹機能障害を生じさせた事故につき,医療法人の責任を肯定した事例　大阪高判令和3年12月16日判例時報2559号5頁〔清藤仁啓〕
〈7〉禁忌であった血栓溶解剤の投与により患者が死亡した場合の異状死の届出義務違反が争われた事例　大阪地判令和4年4月15日判時2542号77頁〔勝又純俊〕
〈8〉性別の取扱いを女に変更した者の凍結保存精子を用いた生殖補助医療で出生した子の認知請求　東京高判令和4年8月19日判例時報2560号51頁〔小池　泰〕
〈9〉インプラント手術において,担当歯科医師に術前検査を怠った過失があると認められた事例　大津地判令和4年1月14日判例時報2548号38頁〔平野哲郎〕

◆書　評◆
1　甲斐克則編『臨床研究と医事法(医事法講座第13巻)』(信山社,2023年)〔瀬戸山晃一〕
2　川端博『死因究明の制度設計』(成文堂,2023年)〔武市尚子〕

信山社

◆医事法講座◆

甲斐克則 編

法理論と医療現場の双方の視点から、また、日本のみならず、
広く世界の最新状況も見据え、総合的に医事法学の深化を図る待望のシリーズ

◆第1巻 ポストゲノム社会と医事法

◆第1部◆医事法学の回顧と展望／1 日本の医事法学―回顧と展望／甲斐克則 2 医事(刑)法のパースペクティブ／アルビン・エーザー〔訳：甲斐克則・福山好典〕 ◆第2部◆ポストゲノム時代に向けた比較医事法学の展開―文化葛藤の中のルール作り／〈序論〉現代バイオテクノロジーの挑戦下における医事法のパースペクティブ／アルビン・エーザー〔訳：甲斐克則・新谷一朗・三重野雄太郎〕 ◆第1編 人体利用と法的ルール♪ 4 人体商品化論―人体商品化は立法によって禁止されるべきか／粟屋剛 5 フィリピンにおける腎臓提供／ラリーン・シルーノ〔訳：甲斐克則・新谷一朗〕6 人格性と人体の商品化：哲学的および法倫理学的パースペクティブ／ジョージ・ムスラーキス〔訳：一家綱邦・福山好典・甲斐克則〕7 日本法における人体・臓器の法的位置づけ／岩志和一郎 ◆第2編 ゲノム・遺伝情報をめぐる比較医事法―生命倫理基本法への途／8 ポストゲノム時代における遺伝情報の規制：オーストラリアのおよび国際的なパースペクティブ／ドン・チャーマーズ〔訳：新谷一朗・原田香菜〕9 日本における遺伝情報の扱いをめぐるルール作り―アメリカ法との比較憲法的視点から／山本龍彦 10 人体組織・遺伝情報の利用に起因する紛争等の処理のための法的枠組みについて／手嶋豊 11 比較法的観点からみた先端医療・医学研究の規制のあり方―ドイツ・スイス・イギリス・オランダの議論と日本の議論／甲斐克則 12 ポストゲノム社会における生命倫理と法―わが国における生命倫理基本法の提言／位田隆一

◆第2巻 インフォームド・コンセントと医事法

1 インフォームド・コンセント法理の歴史と意義／手嶋 豊 2 インフォームド・コンセントの法理の法哲学的基礎づけ／野崎亜紀子 3 治療行為とインフォームド・コンセント(刑事法的側面)／田坂 晶 4 終末期とインフォームド・コンセント／加藤摩耶 5 生殖医療とインフォームド・コンセント／中村 恵 6 遺伝子検査とインフォームド・コンセント／永水裕子 7 臨床研究とインフォームド・コンセント／甲斐克則 8 疫学研究とインフォームド・コンセント／佐藤恵子 9 ヒトゲノム研究とインフォームド・コンセント／佐藤雄一郎 10 高齢者医療とインフォームド・コンセント／寺沢知子 11 精神科医療とインフォームド・コンセント／神戸礼斉 12 小児医療とインフォームド・コンセント／多田羅竜平

◆第3巻 医療事故と医事法

1 未熟児網膜症姫路日赤事件最高裁判決と医療現場感覚との落差―司法と医療の認識統合を求めて／川崎富夫 2 医療事故に対する刑事処分の最近の動向／押田茂實 3 医療事故に対する行政処分の最近の動向／勝又純俊 4 医療水準論の機能について―医療と司法の相互理解のために／山口斉昭 5 診療ガイドラインと民事責任／手嶋豊 6 注意義務論と医療慣行―日米比較の視点から／峯川浩子 7 術後管理と過失／小谷昌子 8 看護と過失／和泉澤千恵 9 診療録の記載内容と事実認定／鈴木雄介 10 医療過誤紛争におけるＡＤＲ(裁判外紛争解決)／大澤一記 11 医療事故と刑事過失責任―イギリスにおける刑事医療過誤の動向を参考にして／日山恵美 12 刑事医療過誤と過失の競合及び管理・監督過失／甲斐克則 13 医療事故の届出義務・医事審判制度・被害者補償／甲斐克則

信山社

◆医事法講座◆

甲斐克則 編

法理論と医療現場の双方の視点から、また、日本のみならず、
広く世界の最新状況も見据え、総合的に医事法学の深化を図る待望のシリーズ

◆第4巻 終末期医療と医事法

1 終末期医療における患者の意思と医療方針の決定―医師の行為が法的・社会的に問題にされた事例を踏まえて／前田正一　2 安楽死の意義と限界／加藤摩耶　3 オランダにおける安楽死論議／平野美紀　4 医師による自殺幇助（医師介助自殺）／神馬幸一　5 人工延命処置の差控え・中止（尊厳死）論議の意義と限界／秋葉悦子　6 アメリカにおける人工延命処置の差控え・中止（尊厳死）論議／新谷一朗　7 イギリスにおける人工延命措置の差控え・中止（尊厳死）論議／甲斐克則　8 フランスにおける人工延命処置の差控え・中止（尊厳死）論議／本田まり　9 ドイツにおける治療中止―ドイツにおける世話法改正と連邦通常裁判所判例をめぐって／武藤眞朗　10 終末期医療とルールの在り方／辰井聡子　11 成年後見制度と終末期医療／神野礼斉　12 認知症の終末期医療ケア―"認知症ケアの倫理"の視点から／箕岡真子　13 小児の終末期医療／甲斐克則

◆第5巻 生殖医療と医事法

1 生殖補助医療と医事法の関わり／岩志和一郎　2 医療現場からみた生殖医療技術の現実と課題／石原理　3 日本における挙児希望年齢の高齢化をめぐる生殖補助医療の実際／片桐由起子　4 生殖補助医療と法／中村恵　5 人工妊娠中絶と法／石川友佳子　6 出生前診断と法／丸山英二　7 アメリカにおける生殖補助医療の規制―代理母契約について考える／永水裕子　8 イギリスにおける生殖医療と法的ルール／甲斐克則　9 ドイツにおける生殖医療と法的ルール／三重野雄太郎　10 フランスにおける生殖医療と法規制／本田まり　11 スウェーデンにおける生殖医療と法的ルール／千葉華月　12 韓国における生殖医療と法的ルール／洪賢秀　13 生殖ツーリズム構造の背景に潜む国内の実情―始動する当事者／起動する支援／荒木晃子　14 晩産化時代の卵子提供ツーリズムと国内解決法／日比野由利　15 養子縁組と生殖補助医療／野辺陽子

◆第6巻 臓器移植と医事法

1 臓器移植と医事法の関わり／甲斐克則　2 臓器移植をめぐる法と倫理の基礎／旗手俊彦　3 脳死・臓器移植と刑法／秋葉悦子　4 生体移植と刑法／城下裕二　5 生体臓器移植と民法／岩志和一郎　6 アメリカにおける臓器移植／丸山英二　7 イギリスにおける臓器移植／佐藤雄一郎　8 ドイツ・オーストリア・スイスにおける臓器移植／神馬幸一　9 フランスにおける臓器移植／磯部哲　10 小児の臓器移植の法理論／中山茂樹　11 臓器売買と移植ツーリズム／粟屋剛　12 臓器移植制度の運用と課題／朝居朋子　13 臓器移植医療に見る課題と展望／絵野沢伸

信山社

◆医事法講座◆

甲斐克則 編

法理論と医療現場の双方の視点から、また、日本のみならず、
広く世界の最新状況も見据え、総合的に医事法学の深化を図る待望のシリーズ

◆第7巻 小児医療と医事法

1 小児医療と医事法の関わり/甲斐克則 2 小児医療と子どもの権利/横藤田 誠 3 フランスにおける未成年者の医療/澤野和博 4 小児医療と生命倫理/河原直人 5 アメリカにおける小児の終末期医療/永水裕子 6 ドイツにおける小児の医療ネグレクトをめぐる医事法上の状況と課題/保条成宏 7 フランス・ベルギーにおける小児の終末期医療/本田まり 8 日本における小児医療の現状と課題——重い病気を抱えながら生きる子どもの権利を考える/多田羅竜平 9 小児の臓器移植/絵野沢伸 10 小児看護と医事法的問題——看護の専門性の視点から/久藤(沖本)克子 11 小児歯科をめぐる諸問題/藤原久子

◆第8巻 再生医療と医事法

1 再生医療と医事法の関わり/甲斐克則 2 再生医療の最前線(1)/澤芳樹 3 再生医療の最前線(2)/阿久津英憲 4 再生医療の倫理的問題/奥田純一郎 5 再生医療安全性確保法に関する考察/一家綱邦 6 再生医療と補償の問題/佐藤大介 7 米国における再生医療の規制の動向とヒトES細胞の医療応用の現状/三浦巧 8 イギリスにおける再生医療の現状と課題/佐藤雄一郎 9 ドイツにおける再生医療の現状と課題/神馬幸一 10 フランスにおける再生医療の現状と課題/小出泰士 11 日本における再生医療の課題と今後の展望/松山晃文

◆第9巻 医療情報と医事法

1 医療情報と医事法の関わり/米村滋人 2 憲法的観点からみた医療情報の法的保護と利用/山本龍彦・河嶋春菜 3 医療情報と刑法/甲斐克則 4 医師患者関係における医療情報の民法的側面/手嶋 豊 5 アメリカにおける医療情報の研究利用規制/永水裕子 6 イギリスにおける医療情報の保護と利用―患者情報の守秘と開示の調整/柳井圭子 7 ドイツにおける医療情報の保護と利用―人格権の先進国からの示唆/村山淳子 8 フランスにおける医療情報の保護と利用/本田まり 9 フィンランドにおける医療情報の保護と利用/増成直美 10 医療・医学研究における個人情報保護法の解釈と課題/藤田卓仙 11 医療現場での医療情報の利活用の現状と課題/栗原幸男

◆第10巻 精神科医療と医事法

1 精神科医療・メンタルヘルスと医事法の関わり/甲斐克則 2 精神科医療の基本原理と関連法制度/横藤田誠 3 精神科医療とインフォームド・コンセント/宮下毅 4 精神科医療と民事責任——精神障害者による他害事故をめぐって/長谷川義仁 5 司法精神医学と医事法/神馬幸一 6 責任能力の判断をめぐる刑法と精神科医療と医事法の関係/浅田和茂 7 精神疾患を有する者の同意能力/松長麻美・北村俊則 8 強制入院の現状と課題/秋葉悦子 9 医療保護入院の現状と課題/西山健治郎 10 心神喪失者等医療観察法の現状と課題/山本輝之 11 解離性同一性障害をめぐる医事法上の課題/上原大祐 12 認知症患者をめぐる医事法上の問題/神野礼斉 13 日本における精神科医療の現状と課題/八尋光秀 14 医療現場からみた精神科医療の現状と課題/村松太郎

信山社

◆医事法講座◆

甲斐克則 編

法理論と医療現場の双方の視点から、また、日本のみならず、
広く世界の最新状況も見据え、総合的に医事法学の深化を図る待望のシリーズ

◆第11巻 医療安全と医事法

1 医療安全と医事法の関わり／甲斐克則　2 ヒューマンエラーの考え方―人間工学の立場から／小松原明哲　3 福祉国家の変容と医事法―医療安全のために医事法は何ができるか／児玉安司　4 院内医療事故調査の課題／上田裕一　5 医療安全の向上のための事故情報の説明・謝罪／岩田太　6 医療事故の原因究明と医療安全制度の構築／畑中綾子　7 医療事故被害者に対する補償制度―産科医療補償制度の現在と課題／秋元奈穂子　8 医療ADRの多元的機能と医療安全／和田仁孝　9 病院内法務と医療安全／武市尚子　10 医薬品の安全性確保をめぐる現代的諸課題／水口真寿美　11 法医学の観点から見た医療安全／押田茂實・水沼直樹

◆第12巻 医行為と医事法

1 医行為と医事法の関わり／甲斐克則　2 医師法17条の解釈と運用をめぐる課題／勝又純俊　3 医行為と医業独占のあり方を考える―医事法学の観点から／小谷昌子　4 救急医療と医行為／山崎祥光　5 看護行為と医行為／和泉澤千恵　6 在宅医療・訪問看護と医行為／友納理緒　7 介護職と医行為／加藤摩耶　8 精神科医療における医行為と公認心理師の関わり／西山健治郎　9 各種検査と医行為／小島崇宏　10 歯科医療と医行為／藤原久子　11 イギリスにおける医行為の規制の現状と課題―医療制度改革とタスクシェア／柳井圭子　12 アメリカ合衆国における医行為の規制の現状と課題／佐藤雄一郎　13 ドイツにおける「医業」規制の現状と課題―連邦医師法とハイルプラクティカー法からの示唆／天田悠

◆第13巻 臨床研究と医事法

1 臨床研究と医事法の関わり／甲斐克則　2 医事法の観点から見た臨床研究の問題史／甲斐克則　3 臨床研究とインフォームド・コンセント／佐藤雄一郎　4 臨床研究法の意義と課題／日山恵美　5 臨床研究の審査体制―現状と今後の在り方／神里彩子　6 研究現場からみた臨床研究の推進と規制／福原康之　7 臨床研究におけるレギュラトリーサイエンスの視点から―医薬品医療機器総合機構(PMDA)の役割と課題／弓場充・岩﨑清隆・笠貫宏　8 小児を対象とする臨床研究のあり方について／永水裕子　9 臨床研究等における補償の問題／山口斉昭　10 フランスにおける臨床研究の法的ルールの現状と課題／小門穂　11 イギリスにおける臨床研究をめぐる法制度の現状と課題／北尾仁宏　12 アメリカにおける臨床研究の法的ルールの現状と課題／秋元奈穂子　13 ドイツにおける臨床研究の法的・倫理的ルールの現状と課題／天田悠

信山社